江苏人民教育家培养工程丛书（第三辑）

行思数学教学论

XINGSI SHUXUE JIAOXUELUN

仓定志 著

江蘇鳳凰教育出版社
Phoenix Education Publishing, Ltd

图书在版编目(CIP)数据

行思数学教学论 / 仓定志著. --南京:江苏凤凰教育出版社,2021.6

(江苏人民教育家培养工程丛书. 第三辑)

ISBN 978-7-5499-9482-3

Ⅰ. ①行… Ⅱ. ①仓… Ⅲ. ①数学课—课堂教学—教学研究—中小学 Ⅳ. ①G633.602

中国版本图书馆 CIP 数据核字(2021)第 147628 号

江苏人民教育家培养工程丛书(第三辑)

书　　名	行思数学教学论
作　　者	仓定志
责任编辑	刘一波
出版发行	江苏凤凰教育出版社(南京市湖南路 1 号 A 楼　邮编 210009)
苏教网址	http://www.1088.com.cn
照　　排	南京私书坊文化传播有限公司
印　　刷	南京顺和印刷有限责任公司
厂　　址	南京市江宁区麒麟街道天和路 78 号
开　　本	787 mm×1092 mm　1/16
印　　张	15
插　　页	2
版　　次	2021 年 6 月第 1 版
印　　次	2021 年 6 月第 1 次印刷
书　　号	ISBN 978-7-5499-9482-3
定　　价	42.00 元
网店地址	http://jsfhjycbs.tmall.com
公 众 号	苏教服务(微信号:jsfhjyfw)
邮购电话	025-85406265,025-85400774,短信 025-85420909
盗版举报	025-83658579

总序 FOREWORD

为江苏未来教育家成长奠基

纵观世界教育史，每一次深刻的教育变革都离不开教育家的参与和推动。邓小平同志在1986年就提出“希望中国出现一大批三四十岁的优秀的科学家、教育家、文学家和其他各种专家”。2007年《国家教育事业发展“十一五”规划纲要》明确提出了“倡导教育家办学”的方针。《国家中长期教育改革和发展规划纲要(2010—2020年)》也明确提出，要创造有利条件，鼓励教师和校长在实践中大胆探索，创新教育思想、教育模式和教育方法，形成教学特色和办学风格，造就一批教育家，倡导教育家办学。

倡导教育家办学，要在扎根于民族文化土壤的同时，吸纳一切人类文明成果，形成具有本土特色和全球视野的教育实践和教育智慧。在我国源远流长的几千年文明发展进程中，不仅积淀了丰富的教育话语体系，而且涌现出一批又一批的优秀教育家。如，有被推崇为“大成至圣先师”“万世师表”的孔子，有“匹夫而为百世师，一言而为天下法”的韩愈，有“捧着一颗心来，不带半根草去”的人民教育家陶行知，等等。

江苏素有重教兴学的优良传统。明清两代全国202名状元中，有66人出自江苏，约占总数的三分之一。新中国成立以来，两院院士三分之一以上是江苏籍。“十一五”规划以来，江苏认真贯彻国家、省教育规划纲要，坚持把优先发展教育作为强省之基，把科教与人才强省作为经济社会发展的基础战略，扎实做好教育改革发展各项工作。为顺应发展要求，江苏在2009年启动实施“江苏人民教育家培养工程”，旨在通过培养一批具有教育家潜质的校长、教师，带动全省师资队伍建设，提高全省教育质量。工程启动和实施以来，得到了省内外同行的高度关注，《中国教育报》《人民教育》等权威教育媒体纷纷予以报道，给予了很多的支持和鼓励。在工程的带动下，全省基础教育人才队伍建设工作蓬勃开展，人才梯队不断优化，人才培养形成常态。无锡的教育名家培养工程、常州和镇江的名师工作室、苏州的姑苏人才计划、南通和淮安的名师名校长培养工程、连云港的中小学高层次人才“333”工程、泰州的中小学卓越教师培养计划、扬州的领雁工程等都取得了良好成效，为江苏基础教育事业的明天提供了人才支撑。

一、设计思路

古今中外的教育家，虽然成长路径各不相同，但他们身上都有一个共同特点，那就是都有强烈的发展愿景，都是积极主动、持之以恒地追求自我发展。而有计划的培养可以促其自觉、促其坚定、催其奋进、助其提高。实践证明，通过有效地整合社会资源，建立系统而完整的培养制度，对培养对象进行引领、促进、支持，给予他们相对良好的成长空间和必要的规制，有助于他们更快更好地成长。我们认为，确立“人民教育家是可以培养的”观念，是科学的人才观、发展观在师资队伍建设中的体现。

确立目标宗旨。为一批立志终身从教、教育理念新、科研能力强、专长突出、风格鲜明、发展潜力大的中小学教师和校长创造条件，提供平台，给予重点培养，帮助他们在教育理论素养和创新实践能力等方面得到全面提升，使其个人专长更加凸显，特色风格更加鲜明，为他们成长为社会公认的人民教育家奠定基础，并以此带动和促进全省中小学师资队伍水平的整体提升，为江苏建设教育强省、率先实现教育现代化、办人民满意的教育做出更大的贡献。

制订培养计划。工程实施的目标是培养基础教育高端人才。从 2009 年起，计划在全省范围内分四批选拔 200 名特级教师进行重点培养。200 个培养名额，低于特级教师总数的 20%，不到中小学专任教师总数的万分之三。分四批培养，每批 50 人，确保每一名培养对象都能享有足够好、足够多的专家资源、活动资源、财力资源和实践平台，保证培养过程更加具有科学性、针对性和有效性。

明晰选拔标准。分析近代以来我国教育家表现出来的特质，我们发现他们具有三个方面的共同特质：一是志存高远，具有远大的教育理想，“敢探未发明的新理”，善于发现和潜心研究教育问题，形成自己独到的教育思想；二是学高为师，具有丰富的学识和科学的经验，勇于探索，在办学理念和思路、学校建设与管理、教育教学方式等方面形成鲜明的特色和风格；三是身正为范，具有高尚的人格魅力，热爱学生，尊重学生，对学生有大爱之心，并有较大的社会影响。为此，在培养对象的选拔上，我们确定了“坚持一个基本条件、着重考察三个方面”的遴选原则。基本条件必须是特级教师，是“师德的表率、育人的模范、教学的专家”。在此基础上，着重考察培养对象是否有正确的、强烈的成长动机，有为人民教育事业奋斗终身的坚定理想和不懈追求；是否具有深厚的教育理论素养、文化素养和专业素养，有成为人民教育家的基础条件和发展潜力；是否具有高尚的人格魅力，在区域和学科专业领域内声望高、影响大、示范性强，受到同行、学生、家长和社会的广泛敬重和好评。

二、制度建构

“江苏人民教育家培养工程”是一项系统性工程，旨在探索高端教育人才培养的政策、制度和实践模式，以培养对象的教育思想、办学行为和先进事迹激发全省所有校长、教师的教育热情和奉献精神。经过五年的实践探索，逐步形成了一套比较完整的培养体系，制定了《江苏人民教育家培养工程实施指南》，形成了管理、培养、考核“三位一体”的培养工作机制。

建立了管理机构。在管理上，江苏省教育厅成立了“江苏人民教育家培养工程领导小组”，负责培养工作的整体把握和指导，指定江苏省教育科学研究院负责工程的具体实施工作。根据培养对象的特点和研究方向，成立了分学段或分学科领域和学校管理等不同培养方向的五个研修组。与培养对象相对应，组建了五个专家指导小组，通过个别指导和集体指导相结合的模式，就培养对象的发展规划、研究方向、课题研究进行指导。

搭建了培养平台。在培养上，以“政府创设平台、专家引领指导、个人主动发展、团队共同提高”为培养机制，以帮助培养对象“提高师德修养、拓展教育视野、创新教学理念、提高教育教学能力水平”为核心培养内容，规划实施了九大系列培养计划：催生教育主张——培养对象理论素养提升计划；聆听高端讲座——培养对象知识结构更新计划；牵手农村教育——培养对象责任修炼计划；推动教育创新——培养对象实践模式构建计划；走近教育家——培养对象分类阅读计划；聚焦实践问题——培养对象小组合作研究计划；带动共同发展——培养对象团队建设计划；教育家办学——影响力论坛计划；行者无疆——教育考察计划。围绕计划，在 2014 年至 2019 年第三期培养对象培养期内，共开展省级集中活动 20 余次、小组活动近 100 次。

制订了考核制度。在考核上，江苏省教育厅委托省教育科学研究院与培养对象签订“目标责任书”，依据目标责任书开展年度考核、中期考核和终期考核工作。其中，年度考核实行报告评价式考核，研修小组和培养对象每年要做一次工作总结，报告一次研修心得；中期考核在培养期的第三年举行，实行发展性评估考核；终期考核按目标责任书实行目标考核。培养周期完成，在个人考核的基础上，成立“培养工作评估项目组”，对项目实施情况进行整体评估。

提供了条件保障。主要从专家、平台、经费等方面为工程实施及培养对象提供专业支持、环境支持和政策支持。一是组建了专家指导团队，聘请了国内一流专家。目前共聘请专家 119 人次，其中为第三期培养对象聘请的专家有 35 人。二是设立省教育科学规划“十三五”人民教育家培养对象专项课题，鼓励培养对象申报教育科研课题研究项目，通过课题研究推动培养对象成长。三是为每位培养对象至少安排一次出国研修的机会、召开一次教育思想研讨会、资助出版一部专著，为他们形成教育教学思想创造条件。

三、实践成效

工程实施以来，每一位培养对象都以教育家的素养标准要求自己，经过五年努力，提升了综合素养，取得了很多教育教学成果，带动了区域内多元团队的共同发展，还通过跨区域的合作在更大范围发挥了重要作用。

素质显著提高。五年的研修对每一位培养对象来说都是一个迅速进步的过程，他们的专业素养与教育能力不断提升，教育思想已现雏形。其一，潜心读书，提升了专业素养。有的培养对象五年阅读了 100 多部专著，撰写了 40 多万字的读书笔记。其二，实践探索，提高了教育能力。通过构建自己的课堂教学模式提高课堂教学质量，通过成立名师工作室和建设学科基地发挥辐射作用，通过管理模式的变革寻求学校的优质发展，已成为培养对象的行为自觉。其三，活动研修，拓宽了教育视野，丰富了发展内涵，增强了服务江苏教育发展的责任感与使命感。其四，自省反思，凝练了教育思想。通过回顾和反思、梳理和归纳，做到更深刻地认识、更清晰地表达自己的教育理念，初步形成了自己的教育思想。

研究成果丰硕。五年来，各位培养对象在实践研究方面积极进取，取得了丰硕成果。据不完全统计，第三期培养对象公开发表论文 880 篇，其中在核心期刊发表 191 篇；编著图书 79 本，出版专著 35 本；主持市级以上课题（项目）研究 166 项，开设县级以上公开课、讲座 1821 节（次）；被媒体报道 210 次。教学办学上，他们不仅善于把自己的教育理念运用到实践中去，而且非常注重特色成果的形成，成为江苏基础教育改革大背景下一例例鲜活的典型。他们的教育教学实践获得了广泛认可，产生了深远的影响，累计获得各级各类荣誉表彰 300 余项。这些成果来之不易，体现了各培养对象不断超越、勤于探索的精神。

带动效应显著。培养对象皆有自己领衔的发展团队，不仅有学校管理团队、教师集体和学科教师团队，而且有市（区、县）的名师团队、骨干教师团队，为带动当地教师发展做出了很大贡献。在团队发展过程中逐渐形成了由“被动发展”走向“主动发展”、由“短期性发展”走向“持续式发展”的良好格局，表现出相当高的发展水平与强大的辐射力。另外，第三期培养对象共开展“牵手农村教育”活动近 30 次，覆盖近 30 个县、市（区）50 多所农村学校，发挥了培养对象的专业服务作用，带动了农村地区教师专业发展。难能可贵的是，他们在成为“培养对象”后，依然有着清醒的自我认识。他们常常淡看自己的努力和成就，却对“机遇”怀有感恩之心。正如一位培养对象所说：“孔子的彼岸是闻达于诸侯，我在想我们的彼岸是什么？也许我一辈子也成不了教育家，但我可以拥有教育家的志向、教育家的情怀、教育家的理想。在培养工程一千多个日日夜夜里，我如农夫般日日耕耘，如哲人般时时自省。从此岸到彼岸，是岁月的距离，更是成长的步履。让我们揣着梦想、带着感恩、携着激情，执着行走在成为教育家的路上，不为彼岸只为海！"

当前，江苏教育系统正在全面学习贯彻落实党的"十九大"精神，全力推进教育现代化建设，坚持以立德树人为根本，以发展素质教育为主题，以提高教育质量为核心，以促进教育公平为重点，以服务经济社会发展为重任，以深化教育教学改革为动力，以扩大教育对外开放、提升教育国际合作交流水平为重要路径，以教育信息化为着力点，以争取加大教育投入、建设高素质专业化教师队伍为关键，探索建立中国特色现代学校制度，努力营造健康向上的校园文化和有利于教育改革发展的社会氛围，努力办好人民满意的教育。衷心地希望"江苏人民教育家培养工程"的实践探索能给我国推进教育发展和办学专业化、促进高端教育人才成长提供借鉴。

编委会
2020 年 11 月

序 PREFACE

学科有学科的特点，语文注重语言品味、情感体验，科学注重实验观察、动手实践，数学也应该有自己的特点，体现出数学本质。那么数学本质又是什么呢？著名数学家波利亚认为数学作为对客观世界的一种科学认识，遵循着实践—认识—再实践的认识过程，有着自己独特的研究对象、研究方法与研究过程。数学的研究对象，抽象地存在于客观事物之中，数学对象的这种特殊性，使得数学研究除了像自然科学那样采取观察、实验、归纳、类比等方法外，还形成了自身特有的研究方法——演绎法，并由此产生数学特有的理论形态——公理系统和形式系统，也决定着数学应该由思维来把握这一独特的研究过程。仓定志老师因此启发，觉得对于小学阶段的数学教学而言，数学课堂如果仅有数学知识这一方面体现着"数学味"，那是远远不够的。数学本质不仅仅体现在数学知识与其他学科知识有不同之处，还体现在数学知识、技能、经验的获得过程、数学思维方法以及数学思想有其独到之处。

基于对数学学科本质的认识，基于数学知识的特性和知识获得过程、思维方法及数学思想的独特之处，仓定志老师创造性地提出"行思数学"的教学思想，他对"行思数学"作如下的表述——行，一般指走，进行某项活动；思，一般指想，思考，思索。就小学数学学科而言，"行"即行动、实践，解决问题，"思"即思维、反思，进行数学思考。"行思数学"是指在教学中既要给学生一些动手"做数学"的机会，通过有效的"行"来辅助高质量的"思"，关注知识的形成过程；也要给学生一些动脑"想数学"的时间，产生深刻的"思"来促进高效的"行"，重视技能的形成结果。这与《义务教育数学课程标准(2011年版)》(以下简称为"数学课程标准")所提出的："课程内容要反映社会的需要、数学的特点，要符合学生的认知规律。它不仅包括数学的结果，也包括数学结果的形成过程和蕴涵的数学思想方法"以及"学生应当有足够的时间和空间经历观察、实验、猜测、计算、推理、验证等活动过程”也是契合的。

在倡导教育家办学的时代精神影响下，仓定志老师在持续研究学生的学习方式、学习中的活动体验和思维体验、学科活动课程的建设、有效教学的实施与评价、基本活动经验的目标实现等课题基础上，研究“行思数学”，出发点在数学教学中发挥教师、学生的双主体作用，使学生既能获得“知识技能”，受到积极的“情感态度”的熏陶，又能获取“问题解决”和“数学思考”的成功体验。着力点在数学教学中凸显教师“实践者”和“研究者”的双重身份，消除教师“教与研”脱节、学生“学与思”割裂的现象，促进教、学、研的有效结合。落脚点在于促进学生的数学学习，真正使学习起于“疑”、基于“行”、经历“思”、归于“行”。因而“行思数学”以数学思维为核，以实践应用为要，充分提供“做数学”和“想数学”的时空，发展数学思维，提高问题解决能力，达到学和思的统一，思和行的和谐，最大程度地实现数学教学的价值，从而不断提升教师的教学能力和反思能力，持续改进教学实践，提高教学质量，促进学生全面发展。

行思数学，来源于他的办学主张

伴随着盐城市委、市政府实施“市区人口百万、市区面积百平方公里”和城市中心南移的战略部署。2003 年，盐城市第一小学建设的新校区即盐城市实验小学投入使用。学校占地 86 亩，建筑面积近 5 万平方米，总投资近亿元，坐落在城郊接合部。组织上安排仓定志老师到新校区主持工作，当时新校区面临很多的挑战：教师组成多元，有新分配的、有面向社会招聘的、有老校区的；学生来源多种，有市区的、有城郊的、有县区的、有农村的；生源有一年级新招生的，也有二至六年级转学的；学校管理服务领域多样，有教学、有住宿、有就餐……面对全新的办学格局，真的要且行且思、且思且行。

2003 年至 2008 年，仓定志老师提出了“行思教育”办学主张，构建了实践与研究的框架。在汲取“学思结合”“知行合一”“从做中学”“行动研究”等古今中外先贤教育思想和传承盐城市第一小学优良传统的基础上，把“为促进师生发展而行思”作为核心价值追求，把文化建设、教学管理、课堂教学、教育科研、社团建设作为“教学系统”的实践与研究对象。2004 年，学校高水平通过“江苏省实验小学”评估验收。2008 年，学校创办五周年，在《盐阜大众报》上以“行思无涯　御风而举”为题介绍行思教育——行思有制，得和谐并举之乐；行思有方，得轻负高效之乐；行思有源，得科研兴学之乐；行思有待，得全面发展之乐。

2009 年至 2013 年，“行思教育”研究进一步深入，示范辐射作用进一步彰显。教师凸显“实践者”和“研究者”的双重身份，抓住问题、计划、行动、反思等“四个要素”，推进行思阅读、行思课堂、行思科研、行思课程等“四大行动”，在集团化办学和义务教育均衡背景下，示范引领作用得到彰显。2010 年率先通过盐城市小学发展性教育督导评估组“示范性”验收。2011 年 5 月，《江苏教育报》“魅力校长”专栏介绍“仓定志的行思教育观”——行在校园，思为师生。行思教育的办学主张在这里成功运行，行思管理、行思课堂、行思课程、行思科研等全面实施，取得了明显成效，盐城市实验小学已成为盐城对外教育的窗口，正从青春阔步走向成熟。2013 年，《数学活动经验的研究》荣获江苏省教学成果奖一等奖。

行思数学，发展于他的教学理想

如果说“行思教育”是基于校本文化、追求教育理想和管理智慧的一种办学主张，那么“行思数学”就是基于时代对数学的要求、对数学教学的个性化解读。

2014 年至 2016 年，仓定志老师倡导的“行思教育”“行思数学”分别获得江苏省“333”工程资助项目和省“十二五”教育规划江苏人民教育家培养工程立项课题，进行系统的实践研究。围绕学生“思维”和“实践”的两个维度，突出“教”“研”互补、“学”“思”结合。“行思管理在路上”“行思教育的学生之乐”“行思教育的发展之路”“行思在课堂”等主题参与江苏人民教育家培养工程“国培计划”网络平台研讨，提升了“行思”的影响力。2016 年，《行思教育：质量提升的智慧选择》发表于《江苏教育》，《为促进师生而行思》发表于《盐城教育研究》。

2016 年以来，“行思教育”营造了区域学校发展文化场，构建了“行思数学 · 学思行”课堂教学模式。2016 年 7 月，仓定志老师被选调到盐城市城南新区（现为盐南高新区）负责教育工作，“行思教育”引领区域教育“行在校园，思为师生，静心定志，执着前行”。建立区域九大学科中心形成了一个质量保障体系，通过“完善计划、分层学习、多维课题、完备督查、全面考核、课程开发”构建教师科研发展体系。“行思数学”将研究的方向聚焦课堂“教”与“学”的平衡，立足于学生的“行”和“思”，从行思数学教学的渊源、内涵、策略、课型、评价、延展等进行系统研究，探索和总结轻负高效的课堂教学之道，建构了学习视角下的教学模式，使学生掌握恰当的学习方法，培养良好的学习习惯，形成良好的学习品质，促进教师的专业化成长，推动了集团联盟校和区域学校的优质均衡发展。2016 年，《行思数学：构建最宜儿童发展的课程体系》发表于《江苏教育研究》并被人大复印资料全文转载。2017 年，《行思教育的实践与研究》荣获江苏省教学成果奖一等奖。2018 年，“行思数学 · 学思行”课堂教学模式荣获盐城市优秀教学模式。

叶澜教授说：“课堂应是向未知方向挺进的旅程，随时都有可能发现意外的通道和美丽的风景，而不是一切都必须遵循固定路线而没有激情的旅程。”行思数学作为一种思想，其美丽在于不断探寻已知中的未知，其魅力在于在且行且思中不断收获新的经验、能力与情感，其根本在于为了学生的全面发展。在江苏人民教育家培养工程中，仓定志老师始终坚守“教育之乐，在于行思”。行思无涯，御风而举，为促进学生的发展而教，为促进教师的成长而思，有理由相信“行思数学”的教育思想会更深邃、更高远。

南京大学教授　贺晓星

2019 年 4 月 26 日

目录 CONTENTS

第一章　行思数学教学的渊源

第一节　行思数学教学的理论基础

“博学之，审问之，慎思之，明辨之，笃行之。”出自《中庸·第二十章》，深刻而清晰地阐述了为学的五个层次：要广博地学习，要详细地追问，要慎重地思考，要明白地辨别，要切实地力行。“行思数学”思想来源于学习、汲取和借鉴古今中外先贤的教育思想。

一、大道行思，取则行远

“人法地，地法天，天法道，道法自然。”“大道行思，取则行远”意为正道直行，善于思考，探究规律，把握大道，且行且思，方能恒者行远，思者常新。从教育学的角度来看，“学思结合”“学行结合”“知行合一”等我国古今教育思想为“行思数学”提供了重要的理论支撑。

（一）学思结合

学思结合是孔子的教学思想。“学而不思则罔，思而不学则殆。”（《论语·为政》）即如果单纯通过博学和审问获得感性知识，而不经过思维加以分析整理、引申归纳，提高到理性水平，则所学虽博，所问虽多，也必然是茫然若失，不会有心得和收获；反之，光思考不学习，则所思虽勤，结果仍会疑难重重，问题得不到解决。孔子主张在学习过程中把学与思辩证地结合起来。

“学”是一种认知过程。在这一认知过程中，孔子特别强调博学。他说，“君子博学于文，约之以礼”（《论语·雍也》）；“博学而笃志，切问而近思，仁在其中矣”（《论语·子张》）；“多闻，择其善者而从之，多见而识之”（《论语·述而》）；“多识于鸟兽草木之名”（《论语·阳货》）。显然，孔子认为博学应包括多问、多闻、多见、多识，这“四多”即博学的基础，要善于从自己的感觉或前人的经验中去获得知识。

“思”是客观存在于人的意识中的思维活动。学思结合，就是把认知活动和思维活动结合起来。孔子强调学思结合，就是通过获取大量感性认识，然后经过分析、整理、归纳，提高到理性认识。孔子说，“吾尝终日不食，终夜不寝，以思，无益，不如学也”(《论语·卫灵公》)。在他看来,学是思的基础,思是学的深化;学思结合就是力求学思“一以贯之”,切忌“毋意、毋必、毋固、毋我”,即不主观臆想,不做绝对化的断定,不固执己见,不自以为是。他提倡“学”“思”结合的学习方法,实事求是、充满辩证法的治学态度。

孔子把“学思结合”看作是求得知识的必要步骤,同时也主张“学”与“习”的结合。据记载,孔子是我国最早将“学”与“习”联系在一起,并作为巩固、检验所学知识的重要举措的人。他在《论语·学而》中说,“学而时习之,不亦说乎”,揭示了“学”与“习”之内在联系,即“学”是“习”的基础与前提,“习”是“学”的巩固与深化,强调了学习过程的统一,才会获得喜悦的情感体验。

孔子不仅提出“学思结合”“学习结合”,而且强调“学行结合”。孔子认为,“纳于言而敏于行”(《论语·里仁》)“始吾于人也,听其言而信其行;今吾于人也,听其言而观其行”(《论语·公冶长》)。在他看来,“学思结合”和“学习结合”是认知过程的重要阶段,是实践前的准备,而对学习效果的验证并实现学习的目的则在于实践,因此,“学”必须与实践或行动相结合,学习的目的在于运用,在于服务社会。学行结合,要学以致用,做到理论联系实践。

孔子提出的“学”“思”“习”“行”学习方法,是中华民族灿烂的文化遗产,需要在实践中不断地提炼升华,做到与时俱进。

(二)知行合一

王阳明提出“知行合一”说。在《传习录》中说:“知是行的主意,行是知的功夫;知是行之始,行是知之成。”“知行合一”包括以下两层含义:知中有行,行中有知;以知为行,知决定行。知行是一个功夫的两面,知中有行,行中有知,二者不能分离,也没有先后。与行相分离的知,不是真知,而是妄想;与知相分离的行,不是笃行,而是冥行。从道德教育上看,王阳明极力反对知行脱节及知而不行。

(三)教学做合一

教学做合一,是陶行知生活教育理论的基础,是“生活即教育”在教学方法上的具体化。陶行知在《教学做合一》中写道:“事怎样做就怎样学,怎样学就怎样教;教的法子要根据学的法子,学的法子要根据做的法子,教而不做,不能算是教;学而不做,不能算是学。教与学都以做为中心。”陶行知在《中国师范教育建设论》中对“教学做合一”作了系统阐述,“教学做是一件事,不是三件事。我们要在做上教,在做上学”。他特别强调要亲自在“做”的活动中获得知识。在生活里,对事说是做,对己之长进说是学,对人之影响说是教,教学做只是一种生活之三方面,不是三个各不相谋的过程。具体要求表现在:手脑并用,转变传统教育中实践与理论的分离;行是知的开端,也是创造的基础,只有身临其境,动手探究,才能够发现规律;要求先学后教,有学有教,教学结合;注重启发式教学和探究式学习,否定填鸭式的注入式教学。

二、思从高，行从远

（一）马克思主义的原理

1. 人的全面发展

马克思在《1844年经济学哲学手稿》中提出，人的全面发展是“人以一种全面的方式，也就是说，作为一个完整的人，最终占有自己的本质”。马克思认为人的全面发展包含了人的本质、群体本质和个体本质的全面发展；作为人类存在物，人的本质是自由自觉的劳动，即人的实践活动能力；作为社会存在物，人的本质是一切社会关系的总和；作为个体的人，人的本质就是人的个性。个性即人的品质和风格，自觉能动性是个性的根本特征，创造性则是个性的最高表现，而自由个性的充分发挥，是人全面发展的综合体现和最高目标，也是人全面发展的根本内涵。

2. 教育在人的全面发展中的作用

马克思非常重视教育在个人的全面发展中的作用，教育“不仅是提高社会生产的一种方法，而且是造就全面发展的人的唯一方法”。他认为教育是一种知识、经验和技能的传授活动，是人类进步的阶梯，可以说，人的全面发展离不开教育。

3. 实践在人的全面发展中的意义

马克思指出，人的生产实践活动使人“也改变着，炼出新的品质，通过生产而发展和改造着自身，造成新的语言”。正是“生产劳动给每一个人提供全面发展和表现自己全部的即体力和脑力的机会”。因此个人的全面发展与个人主观能动性的发挥密不可分，这种发挥主要体现在实践上。

4. 理论与实践相结合

实践对认识有决定作用，实践是检验认识正确与否的唯一标准。认识也影响实践，正确的认识、科学的理论对实践有巨大的指导作用，错误的认识、不科学的理论则会把实践引向歧途。坚持实践的观点，自觉参加实践活动，在实践中实现主、客观的统一，坚持理论与实践相结合。

（二）杜威的“从做中学”

美国教育家杜威以“教育即生活”“教育即生长”“教育即经验的改造”为依据，对知与行的关系进行了论述，提出了举世闻名的“从做中学”的理论。在《明日之学校》一书中，他明确提出：“从做中学要比从听中学更是一种较好的方法。”在杜威看来，“从做中学”充分体现了学与做的结合、知与行的结合。

1. “从做中学”是学生的自然发展进程的开始

杜威在《民主主义与教育》一书中写道：“在第一阶段，学生的知识表明为聪明、才力，就是做事的能力。”“人们最初的知识和最牢固地保持的知识，是关于怎样做的知识，例如怎样走路、怎样谈话、怎样读书、怎样写字、怎样溜冰、怎样骑自行车、怎样操纵机器、怎样运算、怎样赶马、怎样售货、怎样待人接物，等等。……应该认识到，自然的发展进程总是从包含着从做中学的那些情境开始。”在《哲学的改造》一书中，他又指出：“经验变成首先是做的事情。有机体决不徒然站着，一事不做。”通过“从做中学”，学生能在自身的活动中进行学习并开始自然发展的进程；而且，只有通过富有成效的和创造性的运用，才能获得有价值的知识。

2. “从做中学”满足儿童天然的表现欲望

杜威说，儿童“要是看见人家做事，就要动手，最不愿意旁观。——这些天性，做教员的应该利用它做有益的事件，随机引导，让它发展起来才对。”儿童身上蕴藏着充满生机的冲动，生来就有一种天然的欲望——要做事，要工作。在杜威看来，一切有教育意义的活动，主要的动力来自儿童的兴趣，教育者应该加以引导和发展儿童的天然欲望，要求学校让每一个儿童应该有机会在有意义的活动中发挥能力。杜威还要求教育者能对活动加以重视、选择和利用，以满足儿童的天然欲望，使儿童在真正有教育意义的活动中进行学习，是对儿童一生有益的。如果教育者忽视了，如果在讲课中听任教科书的摆布，甚至让教科书占据主宰地位，其结果只能使思维变得迟钝。

3. “从做中学”是现代社会所需要的教育方式

杜威认为，传统教育是“从听中学”，那么现代教育就应该是“从做中学”。他认为：“学与做相结合的教育将会取代传授他人学问的被动的教育。后者再怎么好，也不过是适应封建社会的，在那种社会里大多数人必须永远温顺地服从长官的权威。在这样的基础上建立起来的教育，是与一个以创造和独立为原则以及每一个公民都应当投身于共同利益的事务之中的民主社会不协调的。”“从做中学”能解决现代教育上的问题，即指导儿童的观察能力，培养他对生活的兴趣，为以后的学习提供经验性的材料，将会有助于教育与生活以及学校与社会的密切联系。现代社会所需要的教育就是要充分地调动儿童在工作和活动中天生的主动倾向，使儿童进行观察、获得知识和运用建设性的想象力。杜威强调儿童“在观察他的行动怎样改变他周围世界的时候，他认识到他自己的力量的意义和他的目的必须考虑事物的方法。……这样的经验，在经验之内有生长，这生长和教育完全是一体的”。他甚至这样说：“儿童无数自发的活动，游戏、运动、模仿行动，甚至幼儿的显然无意义的动作，都具有教育价值，乃是教育方法的基石。”

4. “从做中学”有利于儿童的全面发展

杜威认为，“从做中学”无论在身体和心理上，还是在智力和道德上，都对儿童的全面发展具有重要作用。他强调在学校中“只要身体的活动是必须学习的，它在性质上就不仅是身体的，而且是心理上的、智力上的”。

从身体上来说，杜威指出：“手和眼的训练也直接地和间接地是注意力、建造的和再生的想象力和判断力的训练。”“从做中学”不仅促使儿童的身体活动，而且也促使了儿童的手和眼的协调。

从心理上来说，杜威指出，“当儿童从做中学的时候，他精神上肉体上都在体验某种被证明对人类有重要意义的经验;他所经历的心理过程,与最早做那些事情的人所经历的心理过程完全相同。由于他做了这些事情,他明白了结果的价值,也就是说事实的价值”。“从做中学”使儿童提高了自制力,增强了自信心。

从智力上来说,杜威指出,“当儿童圆满地解决那样一个问题,他就增添了知识和力量。他试验了他所学到的知识,根据用这些知识在制造世界上有用的东西来了解它们意味着什么;他以一种发展他自己的独立思考能力的方法做了一件有益的事情”。“从做中学”使儿童在活动中不断地发现新的问题、不断获得解决问题的方法,他的思维和智力就得到了发展。

从道德上来说,杜威指出:“对儿童的活动能力,对他在建造、制作、创造方面的能力有吸引力的每一种教学法的采用,都标志着伦理的重心从自私的吸收转移到社会性的服务上来的机会。手工训练不仅是用手,它不仅是智力的,在任何一位优秀的教师的手里,它易于,而且几乎是当然地有助于社会性习惯的发展。”“从做中学”促使儿童更好地了解社会和培养社会性习惯,儿童通过自己的做,既学会了如何做,也增强了信心,又培养了社会精神,还能从容地适应环境的变化。

(三)勒温的行动研究

行动研究,是指以某些行动对组织系统的影响为主要对象的研究活动,是实验社会心理学的一种研究方法,1946 年由勒温正式定名。包括诊断性研究、参与性研究与实验性研究三种方式。前者侧重于对行动本身的研究,以探索某项行动在实践中运用和可能收到的效果;后两者主要是解决问题式的研究工作。行动研究强调实践者在行动中为解决自身问题而参与进行的,有计划、有步骤、有反思的研究。行动研究的核心是自我反思的螺旋式行进过程,包括计划、行动、观察及反思。行动研究的基本特点:是以提高行动质量,改进实际工作为“首要目标”的研究方法;强调研究与行动的结合,即强调研究过程与行动相结合的研究方法;要求行动者参与研究,研究者参与实践,并在研究和工作中相互协作的研究方法。总之,行动研究要求实际工作者进行积极的反思,参与研究,要求研究者深入实际,参与实际工作,并要求两者相互协作,共同研究。

行动研究法是将纯粹的教育科研实验与准教育科研实验结合起来,将教育科研的人文学科的特点与自然科学的实验的特点结合起来,用教育科学的理论、方法、技术去审视、指导教育教学实践,将教育教学经验上升到理论的高度,但依托的是自身的教育教学实践。行动研究是在自然、真实的教育环境中,教育工作者按照一定的操作程序,综合运用多种研究方法与技术,以解决教育实际问题为首要目标。行动研究具有发展性、系统性和开放性。

(四)皮亚杰的儿童认知发展观

瑞士儿童心理学家皮亚杰关于儿童认知发展阶段的理论,已成为一个完整的心理学体系的核心。他认为发展有四个条件:成熟、实际经验、社会环境的作用和平衡化。儿童的认知发展有四个阶段:感知运算、前运算、具体运算、形成运算阶段。

1. 促进儿童心智的发展

皮亚杰说:“教育的最高要求应该(使学生)具有逻辑推理以及掌握复杂抽象概念的能力,智慧训练的目的是形成智慧而不是贮存记忆,是培养出智慧的探索者,而不仅仅是博学之才。”他认为培养儿童逻辑思维能力和抽象思维能力,是认知发展的理想目标,也是教育的最高目标,教学不仅仅是知识的传授,更重要的是促进儿童心智的发展;儿童不是消极接受知识灌输的容器,而是要学会如何思维。皮亚杰还认为培养儿童思想能力的重点是培养创造性和批判能力。他指出:“教育的首要目标在于造就能够创新,能有所创造、发明和发现的人,而不是简单重复前人已经做过的事情;第二个目标是形成有批判精神,能够检验真理而不是简单接受所提供的每件事情的头脑。”

2. 真正的学习是儿童主动地、自发地学习

皮亚杰认为,儿童所获得的这些巨大成就主要不是由教师传授,而是出自儿童本身,是儿童主动发现、自发学习的结果。他明确指出:主动地发现现实的这样一种教育,显然要比要求青年人按照既定的意志行事,按照现成的真理去认知的那种教育高明得多。皮亚杰强调在教学活动中,教师只是儿童学习的促进者,要求教师要尊重儿童学习的愿望,让儿童自己主动地、自发地学习。

3. 儿童动手、动脑探索学习

皮亚杰认为在教学过程中,应该放手让儿童去动手、动脑探索外部世界,不断建构自己的知识经验系统。教师应该布置情境,提供材料,让儿童自由操作、实验、观察、思考,自己认识事物,发现物体,得出答案,而不能只靠课堂上听讲,观看教师的演示。教师要为学生提供反面例证,促使学生重新进行组合和思考。他在强调行为学习的基础上,还倡导活动教学方法。

4. 遵循儿童的发展规律

皮亚杰认为,儿童的认知有着独自的特点和规律。因此,教师在教育中必须根据儿童心理发展的年龄和阶段特征来安排教材和选用教法。根据儿童已有的发展水平确定教学内容并选择教学方法。当儿童在不同领域、不同的阶段时,教师应运用敏锐的观察力和教育的灵活性,根据儿童的兴趣和实际的情况调整教育。教育必须遵循儿童的发展规律,不要把超越儿童发展阶段的知识教给儿童,否则将欲速而不达。

5. 重视儿童的社会交往

皮亚杰提倡的交往包括了师生间的交往和儿童间的交往,但他更重视儿童间的交往。“从理智的观点来看,这种合作最利于鼓舞儿童真正交流思想和进行讨论。这就是说,最利于促使儿童采取能够养成批判态度、客观性和推理思考的行为形式。”儿童在和同伴相处的过程中会感到基本平等的相互关系,使儿童摆脱自我中心状态,并从别人那里获得丰富的信息。因此,皮亚杰提倡同伴影响法,积极鼓励儿童的互教和互相影响,以此促进儿童的学习和发展。

（五）弗赖登塔尔的数学教育观

荷兰数学家弗赖登塔尔的数学教育观主要体现在现实、数学化、再创造。

1. 现实

弗赖登塔尔认为，数学来源于现实，存在于现实，并且应用于现实，而且每个学生有各自不同的“数学现实”。数学教师的任务之一是帮助学生在此基础上构造数学现实并发展他们的数学现实。因此，在教学过程中，教师应该充分利用学生的认知规律、已有的生活经验，灵活处理教材，把例题生活化，让学生好学易懂。通过设计与生活现实密切相关的问题，帮助学生认识到数学与生活密切相关，从而体会到学好数学对改进生活的作用，激发学习数学的动力。因此，弗赖登塔尔认为数学教育也是现实的数学教育。

教学的内容上，数学的概念、运算法则以及命题都是来源自然世界的实际需要，是现实世界的抽象反映和人类经验的总结。因此，数学教学内容来自现实世界，最能反映现代生产和现代社会生活需要的最基本、最核心的数学知识和技能应作为数学教育的内容。

学科的联系上，数学研究的对象是现实世界同一类事物或现实抽象而成的量化模式，而现实世界事物、现象之间又充满了各种各样的关系和联系。从而，数学教育的内容就不能仅仅局限于数学内容的内在联系，还应该研究其与生活、生产、商品流通以及其他学科等的联系。这样才能使学生既获得丰富多彩而又错综的“现实的数学”内容，掌握比较完整的数学体系，又能将学到的数学知识应用到现实世界中去。

学习的要求上，社会需要的人才是多方面的，数学教育应为不同的人提供不同层次的数学知识。不同的人有不同需要的“现实的数学”。数学教育所提供的内容应该是学生各自的“数学现实”，学习适合自己的数学。现实的数学教学，要求教师引导学生的认知活动，优化数学知识结构，建立自己的数学观。

2. 数学化

弗赖登塔尔认为，数学化是人们在观察、认识和改造客观世界的过程中，运用数学的思想和方法来分析和研究客观世界的种种现象并加以整理和组织的过程。概括起来，数学化就是数学的组织现实世界的过程。在现实数学教育者的眼中，学习者从一个具体的情境问题开始到得出一个抽象数学概念的教育全过程就是数学化的过程，学生对数学的“再发现”就是“数学化”。数学化有两种形式：实际问题转化为数学问题的数学化和从符号到概念的数学化。

通过数学化得到一个新的数学概念之后，还需要对已经得到的概念、模型、技巧做进一步解释，说明得出的结果，讨论新模型或方法的使用范围，回顾、总结和分析已经完成的数学化过程。因而，一个现实情境所提供的信息是现实数学教育的基础，情境问题与数学化是紧密相连的。数学化进程就是学习者经历了现实的情境问题到数学问题、数学体验到数学认知、数学的“再发现”到数学的实际应用的旅程。

3. 再创造

弗赖登塔尔说的“再创造”，其核心是数学过程再现。它强调学生学习数学是一个经验、理解和反思的过程，学生“再创造”学习数学的过程实际上就是一个“做数学”的过程。他强调以学生为主体的学习活动和学生主动学习的重要性，认为做数学是学生理解数学的重要条件。

弗赖登塔尔抓住数学教育的特征，紧扣数学教育的特殊过程，坚持“数学现实”“数学化”“数学反思”“思辨数学”等教育观。

（六）课程标准下的数学核心素养

数学课程标准明确指出，数学是人类文化的重要组成部分，数学素养是现代社会每一个公民应该具备的基本素养。其指出小学生数学的核心素养主要有：数感、符号意识、运算能力、模型思想、空间观念、几何直观、推理能力、数据分析观念、应用意识和创新意识等。

第二节　教师与学生的双主体

传统的教学思想“以教师为中心”，课堂上一般采用由教师到学生的“单向灌输式”教学模式，学生受教师的影响，失去了学习的主体地位，只能被动地接受知识，缺乏自主性、能动性和创造性。在新课程素质教育的实施中，我们提倡新的教学理念，即教学活动必须让学生成为主动者，在教学过程中自由而有意识地活动，教育必须以人为出发点，认识主体、尊重主体、热爱主体，把人的本质还给人，以人的方式教育人，使教育真正成为人的教育。然而，在实践中也有人把学生主体极端化，采取放任自流的态度来培养学生自学习惯和自学能力，从一个极端走向另一个极端。行思数学教学努力明确教学活动中师生的双边关系，关注教师教学过程的主体地位，学生学习过程的主体地位，让师生都能积极主动地全身心投入教学活动中来，让师生实现互动，充分发挥双主体的作用，真正实现主体性教育。

一、“双主体”教学的理论根据

“教学系统论”认为，教学是一种特殊的系统，教师、学生和课程等形成了“人、人与物”之间的一种特殊结构，它不同于自然界和机器的“物与物”结构，也不同于政治等社会活动中“人与人”结构，更不同于生产等社会活动中“人与物”结构。在万事万物之中，人是最具有变化性的。作为教学要素中的师生，均是最具有变化性的。所以，教师和学生应该是教学系统中的“双主体”，教学活动的最优化，应当是教师的活动最优化与学生的活动最优化的有机统一，是充分发挥师生“双主体”能动性的过程。

“交往教学论”认为，教学是师生之间有目的的交往活动，反映了人与人之间互为主体的关系。在交往中，每个人都是主体，都是彼此间相互关系的创造者，并且都把与自己有关的其他交往者的主动性和自觉性，作为对话、理解和沟通的前提条件。换句话说，交往意味着交往双方均为具有独立人格的自由主体。

从文化生态的观点来看，教育过程是师生关系形成和建立的动态过程。在教育、学校、课堂这个“文化生态”中，让每个人都能感受到自立的尊严，感受到独特存在的价值，感受到精神成长的愉悦，在很大程度上取决于师生关系的品质，理想的师生关系应该是民主的、平等的、合作的、双向的。

现代教育理论认为，学生的主体性是从多方面发展起来的，提升主体性素质发展水平，强调尊重学生的主体权利、主体地位及主体人格，强调师生互动、民主与和谐，充分激发和培养学生主体积极参与的意识。

合作学习理论认为，通过师生的互动交流，能够营造平等民主的教学氛围，充分挖掘学生的学习潜能，实现师生和谐统一，促进师生素质的全面提高。

综上，行思教学坚持主体教育思想，以教师指导学生主体参与学习全过程，以培养学生主体意识与能力、培养学生创新精神与实践能力为目标，由统一设计、同步推进的教师“教”的过程和学生“学”的过程有机组成了“双主体”课堂教学实践活动结构模式。

二、“双主体”教学的基本关系

“双主体”行思教学中有三个自变量：教师、学生和课程，三者间存在着主客体关系。教师是主体，学生与课程便是他设计教学活动的客体；学生是主体，教师与课程便是他学习发展的客体。教师和学生都是主体，课程是他们发生教学关系的公共客体。教学中，教师与学生的主客体角色、行思活动不停切换，整个课堂始终处于动态发展的过程中，不断推进。

教师主体性的发挥是为了发展学生的主体性，学生主体性的发展更多地取决于教师主体性的引导。在师生“双主体”的相互作用中，学生不断得到改造和发展，教师不断得到充实和提高，双方和谐、协同。行思教学模式“双主体”的特征，结合数学学科的教学实际，实现“一切为了学生，为了学生的一切，为了一切学生的发展”的教育服务宗旨。

行思教学模式探究的过程中，紧扣“双主体”，就教师的主体作用与学生的主体作用如何发挥进行了研究。教师应成为研究教材、研究学生的主体，这种定位取决于教师的角色地位：教师是教育活动的设计者，教师是教育活动的组织者，教师是教育活动过程中的主导者。教师不仅要在教育内容的传授中凸现自己的主体性，还要在学生的主体性开发与培养中凸现自己的主体性。学生应成为学习的主人，是教学过程中发挥主体作用的主体，这又取决于学生在学习过程中的特点：学生对教师的主体作用、功能进行主体性的选择，学生对教师的主体性作用的认同与转化，学生对教师的主体作用的借鉴与超越。

教师主体性与学生主体性是既对立又统一的。学生的主体性的实现，需要两个方面的条件，一个是外部条件，另一个是学生自身条件。外部条件，包括教学内容、教学方法、师生关系、同学关系、物质条件等，最重要的是教师自身的条件，主要表现为教育观念和教学指导思想。以端正教师的教育思想、转变教师的教学观念，作为发挥教师主体作用的重要方面，并贯穿于实践的全过程。在整个研究、实践的过程中，教师要尊重学生的人格和权利，热爱学生，成为学生学习的引路人，建立民主、平等、合作的新型师生关系；大胆放手，改革课堂教学模式，让学生在行思活动中学会学习；教给学生学习方法、学习策略。学生自身条件，主要是指作为学习的主体是否充分意识到自己的主体地位，并发挥主体作用。而自我意识则是培养和发展主体意识的必要条件，力求从感性上让学生形象地去体会这种主体地位。行思数学课堂教学中设计一定量的实践训练和教师引导，学生的主体意识和主体作用逐步实现，学生参与学习的全过程，是实现主体性的保证，参与越多越积极，主体性的感性体验越强烈，主体意识也逐步增强。

“双主体”行思教学的课堂，师生参与，课堂氛围得到很好优化，全体学生的学习积极性被调动起来，形成一个讨论、理解、记忆、反馈的学习场。这样的课堂还较好地形成了思想、知识、情感和沟通的网络，大大增加信息量，激活信息传递渠道。学生互相切磋，充分发展个性和才能，培养主体意识，较好克服了班级不注重差异的教学缺点，将有助于不同层次的学生的能力提高，有利于教学质量的全面提升。当然，建立和实施行思“双主体”教学模式，关键是教师要拥有正确的教育理念和较高层次的教学素养，只有这样，教师才能正确地发挥好自己的主体作用，并为学生的主体发挥提供优良的环境，实现课堂的互动。实施过程中需要处理好以下关系。

1. 动与静的关系

“动”是学习活动中的基本特征，其主要表现为学生的好动、好奇。在数学教学活动中，教师要特别注意学生的参与学习、参与活动及学会合作。就数学学习来说，不能只强调动，应该是动而有度，动中有静，静中有动，动静结合，才有利于学生掌握学习规律和学习方法，养成良好的学习习惯。在指导学生参与学习活动时，刺激不能太强烈，学生太兴奋，反而会受到抑制而不能有效学习。因为学习需要全神贯注，静下心来认真反思。做到动中有实质意义的静、静中有真正有效的动。

2. 个体与集体的关系

在参与学习的过程中，教师要强调学生主动性的发挥和主体性的体现。由于现在实行的是班集体教学，强调学生个体的活力发挥，忽视集体规范的约束，是不利于培养学生的社会性的。教师必须培养学生的社会性，使他们在任何场合中，既充分地彰显个体的活力又认真地遵守集体的规范。

3. 长远发展与近期发展的关系

数学学习是为学生终身学习打基础的，学生的发展潜能得到充分的开发，认知能力获得有效的提高，对于学生形成社会责任感，成为未来社会所需要的人才是非常有价值的。学生在参与学习的过程中，参与意识、动机等基本要素得到健康发展，促使学生在未来社会中积极发挥作用，在未来社会的激烈竞争中充满自信。为了学生的可持续发展，必须使现在的教学为其终身服务，使其终身受益。

三、"双主体"教学的基本原则

（一）民主性原则

民主的师生关系是实施教育的基础，师生关系的核心是把教师和学生看成真正意义上的人。行思双主体课堂教学模式以现代学生观为基础，建立新型的师生关系，既反对教师中心，也反对学生中心，提倡民主平等，肯定教师和学生在心理上、人格上和科学面前的民主平等。行思教学中学生对教师尊敬有礼，虚心聆听教师的教诲；教师为人师表，诲人不倦，尊重学生个性，关爱学生。"弟子不必不如师，师不必贤于弟子。"创设良好的课堂氛围及和谐的育人氛围，使教师和学生心心相印、教学相长。

（二）活动性原则

课堂上让活动贯穿于教学全过程，开展竞赛、讨论、评议、辩论等探究活动，搭建学生主动参与、合作学习的平台，激发学生的学习兴趣，鼓励学生自由发言、各抒己见和质难问疑，引导学生学会倾听、学会评价，求同存异，尊重不同意见，拓展学生的发展空间，引发学生挖掘各自的创造潜能，获得创造的乐趣，开发创造力，培养实践能力和创新精神。

（三）公平性原则

教学活动中，教师公平对待每一个学生，给他们均等的参与机会，对存在差异的学生的学习表现和学习结果，从他们的长远发展考虑，给予充分肯定和针对性的指导，学会宽容和等待，为优生拔尖，为差生补短，通过合作学习、个别指导等方法，实施因材施教，最终实现大面积提高，不让一个学生掉队。

（四）互动性原则

充分利用网络环境下的多媒体数字平台，开展视频教学、空中课堂、信息发送等线上线下教学活动，丰富教学资源，拓宽教学空间，充分发挥网络技术的交流反馈优势，改善和提高课堂教学的互动效益，开辟学生主体参与的新天地、新途径。

四、"双主体"教学的指导思想

（一）教与学融为一体

在教学中，教师的教学真正为学生服务，学生是学习的主体，在学习中应得到自主发展。教师要提供机会，让学生参与活动，发展学生的思维，提升学生的能力。教师在教学过程中，要给学生一个独立的空间，一个选择的余地，一个展现的机会。通过学生对学习过程的参与，教师可以调整并改善其认知过程的结构和操作方法，使学生完成由“不会”到“学会”，再由“学会”到“会学”的认识过程。同时，也是教师不断改进教法，提升专业的过程。

（二）知识与能力融为一体

知识与能力历来是教学过程中要解决的实质性问题。教师在教学过程中，要注意既教知识又教方法，学生在学习过程中，需既学知识又提高能力，将知识的学习与能力的提高融为一体，在能力的提高中学习知识，在知识的积累中提高能力，达到教是为了不教，学是为了终身的目的。

（三）教师提升与学生发展融为一体

良好的教学过程可以有效实现教学的目标。行思教学强调的是师生共同经历参与、共同进步，在教学中既能够体现教师先进的教学理念、精湛的教学技艺，也展示学生积极猜想、发现、验证、概括的学习过程，学生能力提高的过程也是教师素质不断提升的过程。

五、“双主体”教学的基本方法

在行思教学的实践中，对师生参与学习的方式方法进行了研究，运用情感教学法，促进师生主动参与；运用情境教学法，吸引师生积极参与；运用全身反应教学法，促进师生乐于参与；运用课堂互动教学法，促使师生主动参与。

（一）情感教学

情感教学侧重于心理活动，强调学生的自主学习和教师的主导学习。健康的情感能够有效地强化人的智力活动，从而有效发挥师生的心理潜能。因此，在教学中要十分重视师生间的情感交流。在课堂中，教师的一个眼神、一个微笑、一句鼓励、一个动作，给课堂带来和谐的气氛。在教师轻松的神情下，学生表现出一种对学习的自信。课堂中要真正实现教师与学生的主动参与，心理要求有所不同。学生需要教师的热情鼓励引导、肯定支持，学生的学习情绪会直接影响教师的教学情绪，学生的参与积极性越高，教师的教学积极性也越高，能够创造出一些新的教法和学法，教学的创新精神在高涨的学习热情中得到萌发。

在开展行思教学的研究过程中，对小学生及教师参与课堂学习的因素进行了研究。结果表明：低年级师生共同参与游戏类探究活动的频率越高，师生的参与度就越大，如果数学课缺少游戏性活动，教师的参与度越高，学生的参与度反而越低；中年级师生的参与度，主要取决于对课堂学习气氛的认可度，这时教师的情感投入调动着学生的情感，因为三、四年级的学生比较好动，心理反应独特性不同于其他年级，在中年级数学教学过程中，教师对学生的信任度越高，学生的参与度就越高。课堂教学气氛的温度越高，学生的参与度也就越高；五、六年级的学生是小学阶段的高年级，学生的自主学习能力比较高，这时，教师与学生应该成为学习的合作者，共同合作完成学习任务，教师和学生数学课堂的参与度才能取得最大值。因此，情感教学法能够促进师生自觉参与课堂学习，共同完成学习任务。

（二）情境教学

情境教学在我国数学教学的改革中，早就开始使用。最早的教学情境是由教师创设的，学生只是在教师创设的情境中进行学习。而现在的情境教学，其情境是师生共同创设的，教师和学生是教学情境、学习情境的设计者和创造者。在情境创设的过程中，教师与学生都把自己的热情和聪明充分地表现出来，在共同创设的情境中，教师的教得心应手，学生的学兴趣盎然，师生的积极性得到了很大的发挥。

情境教学对于不同的年级有不同的要求，实施起来就不能千篇一律。低年级的情境创设应以学生能置身其中的游戏或练习为主，让学生直接进入情境，感受知识和技能，获得信息，学会应用；中年级的情境创设应以让学生充当情境中具体的角色为主，让学生直接进入生活的情境，感知运用；高年级的情境创设应与生活联系更加紧密，为学生学习运用创造条件，吸引师生的积极参与，提高课堂教学质量。

（三）全纳教学

全纳教学满足所有学生的基本需要，通过师生全员参与，使学习更直接、更轻松、更愉快。由于是一种全心全意的学习，因而，学习的效率大大提高，学生的学习热情可以得到了充分的调动。在愉悦的学习氛围中，师生的关系亲切、融洽，教师在教的活动中与学生同行、同思、同乐，心情轻松愉快，教态亲切和蔼；学生在同行、同思、同乐的活动中，与教师、与同学结下了深厚的友谊，学习变成了一件幸福快乐的事情。

（四）互动教学

数学来源于生活，又运用于生活。小学数学的课堂教学是培养学生数学素养的重要环境，教师在引导学生学习时，从生活出发，合理安排课堂教学的环节和活动。学生对使用数学解决问题，很乐意与教师、与同学一起去做；要进一步保持学习的兴趣，就必须使学生对学习的内容感兴趣，同时培养学生良好的学习习惯，使学生掌握学习的基本方法。因此，在课堂中，把知识教学放在一种实际的情境中进行，在情境中师生互动、生生互动学习，教学是相长的，课堂是生成的，精彩的课堂教学在行思中，更在预设与生成、行与思的平衡处，双主体缺一不可。

第三节　教师实践者与研究者的双身份

传统意义上，教育研究者主要指大学的学者，或者专门从事教育科研的学者，如心理学学者、哲学学者、经济学学者等。与他们相比，小学教师多停留在教育的经验、体验之中，内容生动的教学，却无法看到其中的纹理，只能是一种表象，无法抽象出理论体系。在传统研究者看来，一线教师与教育研究格格不入，因为他们缺乏理论阅读、理论抽象和理论表达的能力。在提倡教育实践与研究，尤其是教师的实践与研究成为教育发展的一种方式和动力时，往往产生了一种严重的错位。懂得教育研究的研究者脱离了教育实践，远离教育现场，因此教育研究变成一种概念界定和体系建构；懂得教育实践的人缺乏一种知性能力的训练，并且缺乏时间、工具等研究的必备条件，因此生动的实践和智慧就随着时间的推动，也随之消失了。这两者对我们的一线教学都没有实际指导意义。行动研究要求实际工作者进行积极的反思，参与研究，要求研究者深入实际，参与实际工作，并要求两者相互协作，共同研究。因此研究者和实践者身份的融合将成为必然，教育研究和实践能力兼具的复合型教育人才将会增加，并且成为未来教师生存的基本样态。

行思数学教学在注重教师与学生的双主体地位的同时，更关注教师的身份定位，行思教学中的教师既是"实践者"，又是"研究者"。在 2012 年初，提倡"行思教学"的"仓定志名师工作室"作为盐城市首批名师工作室，把"行思"作为工作室的室风，坚持"为促进学生发展而行，为促进教师发展而思"的教学主张，打造行思科研、引领行思阅读，拟定一系列有计划、有步骤的行思主题活动，且行且思，实践加研究，坚守同一段教育旅程。

课堂是教学的主阵地，行思是教师外显链接的形式，教、学、研的深度融合，才是教师扎实前行的保证。

一、行思科研，教学研有方向

充分利用工作室这个研究的平台和成长的阶梯，明晰、坚守、传承教育的信念行走在前行的路上，在行走中汲取更多的养分，在行走中播撒教育的种子。

2013 年 12 月，工作室在阜宁师范附属小学主持盐城市小学数学"与新课程同行"主题沙龙活动。在《择高处立，就平处坐，向宽处行》的专题讲座中介绍了"数学基本活动经验"的研究过程、困惑与成果。

2014 年 5 月，江苏省小学数学特色教学经验交流会在连云港召开，工作室成员围绕"行思课堂 · 数学教学"作了"关注数学基本活动经验，促进师生共同发展"的介绍，重点介绍通过"课前导学—质疑讨论—引导梳理—反馈矫正—迁移创新"的主体性思维活动"五步"教学模式，帮助学生积累基本活动经验的实践与思考。

2014 年～2016 年，本书作者倡导的"行思教育""行思数学"分别荣获江苏省"333"工程资助项目和江苏省"十二五"教育规划江苏人民教育家培养工程立项课题。围绕学生"思维"和"实践"的两个维度，突出"教""研"互补、"学""思"结合。"行思管理在路上""行思教育的学生之乐""行思教育的发展之路""行思在课堂"等主题参与江苏人民教育家培养工程"国培计划"网络平台研讨，提升了"行思"的影响力。2016年《行思教育：质量提升的智慧选择》发表于《江苏教育》，《为促进师生而行思》发表于《盐城教育研究》。

2016年7月，本书作者被选聘到盐城市城南新区负责教育工作，"行思教育"营造了区域学校发展文化场，"行思教育"引领区域教育"行在校园，思为师生，静心定志，执着前行"。建立区域九大学科中心形成了一个质量保障体系，通过"完善计划、分层学习、多维课题、完备督查、全面考核、课程开发"构建教师科研发展体系。"行思数学"将研究的方向聚焦课堂，重视"教"与"学"的平衡，用唤醒、累积、反思、提升、运用等五个要点找准教师角色，立足于学生的"行"和"思"，激发兴趣，鼓励创造性思维，使学生掌握恰当的学习方法，培养良好的学习习惯，形成良好的学习品质。探索和总结轻负高效的课堂质量之道，建构了学习视角下的一套教学模式，形成课型模式图，鼓励学科互相借鉴。推动了集团联盟校和区域学校的优质均衡发展。2016年，《行思数学：构建最宜儿童发展的课程体系》发表于《江苏教育研究》并被人大复印资料全文转载，《行思教育：质量提升的智慧选择》发表于《江苏教育》。2017年，"小学行思教育的实践与研究"荣获江苏省教学成果奖一等奖。2018年，"行思数学 · 学思行"课堂教学模式荣获盐城市优秀教学模式。

二、行思阅读，教学研有支撑

石中英在《教育哲学导论》中阐释："人的发展，就其根源来说，不是一个外在的规训或控制过程，而是一个内在的觉醒或成长过程。"而这个过程，一定离不开读书。几乎每个教师都曾遇到过这样的情况：课堂教学遭遇瓶颈，难以突破；论文写作干涩单薄，难以透彻；课题研究面对诸多质疑，难以深入……每当这个时候，总是提醒老师们别忘了读书："读书，是另一类的备课。"

要想成为一个合格的行思实践者和研究者，阅读必不可少。于是，工作室引领着老师们进入了品味书香、深度阅读、触摸灵魂的行思阅读世界。大家一起重温肖川的《教育的理想与信念》，和黄爱华一起捕捉《大问题教学的形与神》，和徐斌一起《追寻无痕教育》，和贲友林一起行走在《现场与背后》，聆听郑毓信讲述《数学教育：从理论到实践》，细想着《我就是数学》，欣赏着《第56号教室的奇迹》，提醒自己《不做教书匠》，在教学中来一场《静悄悄地革命》，明白了《教师，做个思想者》的意蕴……渐渐地，读书成为行思者生活的一部分，像呼吸一样重要。

为进一步创设氛围，引领阅读，工作室还成立了"行思阅读教师共同体"，大家把自己的读书心得、体会写成文字放在博客上一起共勉，把读书中产生的困惑、不解带到读书沙龙上一起思考、商榷，在文字中获取继续前行的力量。

有老师在博客写道："儿童发展的道路很长很长，在这条路上有人走得慢，有人走得快。我们满心希望所有的孩子步调一致，走得整齐，却不可能实现。焦急、催促、以己之心度人之意、恨不能代其而为……漠视现实，是心态出了问题？每一个孩子，他在自己的道路上前行，哪怕是一小步，也应该得到肯定——或许那一小步，他比别人的一大步走得更加努力。教育是一面镜子，镜子外面是老师，镜子里面是学生，透过镜中人物，可以看到老师的品格在学生身上的折射，可以看到一个或许是你不愿面对，然而更加真实的自己。”

在今天这个充满了诱惑、很难静下心来读点严肃文字的时代，行思者一直孜孜以求，乐在其中，大家用自己的笔及时记录了在行思阅读中的感悟、对教育教学的思考。成长，有时需要很长时间的积淀，有时，又不过是一瞬间。多年来，不停鞭策着自己，在行思教育的漫漫旅途中，不断做阅读者、实践者、探究者。

三、课标引路，教学研有内容

在活动开展中，工作室的每位教师都深深体会到，每一个课改成果的取得，每一项实验内容的深入，都离不开科学理论的有力指导和教师的创造性实践，只有这二者有机结合，才会使课改进程产生质的飞跃。为此，在每一次的活动中，大家紧紧围绕教研专题，以课标精神为指导，学习课改理念，汲取先进的经验和方法，并让教师结合教学实践交流思想，谈体会、谈困惑、谈感想，碰撞出思维的火花，寻找出解决问题的最佳方案，再回到实践中对这些方法或答案加以验证，再将验证的结果通过下一次教研进行完善，使理论与实践相融合，逐步转变了教师的角色意识，树立教师即研究者、教室即研究室、教研组即研究组的观念。不仅提高了每一位教师的理论素养，而且也增强了教学实践能力。

工作室正朝着努力打造一个师德高尚、业务精湛、知识渊博、业绩出众、成果显著的优秀小学数学教师团队的目标迈进。工作室的博客内容有教学案例、学习体会、读书心得、论文等等，可谓百花齐放。这些既记录了学习成果，也见证了“学习—实践—反思—再学习”的过程。名师工作室，为成员的专业成长提供了很好的学习机会，并搭建了展示自我、体现自身价值的舞台。通过学习，成员们深深体会到“学然后知不足”，通过反思，发现成为一名专业化的研究型教师还有很多路要走。

工作室成员每年主持校际教研活动 10 余次，主持的五项省级“十三五”规划立项课题正在积极研究实施中……就是这样点滴的浸润，思研结合，内外兼修，让数学老师感受到名师的力量，看到名师的智慧，体验到名师的风范，学习的榜样就在身边，促使教师自发追求教学的教对、教会、教出学科味，在教学实践中尽力践行自然、朴实与高效。

目前，工作室成员先后多次为各级数学课堂教学评比与盐城市小学数学青年教师基本功竞赛做了大量的指导工作，仅 2018 年指导备课，省、市一等奖课例达到 7 人。工作室成员先后在《江苏教育》《中小学教育》《小学教学参考》《教学月刊》等省级刊物上发表论文。还通过一系列观摩和专题研讨，提升教师解读课标、驾驭课堂的能力，同时为后续工作室丰富多彩的教学研思活动打下更加坚实的基础。

四、创新组织,教学研有特色

(一) 集体备课

打破了以往教师个体备课、独自准备的传统,以工作室为单位进行集体备课,全面分析教材。在上公开课之前全体成员先进行教材分析、指出重难点及自己在教授本节课的教学体会,之后执教教师以说课的形式说明教学流程,在此基础上找到教师共同的难点问题,集体学习、研讨,形成方案加以实施,最后进行总结反思。

(二) 课改沙龙

工作室中有一批经验丰富的特级教师、名教师,在教学领域有很多经验是值得吸收和借鉴的,充分发挥他们的力量,将经验之谈与青年教师在教学中的创新精神相结合,互相协助,相得益彰。在教研中,我们开展了课改沙龙:“我的得意做法”。针对教学中的一些有创意的想法和捷径,各位教师各抒己见,倾囊相助,真诚相待。沙龙激发了全组教师的热情,在交流中每位教师都是主角,大家畅所欲言,有时提供许多鲜活的案例,互相补充说明;有时意见并不统一,大家各抒己见,在友好的争论中观点越辩越明,活动也得到了老师们的交口称赞。

(三) 经验共享

在教研活动中,让各位教师对本学期的教材、教学经验在组内进行交流,通过这项活动的开展,组内教师对教材都有了清楚的了解,并且,对于正在教授该教材的教师来说,能吸收其他教师教材分析和难点处理的教学经验,对于没教授过该册教材的教师也提供了一个很好的学习机会,有效地实现了经验共享,互帮互助。

(四) 网络互动

工作室还借助多种信息渠道作研讨平台,让教师的研究论文、教学设计、个案随笔、课改感悟等发布在网络上和大家及时互动交流,教师之间相互学习互助。大家都可以发表自己的意见和建议,任何问题都可以调动众人一起解决。网络的快速、简捷,使老师们随时都可以进入研讨。

行在课堂,思在课堂,研在课堂,教、学、研深度融合,行思课堂教学模式日趋成熟,成果频出。截至2015年,学校现有省特级教师5名、市名教师4名、市级学科带头人15名、教学能手34名,50多名教师在市级以上各类教学比赛中获一等奖,17个国家、省、市级“十一五”课题顺利结题。

教、学、研的深度融合让行思课堂有了底气,让行思教育朝着更加明确的方向前行。为了让“行思数学”更可感、可悟,我们努力从实践者、探究者两方面对日常的课堂教学进行设计,大量的教学实践让我们的实践开展愈加自如,探究愈加深入,教师“实践者”“研究者”双身份下的课堂教学活力满满。

第四节　教学行与思的双维度

数学课程标准明确指出:“创新意识的培养是现代数学教育的根本任务,应体现在数学教与学的过程之中。”目前相当一部分学生解决常规问题比较熟练,而解决非常规问题的能力相对比较薄弱,数学创造性思维能力不足,实践能力欠缺。这种现状表明了培养学生实践能力和思维能力的迫切性。行思课堂教学从“实践”和“思维”两个维度出发,行思并进,在且行且思中收获经验、能力与情感,促进师生真正生长。

数学课程标准课程目标的总目标是:学生通过义务教育阶段的数学学习,获得适应社会生活和进一步发展所必需的数学的基础知识、基本技能、基本思想、基本活动经验。体会数学知识之间、数学与其他学科之间、数学与生活之间的联系,运用数学的思维方式进行思考,增强发现和提出、分析和解决问题的能力。了解数学的价值,提高学习数学的兴趣,增强学好数学的信心,养成良好的学习习惯,具有初步的创新意识和科学态度。这三条就是三维目标:知识与技能、过程与方法、情感态度与价值观的具体体现。而总目标和三个学段目标又都是从知识技能、数学思考、问题解决、情感态度四个方面进行具体阐述的。

课堂,是师生们生活的地方,也是行思数学教学的扎根之处。课堂作为一段旅程,其美丽在于已知中的未知,其魅力在于同路人在且行且思中收获的经验、能力与情感。教学目标关注实践能力的培养,对教师课堂教学中制订的教学目标提出了明确的要求。即:教学目标既要考虑认知目标和情意目标,又要考虑能力目标。要把提高学生的学习能力、思维能力和动手操作能力作为教学目标的基本内容,教学的重点要放到学生这一主体,培养学生的好奇心、求知欲,帮助学生自主学习、独立思考,鼓励学生发现问题、提出问题和解决问题,并尽可能多地提供动手操作的内容和机会,培养学生浓厚的研究和解决问题的兴趣和能力。提倡教师在备课中体现本课培养学生实践能力的载体是什么,本课主要培养学生实践能力的哪一个要素,打算用什么方法来达到培养学生实践能力的目的。

教学过程体现实践能力培养。实践能力的培养需要时间和空间,教师在课堂教学中要保证有充分的时间让学生在课堂教学过程中能动地活动,通过体验、交流和选择实现认知、探索和创造。教师要提供实践活动的空间,打破教学常规,改变教师讲、学生听的教学模式,实行启发式、讨论式等教学方法,让学生主动参与学习过程,变教师的单向传授为教师与学生之间、学生与学生之间的多向交流,组成完整的、师生双向互动的教学过程。教师要采取灵活多变的教学方法和手段,有效地调动学生的视觉、听觉、动觉等多种器官协同参与教学过程,让学生乐意并善于主动思考问题,主动提出问题,主动解决问题,把教学过程变成学生带着问题学习,不断探索解决问题的过程。教师要精心设计培养实践能力的载体和方法，让学生通过自己思考、自己动脑、自己动手、自己发明创造，在亲自感知、思考、操作和实践的过程中加深对知识的理解。

一、行的维度

实践能力并不是生而具备的，行思课堂教学时对学生不仅“授之以鱼”，更“授之以渔”，教学中通过重视学法指导来培养。小学生以具体形象思维为主，因而在认识过程中很难从教师的讲授和得出的结论中获取其中蕴含的数学思想方法和数学思维品质。所以在行思课堂教学中，探讨了以加强学生的实践操作训练为主，培养学生实践能力的行思课堂教学模式，让学生在实践中感知，充分发挥学生的潜力，让学生通过自己的努力解决问题，获取知识，并到实际中验证，到生活中运用。

(一) 创造教学氛围，增强学生实践求知的意识方法

在教学过程中，学习氛围是衡量教学效果的重要指标。平等、民主、合作的教学氛围会使学生在敢于质疑中学习，敢于动手操作论证，使学习成为其内在的需求。如在教学《分数的初步认识》时，创设一个小熊分饼的情境，使学生在分的过程中体会平均分，提出半个饼该怎样表示的疑问，然后顺利地引出分数的教学。这里教师通过单一的操作演示引导学生把操作模仿转化为探索性、创作性的实践活动，让学生通过分一分的实践活动去发现事物的奥秘，逐步形成实践求知的意识。

在让学生进行实践操作的训练过程中，教师并非无目的地放手让学生去实践，而是有目的、有步骤地帮助学生掌握正确的操作方法，引导学生从具体的实践操作中抽象出数学概念和结论。在动手操作之前，让学生明白所要操作的对象或要解决的问题，教给学生必要的操作步骤并指明注意事项，指导学生从具体的操作中分析、比较、概括出结论，能用数学语言表达出来，并参与讨论。最后教师对学生的动手操作过程和得出的结论作精要的评价。

在进行动手操作时，教师要根据学生的年龄特点和知识水平，按照操作的不同目的采取灵活多样的形式，激励学生自愿参加，从而发挥学生的主动性、独立性和创造性。在教学《长方形的周长》时，让学生先用 4 根小棒拼成一个长方形，然后叫学生再把拼成的长方形拆开，看长方形的周长和它的长与宽的关系，让学生在拼、拆的过程中自己得出计算长方形周长的公式。在教学《20 以内的进位加法》时，让学生自己摆小棒，通过动手，促进动脑，理解进位加法等等。

(二) 注重实践调查，培养学生分析研究的能力

数学课程标准指出，要使学生有更多的机会从周围熟悉的事物中学习数学和理解数学，使他们体会到数学就在身边，进一步感受到数学与现实生活的密切联系，感受到数学的趣味，对数学产生亲切感，最终达到能够探索和解决简单的实际问题的目的。在数学教学中，应注重让学生课前开展调查，搜索、收集、整理与学习内容密切相关的材

料，以培养学生的实践能力。

在教学《百分数的意义和写法》前，要求学生先从生活中找找物品上的“百分数”，并想想表示什么意思。在教学这一内容时，学生纷纷汇报了自己调查的结果，并通过投影展示给大家。如：衣服的成分标签上的“100％棉、55％棉、45％涤纶”，啤酒瓶包装上的“酒精度 8％”，方便面的包装袋上的“加量 20％”……通过课前的调查，学生对百分数的表现形式和意义有了初步的了解，又知道了生活中处处有百分数。

教学《圆的认识》时，课前组织学生展开观察和调查活动。学生发现在日常生活中，光盘、碗口、锅子、钟面……特别是大大小小的车轮，都是圆形的。于是学生就初步感受到了圆和日常生活的密切联系，并产生疑问：这些东西为什么都做成圆形？圆到底有什么特点呢？车轮不做成圆的就不能行驶吗？并通过更深入一步的调查，学生了解到车轮有不同规格的尺寸，锅也有不同的型号，于是学生进一步产生疑问：这些不同尺寸的含义是什么？在这种实践活动中，学生逐步学会了发现数学问题。

在教学《平行四边形面积的计算》时，设计计算新建学校草坪面积的活动，课前组织学生观察地形，实地测量，课上再来研究、探讨计算方法，使得学生在活动中轻松学会了知识，提高了能力。

（三）立足课堂教学，培养学生动手操作的能力

课堂教学是实施素质教育的主渠道，也是培养学生操作能力的主阵地。在数学课堂教学中，向学生提供丰富的素材，让学生通过动手操作，获取知识，培养能力，是重要的教学环节。

在操作中探索新知。在教学《圆的周长》时，先出示几个不同大小的圆形实物图，问：这几个圆的周长谁的长？怎样才能知道这些圆的周长呢？接着教师就指导学生分组测量。根据教师提供的圆形纸片、圆形实物、尺、线、图钉、剪刀等，学生自己动手操作，得出了“滚动法”和“线绕法”，并通过计算测量的数据，初步感知了圆的周长总是其直径的 3 倍多一点。在这个过程中，学生既体验了独立获取知识的乐趣，又从中学到了解决问题的策略，从而有效地培养了学生的实践意识和实践能力。

在操作中巩固新知。在教学《元、角、分》后，设计在班中开展模拟购物活动，让学生实际应用所学到的元、角、分知识。三年级在学完《长方形的面积计算》后，让学生动手测量，并计算教室地面的面积等等。

在操作中拓展思维。三年级在教学《长方形和正方形的认识》这一内容时，在学生掌握了长方形和正方形的特征后，再发给学生两张不规则的纸，要求学生操作：用其中一张纸裁出一个长方形或正方形，用另一张纸尝试裁出一个最大的长方形或正方形。

（四）强化课后延伸，培养学生解决问题的能力

数学教学最终以使学生能够探索和解决简单的实际问题为目的。因此，在数学课堂教学后，教师应注重知识的课外延伸，让学生把所学的知识运用到实践中去，解决一些生活中简单的实际问题，真正使知识转化为能力，把培养学生的实践能力落到实处。

教学《轴对称图形》一课时，课上学生通过小组协作学习，在操作实验的基础上，认识了美丽的轴对称图形，掌握了这类图形的特征。但是轴对称图形的认识并不应该就此结束。为了激发学生的创意，课后教师还请学生找一找自己身边的轴对称图形，自己设计、创作轴对称图形。在教学《百分数》后，有位教师让学生课后对家庭中一个月的日常开支作统计，包括电话费、水电费、吃穿费用等，然后求出各种开支占总支出的百分比，在此基础上再研究如何节约开支，确定节约开支的重点项目。通过学生的课外实践活动，学生进一步了解了数学在实际生活中的应用，加深了对数学价值的认识，实践能力也得到了提高。

经过多年的实践，形成了关注学生实践能力的行思教学体系。在数学教学中，注重学生实践能力的培养，注重激发学生对数学的兴趣，并通过学生自身在实践中富有创造性的积极探求，从而增强获取知识和发展能力。

二、思的维度

数学是思维的体操，它表明数学本身具有发展学生智力的功能。小学生虽然年龄小，但他们思维活跃、好奇心强、联想丰富。因此，教师要根据小学生的思维特点，结合教学内容对学生进行思维训练，让学生在思维活动中掌握知识，并积极加以运用，使知识得以内化，使思维得到发展。课堂是师生们共享的大舞台，教师必须在课堂教学中努力培养学生的思维能力。

（一）联想和类比

教学中要充分重视教材中的例题和练习，“也可这样算”“看谁算得快”“怎样算简单就怎样算”等这些提示，可以指导学生通过联想和类比，拓宽思路，选择最佳思路，从而培养学生思维的敏捷性和灵活性。发展思维要学生积极思考才能实现。启发式教学注重展现知识发生过程，鼓励学生通过比较、分析、综合、抽象、概括以及判断、推理等，思考问题，发现问题，得出结论。因此在教学中，学生不仅掌握了知识，还培养了自己的思维能力。教学中注意加强知识间的联系，可以培养学生思维的广阔性和深刻性。如教学分数应用题，启发学生联想倍数问题；教学百分数应用题，启发学生联想分数应用题……逐步调整和完善学生的认知结构，从几倍的“几”到几分之几的“几”，到百分之几的“几”，互联互通，不仅培养了学生思维的广阔性，也培养了思维的深刻性。

（二）由直观到抽象

加强概念、法则、定律等过程的教学，可以对学生进行初步的逻辑思维能力培养。因为这方面的教学比较抽象，加之学生年龄小，生活经验不足，抽象思维能力差，学习就困难。学生学习抽象的知识，是在多次感性认识的基础上产生飞跃，感知认识是学生理解知识的基础。在教学时，应注意由直观到抽象，逐步培养学生抽象思维的能力。如在教学《角》这部分知识时，为了使学生获得关于角的正确概念，首先引导学生观察实物和模型：如三角板、五角星和张开的剪刀、扇子形成的角等，从这些实物中抽象出角。接着再通过实物演示，将两根细木条的一端钉在一起，旋转其中的一根，直观地说明由一条射线绕着它的端点旋转可以得到大小不同的角，并让学生用准备好的学具亲自动手操作，用运动的观点来阐明角的概念，并为引出平角、周角等概念做准备。

（三）以旧引新

联系旧知，进行联想和类比。旧知是思维的基础，思维是联系新知的桥梁。由旧知进行联想和类比，也是寻求正确思维方向的有效方法。联想和类比就是比较相近或相似的知识或问题，找到不同点和相同点，知道知识的联系和区别，进而找到关于所探索的问题的正确的答案。数学知识具有严密的逻辑，某些旧知识是新知识的前提，新知识又是旧知识的拓展，学生的认识活动也总是以已有的旧知识和经验为基础。新授课时尽可能复习有关的旧知识，引导学生运用知识迁移规律，在获取新知识的过程中发展思维。如在教《加减法各部分的关系》时，先复习了加法中各部分的名称，然后引导学生从 $26+65=91$ 中得出：$91-26=65$；$91-65=26$。通过比较，可以看出后两个算式的得数实际上分别是前一个算式中的加数。通过观察、比较，让学生自己总结出求加数的方法：一个加数＝和－另一个加数。这样引导学生通过温故知新，以旧引新，学生思维也得到了发展。

（四）正向到逆向

学生往往习惯于从左到右运用公式和常规的正向思考，这就需要教师在教学中，注意经常对学生进行逆向思考的训练，克服思维定势，引导学生去做与习惯性的思维方向完全相反的探索。许多问题按“常规”看，似乎到了“疑无路”的境界，但通过逆向思维就会豁然开朗，喜见“又一村”。提高逆向思维能力，将使学生的思维更加全面，从而提高学生分析问题和解决问题的能力。

例如：红星小学的一次数学竞赛，共有 10 道题，每做对一道得 8 分，每做错一题倒扣 5 分，小明得 41 分，他做对几题？

解：此题固然可以按“常规”解法，即小明做对了 x 道题，做错了 $(10-x)$ 道题，根据题意列出方程

$8x=41+(10-x)\times 5$

$8x=41+50-5x$

$8x+5x=91$

$13x=91$

$x=7$

答：小明做对了 7 道题。

若用逆向思维，则可得如下新颖解法。

解：假若小明 10 道题都答对的话，应得 10×8＝80(分)，但他实际得了 41 分，一共失了 80－41＝39(分)。我们又知道，每答错一题“不仅不给分，还要倒扣 5 分”，即每答错一题就失掉 5＋8＝13(分)，由此就能求出他答错了 39÷13＝3(道)。10－3＝7(道)。

答：小明做对了 7 道题。

有了从逆向思维去思考问题的习惯后，思路豁然开朗，往往可以收到意想不到的效果。

（五）标新与创造

创新思维与想象密不可分。在小学数学教学中，要十分注重学生想象力的培养。开发小学生的创造潜能，要鼓励学生质疑问题，引导学生学会观察，勤于分析，善于思考，发表不同的看法，鼓励提出问题和解决问题。

培养创造思维能力要以掌握丰富的知识为基础，所以要扎扎实实抓好基础教学，以促进思维发展。培养思维能力还要有良好的教学环境和氛围，要逐步把学生从课堂引向社会，从书本知识的学习引向参与社会实践，以丰富学生的知识，扩展学生的视野，开发学生的创造潜能。创新是艰难的事，要不怕失败，不怕困难，锲而不舍，才能培养和提高创造性思维能力。

（六）方法和途径

分析法从问题出发，容易找到解题的途径；综合法从条件出发，容易解决问题。对于较难较复杂的问题，解题时最好边分析边综合。类比的方法将把思维对象与已知的知识、解法联系起来，从它们的相似关系中发现解决问题的线索。因此，加强分析、综合、类比方法的训练，有机地将它们糅合在一起，能够提高学生的逻辑思维能力。逻辑思维是借助于概念、判断、推理等思维形式所进行的思考活动，是一种有条件、有步骤、有根据、渐进式的思维方式，是小学生数学能力的核心。因此，在小学数学教学中必须加强各种方法训练，着力培养学生的逻辑思维能力。

第二章　行思数学教学的内涵

基础教育课程改革把“以每个学生的发展为本”作为核心价值观，教育的直接目标是提升人的素养，是让人有较强的行事能力和较好的行事表现，行事需要充分的思，教育最终的指向是人的行，可见，思是教学的中心，行是教育的根本。

第一节　行思数学教学的概念

关于行和思。所谓行，一般指走，进行某项活动。所谓思，一般指想，思考，思索。就小学数学学科而言，“行”主要表现为行动、实践，解决问题；“思”主要体现在思维、反思，进行数学思考。学生的数学学习，常常起于“疑”，基于“行”，经历“思”，归于“行”。当然学、思、行不是狭义孤立的，不是说，学就是看书，思就是思考，行就是实践。从广义上说，学，应该包含看书、观察、思考、感悟、体验、实践；思，是从自我出发，包括提出质疑、批判或碰撞，进行思索、延伸、创新，乃至用自己的方式进行语言表达；行，还包括了把学、思的东西，在生活学习中运用起来，用各种方式呈现出来，比如用书面语表达出来、用口头语表达出来，以及直接的身体力行等。三者之间，相互关联，互促互进。

关于“行思数学”。在教学中既要给学生一些动手“做数学”的机会，通过有效的“行”来辅助高质量的“思”，关注知识的形成过程；也要给学生一些动脑“想数学”的时间，产生深刻的“思”来促进高效的“行”，重视技能的形成结果。为学生充分提供“做数学”和“想数学”的时空，培养思考、动手习惯，增强思想、操作意识，发展思维、实践能力，达到学和思的统一，思和行的和谐，学以致用，用以促学，最大限度地实现数学教学的价值。

关于“行思数学教学”。紧紧把握住课堂教学这个主旋律，课堂是师生共同的舞台，也是教师智慧的源泉，是师生每天都要走过的学习场、生命场。以学生发展为本、以数学思维为核、以实践应用为要，在课堂教学中，教师要时刻关注学生的“行”和“思”，从“行”和“思”两个维度开展教学研究，重在培养学生自主学习、独立思维和合作交流的能力，努力让学生做到行思结合，从而不断提升教师的教学能力和反思能力，持续改进教学实践，提高教学质量，促进学生全面发展。

“行思数学”教学具有如下四个特征：

一、高认知——体现一种思维方式，让学生充分地思考

数学教学主要关注的不是知识的简单积累，更应重视如何帮助学生发展思维，形成素养，而后者不可能通过反复的实践简单获取，更多的是在反思性的活动中得以实现。学生思有所得，可以通过是与非的讨论，促使学生悟出道理，加深对知识的理解；学生反复思而不得，则抛出一些适切的问题，激发思考，引导探究。

二、高行动——体现一种实践过程，让学生充分地体验

教师要以科学的态度、信任的姿态来对待学生提出的疑问，要留给学生生成的时空。教学上要多给学生一些动手“做数学”的机会，让学生主动地进行观察、实验、验证，亲身经历将实际问题抽象成数学模型并进行解释与运用。

三、高投入——体现一种学习状态，让学生充分地表达

态度决定高度，兴趣是最好的老师，数学学习最终是要帮助学生建立自己的数学现实和学会运用数学的思维方式进行表达。在一次次大胆的猜测、合理推理与主动的交流中，使学生散落的语言更加精准、零乱的思路更加融通，借助优美的文字、直观的图形、形象的符号、生动的语言、优秀的作业全面地解决实际问题。

四、高效果——体现一种教学策略，让学生充分地运用

教师对教学资源、教学组织形式、师生相互作用的方式以及教学方法等进行有效调控，使学生利用已有的知识背景、活动经验和理解走进学习活动，进行独立思考、与他人交流和反思、运用知识等，从而构建对数学的理解，累积新的数学经验，领悟数学思想，做到学以致用、思行合一。

第二节　实践应用为纲的行

荀子说：“不闻不若闻之，闻之不若见之，见之不若知之，知之不若行之；学至于行之而止矣。”(《荀子·儒效》)强调了“行”对于“闻—见—知”的重要性，即实践的重要性，认识过程是“实践—认识—再实践—再认识”的不断反复提高。在知行关系问题上，荀子强调学以致用、注重践履，甚至认为行高于知，知识要通过实践检验。

一、数学实践应用释义

数学实践应用是指与所学数学知识有关的操作性实践活动，或与数学知识、思想、方法及数学思维有关的实践活动，即学生通过自主活动来学习研究数学知识、规律、方

法，在应用中获取新知识、解决新问题，获取活动经验和情感体验。除课堂实践外，也包含与所学知识相关的制作几何模型和学具，进行数学试验、数学调查等致力于培养学生创新精神和实践能力的活动。例如美国物理学家利德曼提出的“动手做”探究式学习，旨在改变以传授为主的教学方式，提高学生的学习兴趣，它强调从学生的生活中取材，让学生通过操作活动亲历科学探究的过程，通过同伴间的合作交流，共同提高，共同进步。

通常在实践应用中应遵循以下几个原则：

（一）学科性原则

数学实践应用应与数学知识和数学思维相关，在活动中体现数学理性的光辉。

（二）全员性原则

数学实践应用应面向全体学生，全员参与，人人都能获取一定的活动经验和活动体验。

（三）趣味性原则

数学实践应用应精心创设具有童趣的学习情境，以激发学生的学习兴趣和热情。

（四）层次性原则

数学实践应用应充分体现因材施教、分层施教的原则，设计出不同层次的活动内容，为每一个学生创造体验成功的机会。

（五）发展性原则

数学实践应用应以育人为准则，关注学生主体意识和能力的发展，逐步使学生真正成为活动的主体、发展的主体。

二、数学实践应用的意义

（一）有利于学习方式的转变

小学传统的数学课堂教学，教师依赖于书本，以背为主要记忆方式、以练为主要学习手段、以考为主要评价形式，将学生置于被动接受的地位。而在实践活动中，教师通过创设生活化的情境，引出要解决的问题，让学生通过观察信息、分析问题、提出猜想、实验验证、交流结论，使他们在合作中智慧碰撞，迸出创新的火花，获得成功的满足感。

（二）有利于数学思想的渗透

应试下的数学教育往往追求解题数量，部分教师片面地认为数学教学离不开教师的例题示范、讲解解题思路，让学生在题海中通过苦练大量习题模仿效法。而有效的数学教学应留有让学生主动思考的机会，让他们通过探索活动掌握多样化的算法，在实践活动中通过自主探索、合作交流寻求最优化的算法。

(三) 有利于应用价值的体现

数学源于生活,教师要以教材为基础,加强数学与现实生活的联系,引领学生通过观察、推理、实验等活动,运用数学的思想方法思考并解决日常生活中的问题,提高学生应用数学的意识和能力,学以致用,真正体会到数学的应用价值。

(四) 有利于数学素养的提高

新课程关注学生的情感、态度和价值观的全面发展,倡导人人都要掌握必需的数学知识。而实践活动给学生提供了充分从事数学活动的机会,让学生在探索中掌握知识、提高技能、学会方法,极大地提高了学生的数学素养。

三、数学实践应用的方向

(一) 被动走向主动:在兴趣培养中启迪思维

著名心理学家皮亚杰认为:思维是从动作开始的,切断了动作与思维的联系,思维就得不到发展。小学生的思维正处于由具体形象思维向抽象逻辑思维发展的过渡阶段,动手操作为抽象逻辑思维和具体形象思维架起一座桥梁。同时,动手实践符合小学生好奇、好动的天性,能吸引学生的注意力,是激发学生学习兴趣,牵引学生思维发展的好方法。在教学活动中,教师要有意识地为学生设置动手操作的情境,恰当地引导,使他们主动参与到学习中来,让学生通过自己看、自己做、自己想、自己说的形式进行积极探索发现,主动参与学习,不仅掌握基础知识和基本技能,还能启迪思维和解决问题。

五年级教学《梯形面积的计算》一课时,教师先让学生回忆一下平行四边形、三角形的面积公式是怎么得来的,然后让学生自己动手,通过画一画、量一量、剪一剪、拼一拼的动手操作,把梯形转化成已学过的图形,计算出梯形的面积。学生很快用纸剪两个完全一样的梯形,拼成一个平行四边形,这个平行四边形的底等于梯形上底和下底的和,高等于梯形的高,每个梯形的面积等于拼成的平行四边形面积的一半,得出梯形的面积=(上底+下底)×高÷2。接着向学生提出,还能用别的办法把梯形转化成已经学过的其他图形,求出梯形的面积吗?这是一个求异问题,学生一下子表现出极大的兴趣。有的学生提出,可以把梯形对角折,分成两个三角形,一个三角形的底是梯形的上底,一个三角形的底是梯形的下底,两个三角形的高相等,就是梯形的高,两个三角形的面积和,也就是梯形的面积。有的学生提出,沿梯形的中位线剪开拼成一个平行四边形,还有的学生剪拼成长方形。最后得出的结论都是梯形的面积=(上底+下底)×高÷2。

整个学习过程中学生以极大的热情投入到实践活动中,在动手操作中,他们通过积极参与、自主探索主动获得新知识,比单纯观看老师讲解和拼摆的收获更多。因此,教师多设计操作性练习,为学生提供足够的时间和研讨空间,鼓励学生去探索,能让学生在主动探索的过程中获得成功的体验,在“做”中感受学数学的乐趣。

(二) 抽象走向具体:在动手操作中加深感悟

学生对于数学知识的理解,起初往往是依样画葫芦式的机械模仿,如果教学仅仅停留于这种纯粹外力作用或机械模仿的复制式水平上,结果只能是学生在短时间、小范围内能够运用,绝不可能长久地植根于他们的认知结构并灵活运用于解决问题,更没有走向生长意义的延续性和创新性。因此,唯有在课堂上还原知识的形成过程,让学生在动手尝试中不断思考、自主探究中不断地体验,才能让学生从认知的"最近发展区"出发,自然而又扎实地生长出属于自己的那份新认识,达到超越自我的新高度。

三年级《认识三角形》一课中,对如何引导学生理解"三角形"的概念教师提出了这样的设想:安排一次创造三角形的过程,提供丰富的素材和充裕的时间放手让学生创造。学生在创造的过程中对"三角形有三条线段围成的边"以及"首尾相接地围成"有了直观、深入的体验。学生创造三角形的方法多种多样,有的学生是用小棒来拼的,有的是用皮筋在钉子板上围的,有的是用纸来剪的,也有的学生直接用尺来画的。在交流分享的过程中,学生都能用自己的语言来描述"三角形"创作中获得的体验与感受,如"三角形需要三条边连接起来""三条线段要手拉手围成一圈""三根小棒拼的时候要靠得紧紧的""三角形是封闭图形"等等,其实这就是学生对"首尾相接"这个数学术语的真实理解。在此基础上引导学生感知"什么样的图形是三角形"就水到渠成了。

(三) 单一走向多元:在比较分析中体验策略

著名教育家苏霍姆林斯基说:在人的心灵深处,都有一种根深蒂固的需要,这就是希望自己是一个发现者、研究者、探索者,而在儿童的精神世界中这种需要特别强烈。数学课程标准中强调:"形成解决问题的一些基本策略,体验解决问题策略的多样性,发展实践能力与创新精神。"

在四年级《解决问题的策略——画图》教学中,教学过程分五个环节:一是问题导入,激发需求。有什么办法才能体现这种变化?由此突出本节课画图这一教学重点。二是师生合作,体验策略。长增加怎么画,生说师画,师生合作,教师适时点拨注意事项——标出条件和问题、线段的长短要合适,突破了本节课的教学难点。三是看图复述,抓住关键点,厘清画图和文字表达之间的优劣关系。四是独立画图,强调画图的规范性。五是优化思路解决问题。

在教学中牢牢把握解决问题的三个基本点:对已有知识的运用和重组,进行一次策略创新,积累解决问题的经验。教学中不仅要重视让学生通过解题练习形成良好的技能,更要重视让学生通过解决问题促进数学思维的发展。在学生第一次自己动手画好示意图后,通过两份作业的展评,让学生明白画图的基本要求和规范;在解答问题时,提醒学生多角度思考,从"直接解"和"间接解"体现解决方法的多样化;在"想想做做"中,通过两道习题的对比,让学生理解在什么情况下利用画图的策略最合适。第一道题已知长方形的长和宽,求面积。利用公式可以直接解答,不需要画图。在第二道题利用新学的画图策略解决问题后，让学生运用以前的旧知识“列表”的策略整理信息，同样可以解决这个问题，让学生进一步优化策略，体会策略的多样性；在课的尾声，一方面呈现学生已学过的一至四年级画图策略的雏形，另一方面展示古代数学家欧拉对数学难题“七桥”问题的解决，既沟通了新旧知识间的联系，又从文化的角度进一步拓展学生的视野，为学生建构起更广泛的知识网络，激发起学生更深远的学习兴趣。

（四）认知走向应用：在语言转化中提升能力

荷兰数学家弗赖登塔尔认为：数学来源于现实，也必须扎根现实，并且应用于现实。对于动作思维占主导地位的小学生来说，只有做了才会真正理解，学生只有理解了，才会记忆深刻，课堂才会达到高效优质。儿童的思维以具体的形象思维为主，抽象的符号对他们来说较枯燥、空洞，难以激发兴趣，教师要创设情境，使他们对所学内容感兴趣，唤起已有的经验，经历把知识符号化的过程。初入学的儿童在学习 10 以内的数时，例如“认识数几”，就要通过实物、画片，在具体情境中数出“几”个人、“几”棵树、“几”只鸟、“几”朵花，它们的数量都是“几”来表示。通过联系生活的场景，使他们觉得数学就在身边，经历从数具体物体的数量到用较具体的算珠或小棒表示，再到用抽象的符号数字来表示的学习过程，这就是对数量进行“符号化”。当我们看到数字“几”时，就会和数量是几的具体实物联系起来，帮助学生初步学会日常语言与简单数学符号语言之间的转化。

数学符号的学习过程必须遵循感性→理性→运用的辨证过程。如在教学“平行四边形面积的计算”时，教师在创设情境、导入新课后，让学生经过自主探索、合作交流，把平行四边形转化成了长方形，推导出平行四边形面积的计算公式：平行四边形的面积＝底×高，用字母表示为 $S=ah$，引导学生用数学语言叙述，用数学符号表示平行四边形的面积公式，这有助于学生懂算法、明算理，内化知识，强化符号感。接着利用所学的平行四边形面积公式解决一些简单的实际问题，进行基本练习、变式练习、拓展提高练习等，如已知平行四边形的面积为 80 平方厘米，平行四边形的底为 16 厘米，求平行四边形的高是多少厘米？解这道题需要把平行四边形的面积公式变形：$S=ah \rightarrow h=S\div a$，从而求出平行四边形的高为：$80\div16=5$（厘米）。纵观整个过程，将解决具体问题的思维操作转化为对符号的操作，有利于增强学生建立数学模型的意识，提高解决实际问题的能力，培养学生的数学语言表达能力，通过对公式的变形，进一步深化符号感，进一步感受这样做的简捷和便利。

四、数学实践应用的维度

（一）关注数学课堂，着眼做中学

不可否认，数学学习的主阵地是课堂，数学学习的核心时间是课堂 40 分钟，如何在这有限的时间里，让学生充分地感悟数学，做数学知识的发现者和创造者，需要教师充分研读教材、研究学生，从学生立场出发，设计丰富而灵动的活动，让学生在真实有效的实践操作中学有所思、思有所悟。

1. 体悟问题的本质

著名数学家华罗庚说过："学习数学最好到数学家的纸篓里找材料，不要只看书上的结论。"学生学习知识的过程既是了解数学家思维活动成果的过程，也是感受数学家思想方法的过程。所以，数学教学既不是灌输式，也不是说教式，而应该创设有利于学生发现的问题情境，让学生在活动中思考、探讨、反思，从而体悟到问题的本质。

三年级《认识分数》一课中，在初步探索$\frac{1}{2}$之后，为了丰富对$\frac{1}{2}$的认识，教师设计了这样一个操作性的活动：让学生根据材料袋中提供的物品，挑出自己最喜欢的物品，并提出"这些物体的$\frac{1}{2}$分别是多少呢，你能找出来吗"。为学生提供的素材有：线、圆、三角形和正方形。通过学生的活动体验，引发学生思考：物品不一样，为什么都能找到$\frac{1}{2}$呢？学生在活动中经历了动手实践的过程，才会有所感悟，发现不管是什么物体，只要把它平均分成两份，每份就是它的$\frac{1}{2}$，从而丰富了对$\frac{1}{2}$的认识，感受到$\frac{1}{2}$这个分数的本质，为四、五年级继续学习分数的意义打下基础。

2. 探究解决的方法

围绕问题展开活动的方式，更有利于培养学生自主学习、主动发展的能力。学生从一个问题出发主动进入数学活动，又在活动中遇见新的问题，进而不断地追问、解疑。在此过程中，活动至关重要，它为问题解决而来，但却不是终点。

在四年级《可能性》一课中，教师设置这样一个问题情境：如果不能倒出来看，要想知道口袋中红球多还是黄球多，有什么办法？学生想到可以取出来看一看再放回去，多取几次，根据结果来判断。接下来，小组活动，摸一摸，并记录数据，验证猜想。在各小组实验完成后，发现这个方法是有效的，某种球摸到的次数多，确实这种球的个数多一些。但是也会有小组出现意外，把另一种球摸出了更多次。

此时思考自然就来了：为什么会出现这种情况呢？是意外还是可能？进而引发学生的进一步思考，感受每次摸球的随机性，以及当摸球次数足够多时，大数据下的必然性。这样的一个思考过程，是在让学生充分活动的前提下产生的。正是小组活动让学生自主实验，看到了实验的结果，也看到了真实的意外，从而真正感受和理解随机事件中的可能性。

3. 感受渗透的思想

数学课程标准在课程目标中明确指出：通过义务教育阶段的数学学习，学生能获得适应社会生活和进一步发展所必需的数学基本知识、基本技能、基本思想、基本活动经验。要在教学中渗透数学的基本思想。史宁中教授说："对数学思想的感悟是非常隐性的东西，光靠老师讲是不行的，必须自己感悟，是悟出来的东西，不是听出来的东西。”而“悟”也不是一味地空想，要有所依托才能实现。相较于各种学习方式，活动是很好的载体，让隐性的思想得以显现。

在图形与几何领域，平行四边形、三角形、梯形等面积公式的推导，都是建立在转化的思想基础之上。为什么要转化，怎样转化，转化的依据是什么，转化前后的图形之间有什么样的关系……都不是仅仅靠讲授就能解决的，需要让学生真正地动手剪一剪、拼一拼，通过不同的路径把一个新的图形转化为已经学过的图形，感受以旧引新转化过程，渗透转化的思想。

4. 经历再创造的过程

数学学习也好，很多工具类学科的学习也好，基于需要，方能有效。这种需要可以看作是数学知识产生的背景，如能将其置于活动中去感受，则新的知识也能在活动中自然发生。此时的活动，亦可看作学生真实地经历数学再创造的过程。

在《复式统计表》这节课中，由学生已经学过的单式统计表切入，通过回答一系列问题，让学生感受到单式统计表的局限性，合并的需求自然产生。那么，怎样合并才合理呢？这个探索的过程交给学生。这是一个基于需要、创造知识的活动过程，学生各尽其能，创作了许多原生态的表格。尽管合并的效果优劣不等，但却是最真实也最能引发思考的活动结果。新的思考随之而来：这样合并可以吗？学生逐步发现：重复的要删去，不对的要修改，缺少的要添上，一步步优化，逐步呈现复式统计表，从而完整地经历了知识自然发生的过程。

总之，在学科教学的层面，要力求充分挖掘教材和知识本身的活动因子，努力做到问题让学生提出来，解决问题的方法让学生讲出来，操作、观察等活动让学生动起来，思路、概念让学生感悟，规律让学生探究，教师只负责关键处解答，疑难处点拨，传承处精讲。

（二）拓展活动素材，挖掘操作元素

与教材相结合，充分挖掘教材中的活动因子，有的放矢地开展数学操作活动，这是开发实践操作活动的原则之一。教材当中利于一线教师实施实践活动的元素还有很多，比如每个单元的“整理与练习”，其中第三板块的内容都是“探索与实践”，再比如每册教材还安排了 2 个或 3 个“动手做”，这些都为学生提供了一种不同于听讲、阅读、解题的学习方式，能够使学生在有趣的、富有数学味的操作中逐步增强动手实践的意识和能力，为学生提供更多发现问题和提出问题的平台。

1. 基于教材，真操作带来真思考

六年级下册学习了《圆柱的体积》，它是通过把圆柱“转化”成长方体，再根据转化前后两个物体之间的关系，结合长方体体积公式推导出来的。转化是数学中非常重要的思考方法。因此这部分内容学习后，教材安排的“动手做”主要是通过测量不规则土豆的体积来体会“转化”的策略，从而迁移到“要测量不规则物体的体积都可以利用转化，得到熟悉的图形，再来计算体积”。

这里的操作可以放手让学生独立分组完成，首先引导：要测量不规则的土豆的体积可以怎么办？根据生活经验和前面的知识基础，学生不难找到方法，就是将土豆的体积转化为上升的圆柱体水的体积来计算。下面可以让学生独立思考要求上升的水的体积需要测量哪些数据？怎么测量？测量的时候有哪些误差？这就要靠学生真实的“动手”才能体会理论与实际的差别。

首先要知道底面积和高，要求底面积就要找到半径，怎样才能得到比较准确的半径。高也不是可以直接量的，要做记号，或者用上升后的高度减去原来的高度，这些都是在学生动手操作的过程中发现的。只有动手量一量、比一比、算一算，才能真正掌握其中的技能和方法，从而活学活用，将数学真正应用于生活，达到理论与实际的一个平衡。

通过这样“动手做”活动的安排，既能有效激发学生的研究兴趣，培养学生活动的独立性和创造性，又能形成解决问题的意识，积累数学活动的经验和方法，并且这种经验和方法又为学生在解决以后的问题时提供了一种新的思维策略。

2. 高于教材，问题延伸引发思考延伸

在用好教材的基础之上，还可选取一些有价值的习题进行重组与改编，意图使其作用发挥最佳化。比如，这是五年级数学书上的一道思考题，教师做了这样的调整，增加了 2 个操作活动：

(1) 在方格纸上画一个三角形和一个梯形，通过剪、拼分别把它们转化成长方形。能根据转化成的长方形与原来图形的关系，推导出三角形和梯形的面积公式吗？

(2) 在方格纸上画一个梯形，把它分割成两个三角形。能根据每个三角形与原来梯形的关系，推导出梯形的面积公式吗？

这样由一道习题丰富成一节课，从问题出发，放手让学生操作与思考，既贴近学生的认知水平，又能够启发学生思维，使学生不仅理解三角形、梯形的面积计算公式的推导过程，而且还能够厘清平面图形面积之间的联系，真可谓一举多得。

(三) 开发实践作业，延伸操作时空

数学实践作业的设计与开发是数学课程改革的一大创新，改变了传统的作业模式，由单一的书面作业形式向操作、调查、探究、合作等多元作业形式发展，由室内作业形式向室外、校外作业形式发展，由过去以解题为目标向现在以解决问题为目标发展。

根据教材编排顺序、学生年龄特点、已有认知发展水平和生活经验，教师精心设计了每学期的数学实践作业情况调查表。这些作业基本上每周一次。

下面是三年级下册安排的数学实践作业。

1. 和爸爸妈妈一起做一做与位置有关的游戏，并说一说。
2. 用学过的图形设计美丽的图案。
3. 制作一个精美的钟面。
4. 画出以家为中心的八个方向的建筑物的平面图。
5. 按不同的标准，把自己的衣服分类整理，并进行记录。
6. 称一称 1 千克苹果、橘子、草莓、梨等水果大约各有多少个。
7. 设计一张自己生日所在月份的月历卡。
8. 制订自己一天的作息时间表。
9. 记录自己家一周的各项支出，并算出合计数。
10. 在家里选择一样东西，量一量它的面积。

其中，结合《年月日》单元的学习，设计了两项实践作业：组织学生制作月历，制订自己一天的作息时间表。

结合《长方形和正方形的面积》的学习，组织了一次家庭实践活动："测量物体的面积"。学生用卷尺、用自己的身体尺测量出了家里各种物品的面积和家里各个房间的占地面积，并填写一份测量报告。

结合《千米和吨》的学习，为了感受这两个较大的长度和质量单位，开展了一次"我是小小调查员"的实践活动，并填写了一份调查表。

……

学生在进一步的操作体验中对探究表现出了浓厚的研究兴趣，知识的获得、能力的发展、情感的体验同步进行。

（四）用好现有教材，上好实践活动课

"综合与实践"领域的开发是苏教版国标教材的一个亮点，也是教学中实施实践活动的一大主阵地。这一领域呈现的活动内容有助于培养学生的应用意识和创新意识，注重数学与生活实际、数学与其他学科、数学内部知识的联系和综合应用。从一年级起，每册教材均有 2～3 个"综合与实践"领域的主题活动课，全套教材共有 25 个活动主题。

数学课程标准指出：课程内容的组织要重视过程，处理好过程与结果的关系。要鼓励引导学生充分利用"综合与实践"的活动内容，积累活动经验、展现思考过程、交流收获体会、激发创造潜能。因此，这部分内容不容忽视，是学生在具体操作活动中前行的载体。

四年级开展的"怎样滚得远"操作活动。课前教师指导学生实地调研实验场所，讨论实验步骤，准备实验工具，并根据学生的差异、自主选择，进行合理分组；活动中，各小组在小组长的带领下，选择实验器材，有序进行实验操作，认真进行数据的整理与分析，最后进行小组成果汇报，从而有效地解决了"怎样滚得远"的问题。在此过程中，学生成

为学习的主体，他们表现出浓厚的研究兴趣和欲望，学得积极主动，知识的获得与情感的体验同步进行，动手操作能力、组织协调能力、小组合作能力、探究能力都得到了充分发展，践行了“自主、合作、探究”的新课程理念。

六年级开展的《树叶中的比》这项实践活动，学生兴趣浓厚。一开始教师先让学生凭着自己已有的经验，借助树叶实物感知树叶的形状，发现有的树叶“细细长长”，有的树叶“宽宽大大”，由此为后面探究树叶的长与宽做好准备，同时也为研究树叶的形状和它的长与宽的关系播下探究的种子。紧接着在与学生的交流中抛出问题“树叶的形状可能与什么有关系呢”引发思考，进而商讨出用树叶长与宽的比值来表示长和宽的关系的活动方案。接下来，通过小组合作完成这3个任务单，学生能够在收集、统计、分析数据的基础上自主发现“同一种树叶，长与宽的比值都比较接近”“树叶长与宽的比值越大，树叶就越狭长”“不同树叶，形状相似，比值也接近”这些隐藏着的数学规律。在“图”与“形”、“数”与“形”的结合中，学生的数学思维得到了进一步的抽象和提升。

在活动中，教师可以让学生充分参与实践活动的设计和实施过程，发现问题，并由问题出发，引出自发的思考和主动的研究，进而分析解决问题，提炼方法和结论。在这样长期、反复、渐进的数学活动积淀之下，学生的数学意识、数学精神、数学素养终会逐步得到形成和发展。

（五）关注社会生活，开发实践活动课程

在多年的教学实践中，可以发现学生对数学学习的理解就是计算、解题，而且是解决人为设计的问题，对现实生活中的一些问题往往熟视无睹，不善于有意识地去发现、去研究，这种倾向越往高年级越明显。而数学实践活动的开展让学生有意识地去观察自己生活的世界，从细节中发现其中蕴含着的一些数学问题。

设计活动多以小课题研究的形式让学生针对生活中的常见现象给予研究。例如，针对学生“零花钱过多，乱花零花钱”的现象，设计“手中的零花钱”实践活动课，让学生调查零花钱的来源、支出情况，分析零花钱的利弊，最后提出“培养勤俭节约，不乱花钱”的倡议和可行性方案。

在和学生一起研究与实践的过程中，会发现生活中处处存在着学生感兴趣的问题，比如：怎样存款才合算？纱窗要用多长的尼龙丝？水龙头滴水，一天浪费多少水？一层保鲜膜有多厚？超市打折都合算吗？解决这些问题均能紧扣数学与生活的联系，引导学生在丰富多样、有效的数学活动中发展个性、激发潜能，从而使得学生的知识、能力、思维得以充分发展。

例如《从不同角度去想》实践活动课，通过“发挥想象我来说”“创意高手我来画”“小组合作我来摆”“回顾旧知我会思”等一系列活动，让学生体验同一个问题可以从不同的角度去思考，用不同的方法解决问题。例如“发挥想象我来说”，教师先让学生大胆地想一想，这个半圆像什么呢？学生想出了很多有趣的画面场景，然后让学生根据自己的创意动笔画一画，确实画出了许多充满童趣的图案。接下来，展示作品，学生一边欣赏、一边赞叹：哇，还能想成这样的东西呀！潜移默化中思维得到发散，也为下面教学中联系数学知识从不同角度去思考问题作了铺垫。整个这节课，不仅培养了学生动手操作的能力和创新意识，更让学生感受到数学好玩，乐在其中。

这些活动的开展，能有效地培养学生的数学意识与数学素养，更好地体现数学的科学性与实用性。

总之，在教学中恰到好处地辅以实践操作，能使学生摆脱机械记忆结论和被动接受知识的现状，学生面对困惑时，不再亦步亦趋地跟从于教师，而是主动发现、积极解决问题，在猜测、操作、实验、验证和反思中不断提高认识，发展能力，从而主动建构知识体系。在此过程中，师生的思想和智慧在不断地产生碰撞，不断产生感悟和体验，进而创造灵动而富有生命力的数学课堂。

第三节 数学思维为核的思

数学是思维的体操，可以培养学生的思维能力，使其不断发展。教师在教学实践中应立足于学生的学习起点，依托教学内容、文本素材，让学生主动参与、亲身经历知识的形成过程，以循序渐进的思考推动能力的提升，有目的、有计划地培养学生优良的数学思维。

一、形成思考方式

著名数学家波利亚认为："学习任何知识的最佳途径，都是由自己去发现、探究，因为这种理解最深刻，也最容易掌握其中的内在规律、性质和联系。"教师应该有效地引导学生经历知识形成的过程，让学生在观察、实验、分析、抽象、概括的过程中，获得真实的体验，触及知识的本质，增强数学思考的能力。

思考，是人的天性，它源自有思维含量的问题，还要有时空上的保证。如果为了课上得好，问得肤浅，则是此地无银；如果没有思考语境，置丰富人性体悟不顾，漠视心智激荡，则是无意义的思考。不添乱、讲配合的思考，只能是矫情的伪思考。因此，我们的课堂能否粗线条些，增加些不确定性，给学生自己去把握、抉择，让学生对自身的发展作出主动思考，在这样的经历中自我设计、自我改造、自我批判、自我完善，逐步形成自我教育、自我组织的能力，实现人的可持续发展。

陶行知在《教育与科学方法》中说："现在的教育有两种：一种是如一个新学生坐在洋车上，叫车夫拉着拼命地跑几十里，结果自然是学生逸，车夫苦。但让学生自己再跑回来恐怕还是不能；另一种是如一去不坐车，不认识路就问警察，自然是辛苦一点，但走到回来时，包管还能回来的。”同理，教学并不是在已经绘制的地图上旅行，而是在旅行中完成地图的绘制！

学生的数学学习不仅仅关注知识的习得，更重要的是数学思维的培养，拥有自己的数学思考能力。而数学思考的形成不像知识技能那样地显性、立竿见影，或许在较短的时间内并不能简单呈现，是一个缓慢积累的过程。但是，慢，不是问题，核心能力的获得往往取决于一些慢的东西。数学思考就是这样一个需要慢慢培养并积累的东西，所以，应该给它一点时间。

（一）运用直觉抽象，培养概括总结习惯

教学中将反映数与形的关系从具体的材料中抽象出来，概括为特定的一般关系和结构，做好抽象概括的示范工作，要特别注意重视分析和综合的教学。在解题中要注意发掘隐藏在各种特殊细节后面的普遍性，找出其内在本质，善于分清主要的、基本的和一般的东西，即教会学生善于运用直觉抽象和提升概括的方法。培养学生概括的习惯，激发学生概括的欲望，形成遇到新问题时就善于总结、找出其本质，将特殊问题一般化。

（二）发展推理能力，优化数学活动过程

归纳、类比、统计都要合情推理。如“求一个数比另一个数多多少的问题”就是启发教师在进行这部分教学时，要通过若干个操作和计算活动归纳总结出其一般的解决方法，这就是一个归纳推理的过程。同样，许多方法、规律的得出也要让学生经历一个归纳推理的过程。教学中要支持学生开展合情推理，创造推理的条件，要放手，但又不能放任，留足推理的时间。

（三）鼓励直觉猜想，把握瞬间思考领悟

在注重逻辑思维能力培养的同时，还应该注重想象力、直觉猜想的培养。数学直觉是具有意识的人脑对数学对象（结构及其关系）的某种直接的领悟和洞察。关于直觉思维的培养，法国数学家笛卡尔认为在数学推理中的每一步，直觉都是不可缺少的。就好似我们平时打篮球，需要球感一样，在快速运动中来不及去作逻辑判断，动作只是下意识的，而下意识的动作正是在平时训练产生的一种直觉，因此直觉猜想的训练是创造性思维培养的基础。

二、掌握思维方法

（一）循序渐进，培养思维的独立性

小学生善于模仿，在学习新知识前，要创设适当的问题情境，引导学生主动参与，根据学生善于模仿的特点，从学过的知识、已有的生活经验出发，遵照循序渐进的原则，发展学生的联想类推能力，逐步深入，发展思维的独立性，达到解决问题的目的。以问题为导向，实施知识、铺垫教学，不仅使学生在知识学习中让思维品质得到提高，而且培养

学生的思维独立性以指导今后学习、生活中的各种活动，从数学走向人生。

（二）有条有理，培养思维的逻辑性

长期以来，逻辑推理一直是学生数学思维培养的重点。因此，数学教学要求学生说话必须有条有理、解题必须有理有据。推理能力是学生数学素养的重要组成部分，而凭直觉猜想是创造思维的基础和源泉。在教学中，教师要多为学生提供猜想的场景和材料，从生活需要、知识发生发展的过程引入学习情境，鼓励学生大胆猜想，让学生经历主动观察、实验、猜测、分析、归纳等数学化学习过程，培养学生的数学思维的逻辑性、创新性。

（三）揭示联系，培养思维的深刻性

思维的深刻性是指思维活动的抽象程度和逻辑水平，它集中表现在善于深入地思考问题，能从复杂的表面现象中，发现和抓住事物的规律和本质。因此沟通知识间的内在联系，是培养思维深刻性的主要手段。例如，学生学过分数的约分、通分后，如果能适时揭示它们之间的本质联系，让学生悟出两者都是分数基本性质的应用，只不过所取的角度不同，约分侧重于分子、分母“同时缩小相同的倍数”，通分侧重于分子、分母“同时扩大相同的倍数”，就能引导学生分析概括，从而将学生的认识引向深入。

（四）拓宽思路，培养思维的灵活性

思维的灵活性指的是善于从不同角度和不同方面进行分析思考，学生解题的思路广、方法多、解法好就是思维灵活的表现。在数学教学中，教师注重启发学生多角度地思考问题，鼓励联想、提倡一题多解，有助于学生思维灵活性的培养。

学生思考问题常常是单一的，因此教师要有意识地鼓励学生用立体的眼光去观察事物，把学生的思维引向多元，尝试从不同的角度、不同的层面来理解问题，拓展思路，有利于学生思维灵活性的培养。

（五）打破常规，培养思维的创造性

思维的创造性是在已有知识经验的基础上，能独创性地发现新问题，主动提出自己与众不同的见解，找到解决问题的最佳途径。思维的创造性具有新颖独特、突破常规和灵活变通的特征，是思维品质的核心。

如有这样一道题：池塘水面渐渐被长出的荷叶所覆盖，每天覆盖面积增加一倍。30天后把整个池塘水面给覆盖了，那么覆盖半个池塘水面需多少天？这道题如果用常规的方法“从条件想起”则无从下手，而采用逆向倒推的创新思维方式则比较容易解决。因为每天增加1倍，30天的前一天刚好覆盖半个池塘水面。这样的思考进一步发挥了学生的创造才能，调动了学生学习的积极性和主动性，使其对所学知识理解得更透彻，培养了学生创造性思维。

（六）鼓励质疑，训练思维的批判性

学源于思，思源于疑。质疑是探索知识、发现问题的开始。解题思路多种多样，教师应鼓励学生从不同角度去理解、思考，用批判、求异的思维寻找不同的解题方法。事实证明，学生的质疑能力越强，思维就越活跃、越深刻，求异性思维越发展也越有利于培养学生的创新意识。学生通过发散思维寻找到多种解题思路或无数种答案后，在批判吸收的基础上会体验到数学的奇妙，喜欢上数学。

当然，学生数学思维品质的培养不是一朝一夕、一蹴而就的事，需要长期的坚持，需要不断循序渐进地训练。教师应把各种思维品质的培养有机结合起来，根据学生的实际接受能力，持续地培养学生优良的思维品质，让学生学会用数学思维思考问题，促进自身成长。

三、开拓思维途径

（一）享受思考，让学生充分地想

如同人最初学步是在尝试走中学会走，只有在尝试思考中，学生才能学会思考。因此，教师要在数学课堂上不断制造让学生去想的事件，引导学生运用数学的思维方式充分地想，并把所想充分地表达，学生思维品质的提升才成为可能。

想，不是随性而为——学生不知道怎么想、想什么，那只能是一种时间上的浪费。课堂上充分地想，要有想的前提，即学生对所想的问题有基本的理解，每个学生都有事可想，能享受到思考所带来的成就感。想，也不是盲目地交给学生，可以给出如何想的建议，让思考更有条理，且目标明确。

（二）甘于无为，让学生自由地探

老子认为："有之以为利，无之以为用。"（《道德经·十一章》）万事万物，当然要有"有"，有了"有"，才有依凭、有基础，但是，有"无"才能够预留空间，留下自主性、发展性和可能性。因此要提倡学生能自己看懂的，教师不教；学生能互相教会的，教师不教；教师只教在对学习方法的指导、对学习内容理解的提升。除此之外，我们只需为学生探索知识创造条件，留出思考、探讨、反思的时间和空间，激发其探索的内在动机。

数学教学更需要这样的"无"和"有"。无，教师留白，也就是让学，它源于对学生的信任和期待，学生无论能走多远，这每一步都是他自己走的，其中所包含的价值会转化为内隐的能力和信心；"有"亦不可少，因为学生能力的提升需要有恰到好处的思考来催化、激发，从而达成由表及里、由此及彼的升华。

（三）关注差异，让学生从容地说

学生的思维是有差异的，学生的思考快慢不一，特别是在面对数学难题时，这种快慢体现得尤为明显。通过交流讲解，相互学习，对讲的一方而言，讲解的过程中可以检验自己的思考是否正确，把所想用语言呈现出来时是否够顺利、流畅，是否有需要调整的地方；而听的一方，在倾听中，可以细致地了解同学是怎么想的，可以由思路到语言进行模仿，从适度的模仿开始逐渐拥有自己的思考力。

（四）提供机会，让学生大胆地疑

思是重要的学习方法，疑是启迪思维的钥匙。事实上，学生原本不是没有问题。但是随着年级的升高，习得的知识越来越多，问题却越来越少了。究其原因，是教师没有要求且缺少指导，学生缺乏提问的意识和方法。

数学教学既要聚焦问题解决，又不能止于问题解决，还要在解决问题的过程中，不断引导学生产生新的问题和进行反思，在理性思考的基础上有根据地提出问题，在深入思考的基础上真实表达。疑可以是对某个知识节点、某个结论的质疑，也可以是由自己解决问题时想到的新的问题；可以是对同学、对老师的质疑，也可以是对教材的再思考。疑是一个新的思考开始的起点，更是思考走向深入的必由之路。

四、培养核心能力

（一）逻辑思维能力

逻辑思维是人们在认识过程中借助于概念、判断、推理等思维形式能动地反映客观现实的理性认识过程。它是作为对认识的思维及其结构以及起作用的规律的分析而产生和发展起来的。只有经过逻辑思维，人们才能达到对具体对象本质规定的把握，进而认识客观世界。在逻辑思维形成过程中，要用到比较、分析、综合、抽象、概括等思维方法和概念、判断、推理等思维形式。培养学生初步的逻辑思维能力，就是要使学生能够初步掌握和运用这些思维方法和思维形式。

1. 分类与比较

分类是加工整理科学知识的一种基本方法，比较则是用于确定研究现象和研究对象的不同点以及相同点的一种逻辑方法。

分类和比较融汇贯穿在小学数学教学的整个过程当中。如角的分类、三角形的分类、数的分类、图形的分类等等，通过分类比较，帮助学生加深对概念的理解，领会知识的本质。小学数学教材中还有很多数学概念不仅联系紧密，而且相似易混淆。如扩大与增加，扩大几倍与扩大到几倍，质数、质因数与互质数，表面积与侧面积等，都可充分运用比较这一思维方法，使学生正确地辨认它们之间的相同点与不同点，找出它们之间的联系与区别，建立起确切的科学概念。这不仅可以降低学生的学习难度，还可以训练学生的比较思维。

2. 分析和综合

分析是把一个对象或现象分解成若干部分或若干属性的思维方法，综合是把一对象或现象的各个部分结合为一个整体的思维方法。在思维过程中，分析和综合往往是不可分割地进行着。在教学中，教师要着力引导学生把一些复杂的概念和问题分成几个组成部分，根据学生已有的知识基础，将各部分按照事物发展的逻辑顺序进行排列，启发学生由浅入深、由表及里地进行分析，然后再一步步地综合为整体，达到解决问题的目的。在这个过程中启发学生逐步掌握“由整体到部分，由部分到整体”的解决问题的思维方法。

如在解答应用题时，常常需要进行一系列的分析综合的思维过程。一般第一步要了解题意，分清条件和问题，这需要初步分析能力。第二步要分析条件与条件之间、条件与问题之间的逻辑关系，这需要较强的分析综合能力。为了解答应用题，往往采取两种思维途径，一是从问题着手推向条件，“执果索因”的分析法；一是从条件分析得出结果，叫综合法。最后确定解答步骤选择算法，这是在全面分析数量关系的基础上，逐步进行综合的结果。

3. 抽象和概括

抽象就是抽取事物的本质属性，使它与其他属性区分开。概括就是把抽取出来的本质属性，推广到同类事物中去。抽象和概括总是紧密地联系着的，数学中的任何一种概念和规律都是抽象概括的结果。

教师在培养学生的抽象概括思维能力时要注意适当地运用直观教学，丰富学生的感性认识，当学生头脑中形成清晰表象时，再及时引导学生抽象出事物的本质属性并帮助学生把生活语言转化为数学语言，用简练的、精确的数学语言表达概括结果。如学完正方体、长方体、圆柱体的体积公式后，让学生把这三者的体积公式抽象概括为$V=Sh$（底面积×高）。教师在教学中采取不同方式提高学生的抽象概括能力，使学生的知识迁移能力增强，利于对新知识的理解和掌握。

4. 推理和判断

判断是对某个事物的性质、现象作出肯定或否定的思维形式。数学中的意义、法则、性质等都是判断的结论。在教学中，教师要培养学生运用概念进行有根有据的判断，应结合数学知识教学，引导学生通过自己的思维正确表达判断的结论。推理是由一个或几个已知判断推出新判断的思维形式。推理有合情推理和演绎推理。合情推理是由个别到一般的推理，是一种运用某种联系进行猜想。其结论不一定正确，因而要通过其他方法检验证明。尽管如此，它仍然有调动思维，启迪学生依据旧知识探求新知识的作用。演绎推理是由一般到特殊的推理，它的基本形式是三段论，在教学中，教师一定要注意引导学生运用因果关系进行逻辑推理。

逻辑思维能力的培养与数学知识教学是同步进行的，数学知识是数学思维活动的产物，各种思维方法和思维形式在实际思维过程中是密切联系、互相补充的，不能截然分开。在教学的每一步，教师要估计学生数学思维活动的水平、思维的发展、概念的形成和掌握的质量，提高培养学生逻辑思维能力的自觉性。

（二）形象思维能力

从儿童思维特点来看，小学生的思维是从具体形象思维为主要形式逐步向抽象逻辑思维过渡，但这时的逻辑思维是初步的，且在很大程度上具有具体形象性。因此，培养学生的形象思维能力，既是学生本身的需要，又是他们学习抽象数学知识的需要。

1. 充分感知，丰富表象

学生能够敏锐感知鲜明的、富有色彩、色调和声音的形象，善于用形象色彩和声音触发思维。表象是形象思维的细胞，形象思维要依靠表象来进行思维，要发展学生的形象思维，必须打好基础，丰富表象材料的积累。如数学学习中不同类型的图形，提供了大脑形象思维的表象材料，调动右脑思维的积极性和主动性，促进个体左右脑的协调发展，使学生形象思维能力得到提高。

2. 动手操作，积累经验

动手操作，使学生各种感官都参与到学习中。例如：教学 10 以内的加减法时，学生总爱伸手指计算，有的怕别人看见，偷偷地在桌子底下伸手指，其实伸手指计算正是学生学习计算、发展数感的需要，教师不应该制止，而应该加以引导，使数在头脑中形成正确清晰的表象，正确的思维才有牢固的基础。

3. 直观演示，充分感知

学生无意注意占重要地位，任何新鲜事物的出现，都会引发学生积极参与学习过程的兴趣。在教学过程中，利用多媒体辅助教学，教师有较大的发挥和创造空间，把抽象知识形象化，让学生充分感知所学的材料，有了定量的感性材料，才能在大脑中留下鲜明的印象。

（三）发散思维能力

发散思维是从同一来源材料中探求不同答案的思维过程，思维方向分散于不同方面，它表现为思维开阔、富于联想，善于分解组合，敢于创新，具有灵活性、独创性的特点。在教学中，教师要注意发掘教材中潜在的创造思维的因素，提高学生的创造性思维能力。

1. 钻研教材，发掘思维的创造性

要培养学生的创造性思维能力，首先要有可供学生训练创造性思维的素材，现行的小学数学教材主要采取综合分析的形式将知识纳入逻辑体系，这种形式和体系对培养学生的集中思维无疑是必要的，但是一些利于学生发展创造性思维的因素，却被这种体系所压抑，因此，教师要从宏观体系和微观环节上发掘教材中的创造因素。例如，在教学“异分母分数加减”时，可改变教材中的先通分后加减的教学模式，先让学生计算可约分的加减法，接着将其约分，变为异分母分数加减法，让学生思考异分母分数加减法的计算方法。因为，学生从非最简分数的同分母分数加减法受到启发，自己就能发现异分母分数加减法的计算方法。这种创造性地使用教材，有利于培养学生的创造性思维。

2. 先学后教，激发思维的积极性

先学是数学教学的首要环节，恰当地运用好先学，对于激起学生的求知欲和学习兴趣具有重要的作用。所以，转入新课之时，教师应大胆放手让学生试做例题，同时激励学生用多种方法解，看谁想得多，说得好。在学生积极思维的过程中，教师巡回并指导，发现有不同解法，教师适当引导，从而激起学生强烈的学习兴趣和对知识的渴求，在学生不断地解决知与不知的矛盾过程中，还要善于引导学生一环接一环地发现问题、思考问题、解决问题，使学生能始终对知识和思考保持热情。

3. 换位思考，引导思维的求异性

发散思维活动的展开，其重要的一点是要能改变已习惯了的思维定势，而从多方位多角度，即从新的思维角度去思考问题以求得问题的解决，这也就是思维的求异性。从认知心理学的角度来看，小学生在进行抽象的思维活动过程中由于年龄的特征，往往表现出难以摆脱已有的思维方向，学生个体的思维定势往往影响了对新问题的解决，以至于产生错觉。

在应用题教学中，在引导学生分析题意时，一方面可以从问题入手，推导出解题的思路；另一方面也可以从条件入手，一步一步归纳出解题的方法。更重要的是，教师要十分注意在题目的设置上进行正逆向的变式训练。如进行语言叙述的变式训练，即让学生依据一句话改变叙述形式为几句话。逆向思维的变式训练则更为重要，教学的实践告诉我们，从低年级开始就重视正逆向思维的对比训练，将有利于学生不囿于已有的思维定势。

4. 一题多解，开拓思维的广阔性

思维的广阔性是发散思维的又一特征。思维的狭窄性表现在只知其一，不知其二，稍有变化，就不知所云。反复进行一题多解、一题多变的训练，是帮助学生克服思维狭窄性的有效办法。可通过讨论，启迪学生的思维，开拓解题思路，既增长了知识，又培养了思维能力。教师在教学中，要针对教学的重难点，精心设计有层次、有梯度，要求明确、题型多变的练习题。要让学生通过训练不断探索解题的捷径，使思维的广阔性得到不断发展。要通过多次的渐进式的拓展训练，使学生进入广阔思维的佳境。

5. 转化思想，丰富思维的联想性

联想思维是一种表现想象力的思维，是发散思维的显著标志。联想思维的过程是由此及彼，由表及里。通过广阔思维的训练，学生的思维可达到一定广度，而通过联想思维的训练，学生的思维可达到一定深度。让学生进行多种解题思路的讨论时，有的解法需要学生用“转化”思想，才能使解题思路简捷，既达到一题多解的效果，又训练了思路转化的思想。“转化”思想作为一种重要的数学思想，在小学数学教学中有着广泛的应用。例如有些题目，从叙述的事情上看，不是工程问题，但题目特点却与工程问题相同，因此可用工程问题的解题思路去分析、解答。

总之，在数学教学中多进行发散性思维的训练，既要渗透数学思想，还要让学生多掌握解题方法，更要培养学生灵活多变的解题思维，从而达到既提高教学质量，又培养能力、发展智力的目的。

第四节　行思数学教学的视点

作为教师，每年按部就班地备课上课、批改作业、测试讲评、辅导活动，教师教得认真，效果也很好，学生能做题，会考试，不乏教出了很多优秀的人才。为什么还要提出这样那样的教学主张和教育理念？因为教学固然是为师者的根本，但怎么教、教什么、怎么学、学什么是教师经常要思考的问题。汉代扬雄《〈法言〉序》："事有本真，陈施于意，动不克咸，本诸身。譔《修身》。"教学最终要走向教育，不能仅仅停留在知识层面，还应该担当起育人的重任。正是基于这样的思考，本书作者提出了行思数学教学，旨在让每一个学生走出学校，留下一些不会被时间带走的东西。

一、行思数学教学的取向

（一）行思数学教学是一种策略

教育的根本价值在于完善学生的人格，培养学生的思维能力，让思维成为学生人格发育不可或缺的部分。只有在这种意识的指引下，教师才能从根源上读懂"行思"，学思并重，能让会引。在教学改革中立足"行"与"思"两个维度，发挥教师、学生的双主体作用，突显教师"实践者"和"研究者"的双重身份，克服教师"教与研"脱节、学生"学与思"割裂的现象，能够有力地促进教、学、研的有效结合。

（二）行思数学教学是一种方法

教育的根本目的在于让学生自己学会学习，学会思考，学以致用。因此，教学的真正有效不在于知识点的把握、解题技能的训练，学会学习并形成终身学习的意识才是其最根本的价值。"行思"要求教师在数学教学中坚持数学思维为核、实践应用为要，探索"做数学"和"想数学"，对行思数学教学的内涵进行系统研究，有所选择，有的放矢，让出时间和空间，学生的自主学习、学会学习才能成为可能，愿思能思、会行敢行才能逐步呈现出轻负高效优质。

（三）行思数学教学是一种主张

学数学有什么用？石中英在《教育哲学导论》中阐释："人的发展，就其根源来说，不是一个外在的规训或控制过程，而是一个内在的觉醒或成长过程。"行思数学教学作为一种主张，是想要强化外在的实践之用，强化内在的思考之用，将基于学科的、显性的目标和超越学科的、隐性的目标圆融统一，不仅是知识的习得，而且将习得知识转化为生长智慧，让学生在"行"和"思"下历练、体验，形成受益终生的素养。

二、行思数学教学的设计

（一）行思感知：表象积累，发展空间观念

表象是感知过的客观事物的外部特征在人脑中重现的形象以及由人的能动想象力所创造的形象，是感知认识的高级形式，是由直接感知过渡到抽象思维的中间环节。表象总是在多次感知的基础上形成，它反映的是感知对象的一般特点，因此它是概括化了的形象。形象思维是人在头脑中运用表象来进行的思维，没有表象就不可能有形象思维，正确、丰富的表象积累是培养形象思维的基础。

学生感知越丰富建立的表象越具有概括性，就越能发现规律性知识。学生如运用实物、模型、图片、操作等途径，要多方位、多种形式、多种感官参与感知，只有观察充分，操作实践到位，学生在头脑中建立的表象才正确而丰富。

（二）行思同行：充分实践，获得思考体验

数学实践的目的是让学生在实践活动中获得一些数学活动的经验，促进注意力和思考能力的发展。小学生形象思维比较活跃，抽象思维相对薄弱，因此教师要注重直观教学，使学生获得鲜明深刻的印象，降低掌握抽象概念的困难，培养学生的思维能力。此外，学生好奇心强，喜欢动手尝试，在教学中给学生创造操作的机会，让学生既操作又思考，带着思考进行操作，学生能调动多种感官参与充分体验，从而实现深刻的思考。

（三）行思外显：话语表达，发展抽象思维

无论是操作还是思考，其过程和结果都要通过语言进行表达。思维和语言是密不可分的，语言是思维的外在工具，语言的准确性体现着思维的缜密性，语言的层次连贯性体现着思维的逻辑性，语言的多样性体现着思维的丰富性。说、写的训练是发展学生思维、培养能力的手段。因此在数学教学中，让学生大胆地说，有条理地写，培养语言表达能力，实现对概念、算理等的深刻理解，学生的严谨表达反映了思维的准确性和对概念本质的理解，教师应让学生逐渐从儿童的自然语言过渡到标准又准确的数学语言，促进学生思维能力的不断提高。

（四）行思拓展：解决问题，发展求异思维

从某种角度来说，数学学习就是在产生新问题的过程中展开思维，不断思考碰撞的过程。许多教师一度认为数学课堂的所有问题都应在课堂内圆满解决，才是没有遗憾的好课。随着教学思想的不断更新，大家逐渐意识到有时候带着问题来，带着问题去，在不断思考解决问题的过程中发展思考力，能够让思考有头有尾、有始有终，以问题来带动思考，促进学生思维的发展。不同的学生不同的个性，解决问题的方法往往是不同的，教学中，让学生用自己的数学语言，把自己独特的解题思路及算理叙述出来，与学生交流，能更加有效地发展学生的求异思维和语言的表达条理能力，从而更有利于思维的拓展延伸。

三、行思数学教学的过程

"学""行""思"是相辅相成的一个整体。数学学习中，起于"疑"的起点，基于"行"的过程，经历"思"的深化，最终又归于指导"行"。

（一）基于需要经历知识自然发生的过程

数学学习基于需要，方能有效。为了对数量关系式进行简单、清晰的表达，产生了方程；在正数不能表示现实生活中的某些数时，产生了负数；在单式统计表解答一些具体问题产生了一定的局限性时，合并不得不成为人们思考的问题，产生了复式统计表。

数学知识不是凭空产生的，而是发生在一定的背景下。在数学背景下，学生才能了解数学知识的源与流，才能领悟人们在揭示某一数学事实时想出了什么，怎么想的，为什么这样想？而这样的思考必然是在"疑"的前提下产生，疑，然后知不足；行思，知识自然发生。

关于方程，教材中给出的形式化定义是：含有未知数的等式叫做方程。这样的定义没有触及方程概念的基本思想，对于为什么要学习方程及方程的价值没有感觉，学生虽然记住了定义，也能够解题，却不能在短时间内对方程概念有本质的理解。因此教师教学时应予以处理，增加体现方程思想最基本的内容。方程的基本思想是：为了求得未知数，在已知数和未知数之间建立的一种等量关系。方程的目的就在于建立关系。事实上，这种思想在人们的生活中很常见，如要认识"未知"，必须先请"已知"为中介，根据中介关系就能认识"未知"了。教学中可以多多列举渗透方程思想的现实模型，帮助学生领会方程的形式化定义，感受方程在表示相等关系上的价值，从而不再对方程定义有深不可测的感觉，更加体会到知识学习的必要性。

（二）自主经历完整的知识探究过程

学生能自己看懂的，教师不教；学生能互相教会的，教师不教；也就是要逼教师还课堂给学生。教师的作用在于引导学生的学习方法，帮助学生提高对学习内容的理解，还需为学生创造条件，给探索知识留出思考、探讨、反思的时间和空间，激发学生探索的内在动力。郭思乐教授打比方，我们站着小树苗旁，看着那些自己就会长的小树苗，我们对自己说，比起学生能做的事情来，我们需做和可做的事情并不多。树木是自己生长的，我们能做的，只是选一个地方，帮助它长根，我们不能钻进树木中干预和代替它生长。需要教师智慧地"静候苗长""静待花开"。

《认识倒数》是六年级上册的一节内容，学生已经学习了分数乘法的相关知识，教师利用"课前学习单"让学生对本课的基本内容有一个初步的认识和了解，这些问题学生完全可以根据回顾之前的知识和自学教材来解决；在学习单的最后提出"关于倒数，你还想了解什么？"一下子将思考从教材延伸出来。接下来，从"数可能是整数、小数、分数"这个切入点，让学生选择其中的一类数进行研究，并汇报、呈现、总结，这个过程完全是依托小组合作，学生自己去选择、思考、发现，又在倾听其他小组同学的汇报中让知识完整起来，从而进一步发现，不管是哪种类型的数都可以化为分数再求倒数。这时教师提出，如果要用一种方法求出各类数的倒数，可以怎么做？学生追根溯源后发现，只要用 1 除以这个数就可以了，从而由表及里，把学生的视线转移到倒数的本质上来。

整节课，教师更像是一个养蜂人，把学生带到有花蜜的地方，让学生自己采蜜酿造。学生的主体地位是建立在教师对自己角色的准确定位，但又不是一味地由着学生自己，看似不经心的问题，恰恰是点燃学生数学思考的关键，让学生深刻思考。

（三）真实经历数学思想的形成过程

数学课程标准提出，要在数学教学中渗透数学的基本思想，但很多教师常常觉得它是比较理论的东西，实际教学中关注得不多。事实上，在高年级的数学教学中，已经渗透了很多的数学思想，特别是转化的思想、函数的思想、数形结合的思想等等。学生在回答问题时，有时会自己说出“要求什么，可以转化为先求什么”，或者是“解决这个问题，要先找等量关系，或者先画线段图”等等这样的句子。数学思想就是这样，它隐在知识内部，然后又在另一个地方不自觉地显现出来了。在低年级阶段，如何让学生学、引学生思，从而感悟数学思想呢？不如把“让学”变成“让玩”，把“引思”变成“玩得高明”，在“玩”中不知不觉地加入思考，润物细无声地渗透数学思想。

数学家华罗庚告诉我们，“数，起源于数(shǔ)”。怎么数？这里面可大有文章。看到过这样一个案例：一节数学课，教师拿出小棒一捆，要求学生数一数一共有多少根。数完之后，教师引导学生联系自己的生活想一想，我们数东西时，除了一个一个地数以外，还可以怎么数？学生很快想到数筷子时都是两根两根地数，于是再次去数，发现总数是一样的。接着往下想，顺利地过渡到三个三个地数、四个四个地数……在此过程中，明教数数，暗教乘除法运算。小棒的根数没有变，但数法变了，变成了相同加数的运算，而相同加数和的简便运算是乘法，分别数了多少次是除法。

数学家陈省身说“数学好玩”。上述的教学活动，在“有用”的数数过程中，分明可以感受到“无用”的“玩”的享受更多，在“无用”的“玩”的进行中，却“玩”出了很“有用”的名堂。学生在数的过程中感受随着每次数的根数在增加，数的速度越来越快了。此时思考便顺理成章，较小的学生或许说不出为什么，但此时教师又来了一次数数比赛，几乎所有的学生都选择五根五根地数，学生用行动告诉你他其实已经初步感知变量，领悟函数的思想。

在让学生玩、玩出花样的过程中，学生学到了，也思过了。此时数学思想的渗透有点像绘本对学生的影响一样，经历了，感受了，然后埋下了一颗种子，安放一种等待，进而唤起学生的思考。或许眼前看不出，但已经成为学生数学学习的一抹底色。

（四）从真实问题出发主动寻求解决的过程

学生的思考力不是天生就有的，要在解决问题的过程中渐渐培养。因此，问题驱动是一种很好的方法，它更有利于培养学生自主学习、主动发展的能力。学生从一个问题出发主动进入数学活动，又在学习中遇见新的问题，进而不断地追问、解疑。

六年级《比例尺》一课开始，教师从让学生自己动手，画出一个长 50 米、宽 30 米的操场的平面图，并提出问题：怎样画才能不走样？学生提出要将原来的长方形按一定的比缩小。这是旧知，学生能想到也能自己完成。接着提问：有什么办法能让别人知道你画的这个长方形实际的大小呢？这个问题是由学生自己画的图自然而然联想到的，是学习中的真实疑问，有待解决。我们甚至能够想象，这个问题也是最初人们在制图时遇到的一个真实问题。怎么解决，是个需要。

接下来，围绕这个问题，学生主动进行思考，创作了许多原生态的方法：有直接的，如标数据；有联想的，如图上 1 厘米＝10 米；有利用旧知的，如按 1∶1 000 的比缩小；还有倒过来，要把这个图形按 1 000∶1 放大的……不可否认，这些方法都是有效的，确实能解决之前提出的问题。此时，统一标准又成为需要，比例尺的提出自然而然。接下来，在认识两种比例尺之后，教师又把目光聚焦到学生原创的那些方法上来，找到学生和数学家在思考方法上的共同点，让学生发现原来自己的想法和数学家那么接近了，从而感受到知识从自己笔下产生的自豪感。

学生在经常的这样的问题解决中，感受到知识的价值——并不仅仅是做题，还可以产生一些思考，在这样的思考中形成自己的思考力，从而生长智慧。这也是“行思数学”希望学生达成的素养。

第五节　行思数学教学的目标

一、总目标

行思数学教学的研究内容立足于苏教版数学教材的“四大领域”即“数与代数”“图形与几何”“统计与概率”“综合与实践”，教学目标围绕义务教育数学课程标准，指向数学学科素养，面向学生的全面发展，培养适应未来社会需要的关键能力、必备品格、价值观念。主要体现在以下四个方面。

（一）乐数学

学生通过数学学习，了解数学的价值，提高学习数学的兴趣，增强学好数学的信心，养成认真勤奋、独立思考、合作交流、反思质疑等良好的学习习惯，具有初步的创新意识和实事求是的科学态度。

（二）做数学

使学生掌握运算能力，经历数学发现的过程，学会“数学地思考”问题，在参与观察、实验、猜想、证明、综合实践等数学活动中，发展合情推理和演绎推理能力。

（三）想数学

使学生建立数感、符号意识和空间观念，初步形成几何直观和推理能力，发展数据分析观念，清晰地表达自己的想法，学会独立思考，体会数学的基本思想和思维方式，提升学生的理性思维、审美智慧和创新精神。

（四）用数学

使学生掌握现代生活和学习中所需要的数学知识与技能，初步形成模型思想、应用意识和创新意识，传承和发展人类优秀的文化，自觉应用数学的知识、方法、思想和观念去发现数学现象和数学规律，并运用数学的知识和思想方法去解决问题。

二、具体目标

在研究过程中，通过“行”和“思”两个维度在课堂教学中落实具体目标。

	数与代数	图形与几何	统计与概率	综合与实践
行的维度目标	学生联系身边具体事物，通过观察、操作、解决问题等活动，理解意义，建立数感。	引导学生主动进行观察、操作、实验、探索、合情推理，通过一系列活动，来探索知识。	学生通过对具体素材进行观察或进行相关操作活动，对数据处理的过程有所体验。	学生通过实践活动，增强探究能力和创新意识，提高发现问题和解决问题的能力。
思的维度目标	利用抽象的符号，学会运用数学的思维方式去观察、分析问题，体会数学与生活的联系。	在学习相关知识的过程中，使学生学会合乎逻辑地思考，形成严谨求实的科学态度。	在活动过程中，通过灵活、开放的问题供学生思考，培养学生思维能力，积累活动经验。	在实践活动过程中，让学生学习和体会数学方法和策略，发展学生的数学思考。

（一）数与代数

“数与代数”是研究现实生活中的数量关系及其运动变化规律的数学模型，主要内容有数的认识、数的运算、量与计量和规律探索等，这部分知识的教学是小学数学教学的重点，也是学习小学数学其他内容的基础。学生在学习数学以及人们在现实生活中，都离不开“数与代数”及建模思想。

教材通过实际情境使学生体验、感受和理解数的意义，体会数及其运算模型的建立过程，强调发展学生的数感、符号感，注重培养学生运用数与运算解决简单实际问题的意识和能力，提升学生对数学学习的兴趣，培养初步的创新意识和创新能力，有利于学生从科学的角度理解现实世界。

在数学教学中，教师要重视创设情境，引导学生联系自己身边具体、有趣的事物，通过观察、操作、解决问题等丰富的活动，感受理解数的意义，建立数感。学生通过“数与代数”知识的学习，可以从抽象的符号以及数量关系的角度中更准确地认识、描述和把握现实世界，学会运用数学的思维方式去观察、分析和解决日常生活中的问题，从而更加清楚地认识到数学与现实生活的紧密联系，增强适应未来社会生活的本领。

（二）图形与几何

“图形与几何”是数学学习极为重要的一部分，主要内容有：图形的认识、图形的测量、图形与位置、图形的运动。从对几何的认识历史来看，人们首先是根据生产生活实践经验，依靠直觉观察、反复实验而形成的，欧几里得的《几何原本》就是在对这些经验性认识进行总结的基础上写成的。小学生的思维正处在由直观表象思维为主向抽象为主的过渡阶段，他们对几何图形的认识是浅显的、单薄的。因此，“图形与几何”的学习需充分利用教学资源，借助学生直观、可感的空间世界及他们原先储备的经验积累，主动地关注、认识周围的图形世界，在大量的操作和思考活动中获得数学操作活动经验、观察经验、归纳活动经验等数学基本活动经验。

（三）统计与概率

“统计与概率”作为一个完整的知识板块纳入小学数学课程，主要内容有：收集信息、整理数据、简单统计与平均数、不确定现象与可能性等。在教材的“设计思路”中明确提出发展学生的数据分析观念。数据分析观念主要表现在：了解在现实生活中有许多问题应当先做调查研究、收集数据，然后通过分析作出判断，体会数据中蕴含的信息；了解对于同样的数据可以有多种分析的方法，需要根据问题的背景选择合适的方法；通过数据分析体验随机性，一方面对于同样的事情每次收集到的数据可能不同，另一方面只要有足够的数据就可能从中发现规律。数据分析是统计的核心。

“统计与概率”之所以受到这样的重视，主要是因为它体现了现实性，把书本数学与生活数学有机地联系到一起。在教学中，借助现实、有趣的活动更好地实现数学知识生活化和社会生活数学化。其次，是“统计与概率”具有实践性，在教学中通过描述和分析数据、进行判断、调查处理问题这些富有意义的实践活动，引导学生在实践中探索、在探索中应用、在应用中升华自己对数学的认识，拉近了书本数学与理解数学的距离，学生在经历和体验中感受到数学知识的真谛与乐趣，更好地培养思维能力，积累数学活动经验。

（四）综合与实践

在小学数学中增设“综合与实践”领域是一大特色。“综合与实践”的主要内容有：丰收的果园、田园风光、称一称、一亿有多大、数字与信息、大树有多高等 25 个主题活动。开展“综合与实践”活动能够很好地沟通现实生活中的数学与书本知识的联系，使得数学知识内容能以综合的形式出现，使发展学生综合应用知识的能力成为必须的学习内容，使传统的数学课本面貌发生了改变，也使新的数学课程具有了一定的弹性和开放性。

"综合与实践"是一类以问题为载体、以学生自主参与为主的学习活动。在学习活动中,学生将综合运用"数与代数""图形与几何""统计与概率"等知识和方法解决问题。通过实践和综合应用活动能够帮助学生综合运用已有的知识和经验,经过自主探索和合作交流,解决与生活经验密切联系的、具有一定挑战性和综合性的问题,以发展学生解决问题的能力,加深对"数与代数""空间与图形""统计与概率"内容的理解,体会各部分内容之间的联系。设置"实践与综合应用"这一领域,反映了数学课程与教学改革的要求,也提供了学生进行一种实践性、探索性和研究性学习的课程渠道。

第三章 行思数学教学的策略

教学策略的概念于20世纪70年代被提出，早期教学策略关注的是分析教师和学生的语言行为。美国教育家史密斯研究认为，教师可以运用策略引导学生用语言进行交流，保证讲授的论点清楚，减少学生在讨论中回答的错误。1976年，史密斯又提出了两种以经验为基础的教学策略，即内容限制性策略和非内容限制性策略。内容限制性策略注重师生与教学内容的关系，非内容限制性策略则强调师生彼此之间的关系，包括课堂教学策略、课堂管理策略以及师生与学生间的合作策略。其中课堂教学策略包含了管理策略和指导策略，管理策略用来使学生接触教材，并且使这种接触教材的时间保持相对长的时间；指导策略则是指用来易化教材学习的策略。

国内教育界对教学策略的研究起始于20世纪80年代，虽起步比西方较晚，但研究内涵较为丰富。教学策略设计的研究主要体现在具体学科课程的教学策略设计、一定教学模式下的教学策略设计、基于信息技术的教学策略设计。分类的依据不同，教学策略的分类也不同。如，施良方、崔允漷主编的《教学理论：课堂教学的原理、策略与研究》集中讨论了教学过程三个阶段的策略：教学前的准备策略、教学中的实施策略和教学后的评价策略。教学策略的分类角度越多，内涵越丰富，对促进教学策略的发展就越有利。

“行思数学教学的策略”通过“行”和“思”这两个维度对“四大领域”进行课堂教学改革的尝试，旨在培养学生自主学习、独立思维和合作交流的能力，努力让学生做到行思结合。随着教育改革的逐步深入、现代信息技术的发展，教学模式和学习方式有了很多的变化，也带来了很多的实践和思考。

一、讲授法教学的反思

讲授法教学，有其悠久历史，它是指教师利用教科书、粉笔、黑板、简易模型、多媒体等工具，通过口头语言讲解，以知识传授为主要目标的相对比较封闭的课堂教学模式。捷克教育家夸美纽斯在《大教学论》中奠定了班级授课制的理论基础，使讲授法得到发扬。德国教育家赫尔巴特和苏联教育家凯洛夫提出了“五段教学法”：组织教学、检查复习、讲授新教材、巩固新教材、布置课外作业。在“五段教学法”中，“讲授”成为课堂教学最重要的环节。新中国成立以来，我国学校教育中大量采用“五段教学法”，讲授法教学成为各级各类学校占主导地位的教学方法。

（一）讲授法的优点

讲授法具有通俗化和直接性的特点，有利于大幅度提高课堂教学的效果和效率。美国著名的教育心理学家奥苏伯尔认为，学生获取大量整体的学科知识，主要是通过有意义的接受学习、设计适当的教材和讲授教学实现的。讲授法是一种最有效的教学方法，有众多优势。

1. 有利于发挥教师主导作用，应用范围广泛

讲授法教学过程中，教师处于主导地位，可以通过富有情感的语言表达，用自己的思想感染学生，达到教育学生的目的。同时，任何一种教学方法都不可能脱离开“讲授”而独立存在——演示法离不开教师的讲解，讨论法离不开教师的参与，实验法离不开教师的指导，信息环境下的各种教学模式也离不开教师作用的发挥。讲授是教师从事教学的基本途径，没有教师的讲授，教学无从谈起。

2. 有利于系统化传授知识，提高教学效率

系统而连贯的课堂讲授，可以使学生在较短的时间内获取更多的知识，并深入理解和掌握自学难以理解的内容，进而全面、深刻、准确地掌握教材。同时，班组授课的教学组织形式使信息以一对多的方式传递，大大节约了教学成本，提高了教学效率。

3. 有利于控制教学进程，实现教学目标

由于教学过程是在教师的主导下进行的，在讲授法教学过程中，教师可以更好地依据学生的认知规律和学习起点，把握知识的难易、教学的节奏，根据学生学习状态灵活变通，控制教学流程。当学生对教师的表述和教材不理解时，教师可以从不同的角度去引导学生探讨，以利于学生理解和接受，实现教学目标。

（二）讲授法的不足

虽然，讲授法教学的优势是明显的，然而人们对这种教学方法也存在非议。

1. 不利于发挥学生的主动性

讲授法教学突出教师在教学过程中的主导作用，以教师的讲授为主。由于处于被动接收信息的状态，长期这样，学生容易形成依赖心理，对知识不求甚解、死记硬背，逐渐失去主动探寻知识的意识和习惯。现代教学论认为，教学应该是教师与学生、学生与教材、学生与学生之间的多向信息传递，互相交流、互相促进的过程。教学应该紧紧围绕学生的“学”展开，只有通过学生积极主动地“学”，知识才能被学生“内化”和吸收。学生的积极参与和主动思考是增强教学效果的关键。

2. 不利于因材施教

学生存在个性差异，知识基础、学习习惯、理解能力、兴趣爱好各不相同，讲授法以统一的步调开展教学，不能很好地兼顾到学生的差异，同样的内容，有的学生“吃不饱”，

有的学生“吃不了”。讲授法的集中授课方式不能兼顾学生之间的差异，容易忽视优等生和差生的个别化辅导。

3. 不利于实践能力的培养

我国各级各类学校的学生中普遍存在动手能力差的问题，这与学校教育重理论、轻实践的教学理念有关。课堂教学中，当讲授所占的比重过大时，学生各项学习活动所占的时间必然减少。这种状况的长期延续，使教师和学生形成思维和行为定势，演变为课堂上只有教师讲和学生听，学生的实践环节、思考环节、自主学习环节被忽略，学生的学习能力得不到可持续发展。

二、讲授法教学的优化

讲授法教学有其独特的优势，在教学过程中除克服不利因素外，还要重视学习运用新的教学理论和新的教学技术，重视与信息技术课程的整合，不断改进传统教学。

认知主义理论认为，学生不是被动的知识接受者，而是积极的信息处理者，教师的角色在于创设学生自己学习的情境，而不是提供预先准备好的知识。学习是一个积极探究的过程，教师在学生的探究活动中要帮助学生形成丰富的想象，要重视形成学生的内部动机，通过激发学生的好奇心，产生探究学习的动力。

建构主义理论认为，知识不是通过教师传授得到的，而是学习者处于特定的社会文化背景下，学习过程中借助他人，利用必要的学习资料，通过意义建构的方式而获得的。获得的知识量取决于学习者根据自身经验去建构有关知识意义的能力，而不取决于学习者记忆和背诵教师讲授内容的能力。教师是帮助和促进学生建构知识的人，而不是知识的传授者与灌输者，学生是信息加工的主体，是意义的主动建构者，而不是外部刺激的被动接受者和被灌输的对象。

多元智能理论认为，每个人都有多种智能，包含言语、逻辑、视觉空间、肢体动觉、音乐、人际、内省等，这些智能之间通常以复杂的方式协同作用。在教学过程中，教师要善于运用多种媒体与技术，调动和发挥学生的多种智能因素，从而达到满意的学习效果。

今天，信息技术取得突飞猛进的发展，信息技术不但成为学校教学内容的组成部分，而且是学校改进教学的重要工具之一。网络化信息存储方式可以提供大量的教学资源，利用各种搜索引擎和合理的搜索策略，可以方便地查找到需要的信息。与单纯的课本教材相比，网络所提供的教学资源更加丰富，为讲授法教学提供了更加广阔的空间。

（一）讲授法应遵循的教育原则

传统讲授法教学的缺陷不是其本身所固有的，而是缘于教师的不当运用。讲授法教学运用得是否成功与教师自身的教育理念、知识水平、教学能力直接相关。要充分发挥其优势，教师在教学过程中应遵循以下原则。

1. 启发性原则

学习实质上是一个知识“内化”的过程，学生的主动思考是知识内化的必要条件。教师的启发式教学起到的是一种催化剂的作用，引导学生主动思考，使学生在现有知识基础上对新知识产生心理需求，产生学习动机。通过启发引导，使学生主动建立起教学任务与已有知识的联系，并将新知识纳入自己原有的知识体系。

2. 形象性原则

讲授式教学中通过语言进行生动的描绘，形象化的语言可以帮助学生理解和记忆，发展学生丰富的想象力。同时借助实物、模型、多媒体课件，可以使学生在头脑中留下清晰的图像，丰富学生的感性经验，为学生形成概念、掌握规律奠定基础。

3. 情感性原则

学习是感知、记忆、想象、思维等共同参与的认知过程。在这一过程中，情感发挥着积极的作用。在教学过程中，教师要以自己的人格魅力去感染学生，使学生“亲其师，信其道”，使教学成为师生之间、生生之间情感交流的过程。积极的教学会使学生对学习充满热情，不仅提高教学效率，还可以帮助学生形成健康的人格。

4. 互动性原则

教学过程是师生之间、生生之间双向（多向）的互动过程，使“教”与“学”融为一体。在教师的引导下，通过教师发问、学生作答的方式了解学生知识的掌握程度，引发学生对问题的深入思考；通过学生提问、教师解答的方式，可以及时了解并排除学生的学习难点，培养学生主动探寻的意识。

5. 科学性原则

科学性是教学工作的灵魂。教师要以科学的理论为指导，确保所授内容没有知识性错误，从实际出发，严谨治学，去伪存真。在教学语言运用上，教师要力争做到对科学概念的阐释全面准确，对抽象问题的讲解清晰透彻，教学语言深入浅出、逻辑严谨。

（二）讲授法与其他教育方式的相互渗透

随着教学改革的不断深入，教学模式也不断更新，代表性的有基于学生自主学习的教学、基于问题的教学、基于小组合作的学习、基于网络的协作学习等教学方法（或教学模式）。讲授法在向学生传授知识与提高其能力的过程中，应该与其他教学方式相互渗透，有机结合。

1. 与启发式相结合，以活力互动牵引讲授

数学学习从来都不是无端产生的，它是基于人们在生产生活中的需要，或为进一步学习打下基础。如负数的学习是因为仅有正数使用时产生的局限性，小数的学习是因为单有整数不能满足生产生活的需要了。因此，数要进行延伸，从而出现负数、小数。

而这些知识的学习很大程度上依赖于讲授，通过讲授呈现不足，产生需要，让学生在已有知识的基础上，由浅入深地对学习内容进行分析与阐述，并通过引导、层层设问等灵活运用启发教学。

2. 与自主学习相结合，以预设学习引领讲授

小学高年级的学生已经有了一定的自主阅读能力和理解水平，再加上原有的知识基础，对书本上概念性的描述和讲解能够自己读懂，如“乘积是1的两个数互为倒数”“2的倍数是偶数”等等，这些概念描述性的内容学习可以在课堂教学中穿插着让学生自主学习，或在课前通过“学习单”的形式预设学习，这样就避免了教师单一形式的讲解，既不会因为长时间的讲授使课堂乏味，难以调动学生积极性，又能使教师的讲授建立在学生新的学习起点上，以旧引新，使教师的讲解更有深度和广度。

3. 与多媒体相结合，以直观呈现助力讲授

相对于抽象思维而言，小学生的学习更依赖于直观形象思维。数学知识的抽象性，有时会使单一的讲授显得单薄，难以理解。数字化的文字、图形、声音、影像、动画等多媒体信息使教学内容的呈现方式更加直观形象，可以弥补单纯用语言描述不够直观甚至难于表达的缺陷，帮助学生形成清晰、准确的数学认知，形成经验。如直角三角形沿一条直角边旋转一周得到圆锥，长方形沿其中一条边旋转一周得到圆柱，这样的过程，学生很难通过教师的讲授想象得那么清晰，就算实际操作也看不到旋转后得到的立体图形，此时多媒体就能够完美地呈现这一过程，让学生看得清、想得明。

4. 与探究学习相结合，以实践探究支撑讲授

数学学习离不开探究，自古以来数学上取得的每个成就都离不开探究。学生的数学学习虽然不需要像数学家那样经历千辛万苦，但经历知识的形成过程还是有必要的。此时创设情境或基于问题让学生去主动探究，得出属于学生自身的最原始的发现，在此基础上的讲授才不是无本之木、无源之水，才能让知识真正停留在学生心里。如《复式统计表》一课中，从单式统计表到复式统计表，为何要创造新的表，在创造过程中要基于哪些因素来思考，遇到问题时又该怎样解决等等，这些绝不是教师直接出示一张复式统计表去进行讲解就可以的，必须要让学生亲身经历探究过程，自己绘制出一张哪怕有问题的表，才能在接下来教师的讲授中充分感受表格中每一部分的价值。

第一节　已有经验的唤醒与重组

在已有经验的唤醒与重组过程中，让学生行有所依，思有所源。学生在生活实践中获得的大量的数学经验，需要教师去唤醒它，并对它进行梳理，成为课堂教学关注的目标，成为教师教学设计时关注的重点。

一、内涵解读

建构主义认为，影响学习最重要的因素就是学习者的已有经验。学生在正式学习数学之前并非对数学一无所知，他们在来到学校之前就已经在生活实践中获得了大量的数学经验，如形状、数量、时间、空间、位置、排序、大小、分类、集合、对应、比较等。而伴随着数学学习活动的发生，学生获得更加丰富的数学活动经验的机会大大增加。正是有了这些“原生态”的经验，学生才能通过各种活动将新旧知识联系起来，开展更高层次的数学活动。不过，教师应清醒地意识到学生的这种经验是较为零散的、模糊的、粗糙的，而且学生的这种经验在很多时候是“内隐”着的，是“蛰伏”着的，需要教师去唤醒它，并对它进行梳理。

苏联数学教育家斯托利亚尔认为，数学教学是数学活动的教学，也是思维活动的教学，像抽象思维、数学证明、数学解题在内的整个数学教学活动都是“数学活动”。“数学活动”所指的“活动”，其特定含义主要是对数学材料的具体操作和形象操作探究活动。数学教学活动必须建立在学生的认知发展水平和已有的知识经验基础之上。所以，在数学教学中，教师应激发学生的学习积极性，向学生提供充分从事数学活动的机会，帮助学生在自主探索和合作交流的过程中真正理解和掌握基本的数学知识与技能、数学思想和方法，获得广泛的数学活动经验。

我国许多学者认为，“问题解决”将对数学教育的各个方面产生影响。数学教育不仅要让学生掌握数学知识，更要培养学生独立获取知识的学习能力、勇于创新的主体意识，促进学生的主体性发展，让学生在已有知识和经验的基础上，积极主动地发现问题、提出问题、分析问题、解决问题，通过自身的情感体验去实现知识的再创造，从根本上改变“应试教育”所带来的弊端，从而激发学生学习数学的主体能动性和认知内驱力，提高小学数学的教学效率，减轻学生的学习负担。

在数学活动中，学生通过外显的行为操作，对学习材料的第一手直观感受、体验和经验一般是直接经验。这类操作的直接价值并不是问题的解决，而是对学习材料的感性认识。尽管这样的感知明显带有个体认识的成分，并且还存在原始、肤浅、片面、模糊的特征，但这类直接经验的获得，是构建个人理解不可或缺的重要素材。当然，要使这类经验能合理地积淀，有时还需要经历一个判断、筛选、确认的环节，因为学生首次操作感知的结果并不一定是正确的，而错误的经验将会给学生的后续学习带来负面的影响。因此，在经验获得的初始阶段，应该尽可能地使一些操作活动为学生的认知提供一个较为正确、清晰的体验，而不是模棱两可、似是而非的感知。经验的全面性和准确性必须为教师所重视，在提供素材、组织操作活动以及课堂提问、归纳时，教师也要充分考虑到上述因素。

二、策略运用

学生的学习过程既包含对新信息的意义的建构，又包含对原有经验的改造和重组。学习是学生自己建构知识的过程，学生在学习之前并不是一无所知的，他们有一定的知识和经验积累，这就是学生在学习前原有的认知结构，学生在学习时就是利用这些原有的认知结构来理解和建构新的知识和信息。所以学生学习意义的获得，是以自己原有的知识经验为基础，对新信息重新认识和编码，建构自己的理解。在这一过程中，学生原有的知识经验因新知识经验的加入而发生调整和改变。

(一) 数与代数

【教学片段】

(10 以内认数)

摆数 5 的组成，学生汇报说："5 是由 4 和 1 组成，还可以说 5 是由 1 和 4 组成；5 是由 2 和 3 组成，还可以说 5 是由 3 和 2 组成的。"当学生学到认数 8 时，已可摆脱具体实物的操作，看到 8 个图片，手指在空中逐次摆动，头脑中有规律、有条理地完成"移动"的过程，开始建立有关数的组成的表象。到认数 9、10 时，学生已完全摆脱实物的束缚，能利用头脑中所形成的表象，有规律地依次讲出它们的组成。操作的顺序化，为学生思维的条理化打下了良好的基础。

【理性思考】

在 10 以内认数教学中，让学生联系身边具体事物如小棒等学具，通过观察、操作等活动理解数的组成。由于一年级学生年龄小，操作随意性大，容易无的放矢，想怎么分就怎么分，这样的操作容易遗漏或重复，降低学习效率。因此在教学中要教会学生有条理地操作：先把要进行分的学具整齐排好，然后每次向左移动一根小木棒，移动一次讲一种组成。要思想集中，做到手、脑、眼、口同时活动。通过这样的训练，让学生感到这样的操作既方便又容易记。随着操作的熟练，学生的思维能力也得到了提高。他们认识到要分解的物体既可以移动一次讲一种组成，也可以移动一次讲出两种组成。在整个操作过程中，最重要的是要让操作充分进行，也就是不能走过场，要让学生在操作中感悟整个过程。

总之，充分的操作在学生学习数学中发挥着不可代替的作用。在操作过程中，让学生行有所依，思有所源，既不要教师生硬地讲解，也不要学生死记硬背，而是把课堂当作学生自己研究的平台，给学生充分"做数学"的机会，经历数学知识的再创造过程，学生的知识得以理解、思想得以感悟、方法得到应用。

（二）图形与几何

【教学片段】

（旋转与平移）

活动1：请学生表演跳远与单脚立定旋转动作，作为平移、旋转的观察例子，一人表演，众人观察。

活动2：让学生自己用各种动作表示平移、旋转，同桌互相表演，再全班交流。

活动3：让学生用笔作工具在方格纸上运动形成平移或旋转的例子。

以上三种活动富有童趣，能激发学生学习热情，后两种活动还做到了人人参与。

【理性思考】

教学图形变换时通常要学生联系现实生活，由观察实例导入教学，通过学生切身的感受再加以分析，有利于这部分的教学，同时也符合儿童的思维特点。以平移和旋转为例，学生在生活中或多或少都接触过平移、旋转现象，有许多物体的运动可以看作平移或旋转，他们已具备了一定的认知基础。事实上，生活中的平移和旋转现象与数学意义上的平移或旋转还是有一定差异的，如果选择的例子不够典型，往往容易掩盖概念的本质，产生歧义，不利于学生形成正确表象。所以，教学中在唤醒学生生活中已有经验的同时，经历重组过程，让学生行有所依，思有所源。

图形变换在现实生活中有许多鲜活的例子，在开展教学活动时，教师往往在此基础上设计出了很多活动，但活动也有许多差异。

实施“活动1”时，学生对跳远现象产生了质疑。经过讨论后形成的共识是跳远才是平移，但跳跃与步行在这里并没有本质上的区别，很多学生仍然保持怀疑的态度，说明选择的例子不够恰当。

实施“活动2”时，在大多数情况下，学生能够自觉地区分移动与转动。但有时也产生模糊，不少学生以为旋转就是转圈；不过对于单脚立定旋转，学生还是较为清晰地认为是旋转。

实施“活动3”时，平移与旋转的要点反映得比较清楚。经过讨论和引导，学生得到了以笔尖、笔尾与笔中点作固定点的旋转，在这里学生很容易将笔抽象成线段，并且找到旋转和平移的感觉，形成较为清晰的印记。

因此，从尽可能地接近数学概念的本质来看，“活动3”更具有数学的典型意义，它巧妙地避开干扰，找到了学生容易理解抽象数学概念的工具，把学生的注意力集中到平移与旋转变换的数学意义上来，充分地进行正确的感知，为归纳平移和旋转的特征打下基础。同样，当教师用例子来揭示平移、旋转时，也应该尽可能地关注实例的典型性。例如，拧螺丝帽和风扇叶片的转动实际上是有区别的：将一个螺丝帽拧出，其运动是旋转与平移的合成，只要拧开螺丝帽就能发现一圈圈的螺纹；而电风扇的叶片的旋转则更接近单纯的旋转。虽说小学生一般发现不了旋转与螺旋的区别，但为了确保教学的科学性，避免给进一步学习造成误导，还是尽可能注意为好。学习在方格纸上画平移后的图形时，学生一般对平移的方向比较容易掌握，对平移的距离则常常出错。可以通过比较的策略，使学生理解平移几格的含义。通过具体图形的辨析，使学生明确，平移了几格不是看两个图形之间空了几格，而是看对应点或对应线段移动了几格。

（三）统计与概率

【教学片段】

（利用节约用水信息深入理解平均数的意义）

1. 出示：节约用水图。

师：为什么要节约用水？我们来看看我们国家的淡水情况。

2. 出示：2018 年我国淡水资源总量为 27 462.5 亿立方米，仅次于巴西、俄罗斯和加拿大，居世界第四位。

师：看到这条信息，你有什么感觉？

3. 出示：2018 年我国人均水资源只有 2 300 立方米，在世界上名列第 121 位，是全球人均水资源最贫乏的国家之一。

师：请大家静静地读一读这条信息，你们发现了什么？

总结：言之有理，看来同学们对平均数的理解越来越深刻了，光比总量是不行的，还要看我们的人均水资源。好，那对于我们国家来说，就更应该去节约用水了。

4. 出示：儿童乘车免票线“长个”了。

师：你知道什么叫“儿童乘车免票线”吗？我们来看看（图略）。经过市发改委与相关部门研究决定，将我市 6 岁以下儿童 1.1 米乘车免票线提高到了 1.2 米。为什么要提高？

师：我们怎么去确定这个标准的呢？

（学生可能会回答：我们可以调查一下）

师：调查谁？如果数据来了，有高的、有矮的，如何处理？

（这里要明确调查 6 岁儿童的身高，渗透抽样调查的想法。学生结合平均数的理解，回答调查完了可以计算平均数）

师：我们同学真了不起，既能准确理解平均数的意义，又能想到可操作的办法。那我们一起看看实际是怎样做的。

5. 出示：据统计，目前我市 6 岁男童身高的平均值为 119.3 厘米，女童身高平均值为 118.7 厘米。

师：和你们想的一样，市发改委就是参照了我市 6 岁儿童的平均身高，才确定了免票线的高度。看来，这平均数的作用真是不小，连确定免票线的高度都可以参照它。

师：那你们能利用平均数帮我解决一件事情吗？

6. 出示数据统计：周一至周五晚高峰时，平均每小时需要通过解放桥的车辆为

1756 辆，需要通过迎宾桥的车辆为 965 辆（两座桥的宽度等条件差不多）。老师回家走这两条路都可以，并且驾车路程差不多，你们觉得走哪一条路好？一定快吗？为什么？

（学生建议教师走迎宾桥，但有时也不一定快）

总结：同学们理解得很好，平均数可以用来作参考，但是它反映的只是一般情况，并不能反映出某种特殊情况。

【理性思考】

理解平均数有三个角度：算法理解、概念理解、统计理解。对于统计教学，概念理解和统计理解是非常重要的。

学生在生活中已经积累了一些关于数学的原始、初步的经验。对于数学知识的认识和理解，有时需要具有丰富的生活经验背景，让生活经验和数学经验“有效对接”，使得日常生活经验“数学化”。在上述案例中，第一个信息，首先提出我国为什么要节约用水，引发学生思考；然后出示我国的淡水资源情况，使学生知道我国的淡水总量在世界排第四位；最后出示我国的人均水资源情况。在这个过程中，学生体会到了在水资源这个问题上，我们光看总量不能说明问题，还要看人均数，从而体会了平均数的价值。第二个信息，儿童乘车免票线问题。这个环节不但能够使学生再次体会平均数的价值，而且还渗透了抽样的想法。第三个信息，走哪条路。学生根据平均每小时需要通过的车辆数，帮助老师选择路线并且进行分析，从中可以体会到：一方面，平均数可以用来作重要依据；另一方面，它反映的只是一般情况，并不排除某种特殊情况。从而，学生既体会平均数的意义，又体会了数据的随机性。

在实际教学中，教师普遍感觉到平均数的教学素材不够丰富，需要大力开发。同时，学生对于平均数的理解存在着不少困难。到底是什么困难，如何帮助学生克服它们呢？进一步，小学阶段学生对于平均数理解的层次有哪些？这都需要教师认真研究。

数学教学要基于学生的生活现实，要把这些生活经验进行“数学化”处理，促进学生进行数学思考，以生成新的数学活动经验。生活经验用于帮助经历、体验新知识的形成过程，不仅简单明了，而且生动形象，有利于学生的认知经验从一个水平上升到更高水平，实现经验的改造或重组。

（四）综合与实践

【教学片段】

（了解周围的家族）

导入语：同学们，在学习统计这一单元时，我们一起调查了很多生活中的资料，还记得我们班男、女生的平均身高吗？还记得我们班的长跑健将是谁吗？还记得我们班同学最喜欢看什么类型的书吗？……这些都是我们调查过的材料，由此可以看出，调查是数学中，特别是统计中的一种常用方法。

前几天，老师让你们走进生活，去调查你们家周围一些家庭的某些信息。关于这些数据，我们还要作进一步的分析与比较。让我们一起来了解一下我们周围的一些家庭吧。

1. 学生分组汇报统计表的填写情况。

2. 教师将每个小组的调查表用实物投影仪展示给全班学生，让学生通过对比选出最优秀的，进行分析。

3. 比较分析。

横向观察统计表：比较一下每户家庭支出最高的是哪项费用？从整体上看，哪项费用普遍较高？

纵向观察统计表：说说哪个家庭这几方面的费用最高？哪个家庭这几方面的费用最低？想一想可能是什么原因？

4. 学生根据统计表再提出一些不同的问题，并有选择地进行解决。

5. 照上述样子，让各组学生分析自己小组统计的耕地面积情况，随后让学生反馈统计表二，借机介绍“你知道吗”。

6. 学生反馈结束后教师小结，要求学生对于所调查统计的家庭或项目提出一些建议。

【理性思考】

调查分析是指让学生围绕一个或几个问题，通过走访、问卷等方式开展实际调查活动，收集解决问题所需的各种数据，再一起研究分析这些数据，进而得出结论。其根本目的不在于解决既定问题，而是要在学生解决实际问题的过程中培养其基本的调查分析的能力和技能。

通过回顾以前的调查活动以及获得的一些信息，让学生感受到调查活动的实用性和价值，唤醒学生小组调查周围家庭情况的意识，激发起学生对调查的数据进行整理的欲望，在已有经验的唤醒与重组过程中，让学生行有所依，思有所源。教学中，教师将每个家庭各种费用的调查表利用课件出示，一则让学生以比较公平的方法选出最佳的调查表，以便作全班分析；二则可以调动学生的参与热情，培养学生发现问题的能力，为学生的进一步探究做准备。通过横向与纵向比较，引导学生比较全面地分析表中数据，逐步培养学生提出数学问题的良好习惯，从而获取更多有价值的信息。

第5、6两个环节的设计，一是提高学生的参与面、参与的力度，让学生巧妙地从统计表一过渡到统计表二；二是运用学生知识的迁移，让学生模仿表一的分析过程，对统计表二作详细、系统的分析，体现了学生的自主探究性。通过学生提建议，让数学活动从生活中来又回到生活中去，从而达到指导生活的最终目标。学生在生活实践中获得了大量的数学经验，需要教师去唤醒它，并对它进行梳理，这成为课堂教学关注的目标，成为教师教学设计时关注的重点。

三、提炼反思

学习正是这样,离不开生活经验的参与,学生在探究活动中所面对的一切,肯定和他过去的经历有着密不可分的关系,而这种关系势必影响着学生的探究活动,学生会利用这些已有的认识经验,通过动脑和动手来建构起新的认知体系。因此在科学探究活动中,了解和唤醒学生已有的认识经验,对学生的探究及课堂活动的有效展开有着积极的意义。教师如何在已有经验的唤醒与重组过程中,让学生行有所依、思有所源?

(一) 设计内容和素材

小学生学习的数学都可以在生活中找到实际的素材,这就为将小学数学联系生活、变传统的书本数学为生活数学提供了必要的条件。在教学内容的呈现方式上注意以学生的已有经验为基础,提供熟悉的具体情境,帮助学生理解数学知识;从实际生活中寻找数学题材,运用数学解决实际生活中的问题,初步感受数学与日常生活的密切联系,体验运用数学的乐趣;注意选取富有儿童情趣的学习素材和活动内容,激发学生的学习兴趣,使他们获得愉悦的数学体验。

(二) 给予时间和机会

数学来自生活,又必须回归于生活,数学只有在生活中才能被赋予活力和灵性。学生的体验活动经验来源于对活动过程的思考,而思考是需要时间的。因此,不要急于下结论来判断学生会还是不会,特别是那些需要较深入理解和需要一定创造性能力的问题,应当多一点耐心、多一些等待。

(三) 尊重个体和差异

学生的个体差异是客观存在的事实,具体表现为观察能力、认知方式和思维策略的不同,以及认知水平和学习能力的差异。因此,在数学教学活动中,活动的设计应尽量满足多层次的需求,引导尽量多的学生参与,允许学生用自己的方式去解决问题,发表自己的看法。

教学活动是人与人之间的交往活动,行思数学教学追求唤醒学生的生命感、价值感及自我生长的力量,是教育应然的方向。教师应了解学生,知道学生喜欢什么,不喜欢什么。教师要很清楚哪些是学生已有的知识经验,并且能够清晰地判断如何将新的知识建立在其已有知识基础之上,以使学生有意识地扩展已有的知识,提出解决问题的策略,从而实现在已有经验的唤醒与重组过程中,让学生行有所依、思有所源。

第二节　探究活动的组织与开展

在探究活动的组织与开展过程中,让学生行有载体,思有支撑。课堂教学中要设计适合学生的活动载体，想方设法引导学生参与、经历学习的过程，让学生在“做数学”、实现数学“再创造”的过程中，不断地累积数学活动经验，确立和保证学生的主体地位，回归到人的全面的、整体的发展上来。

一、内涵解读

教学上并不讳言活动对学生具有生物学层面的意义，可以使学生身体得到自由和解放，产生愉快的情绪体验，进一步激发对活动的需要和兴趣。学生可以进行各种各样的探究、操作、体验活动，使学习具有主动探索的意义，学生亦因此可以了解知识获得过程，经历知识价值生成过程，从而主动建构自己的知识结构，而不是机械接受和记忆知识结论。在教学中，学生可以在主观上获得对活动的主体性体验，包括活动的自由自主感，对活动内容和方式的兴趣感，对活动对象的支配感等。在教学中，学生常常需要自主地思考和采取行动措施，独立面对新的环境和解决新的问题，学会与同伴合作相处。因此，活动教学对于学生动手操作能力、创造性思维能力、独立思考和解决问题能力、合作交往能力的养成和提高尤其具有特别的意义。在教学中，学生可以获得影响与控制环境的能力，从而建立起对自己的信心。学生在活动中可以自由表现自己，从中获得的成就感和自主感，可以满足自我实现的需要。多样的活动，多样的社会交往，使学生形成健康的个性，获得完美人格的发展。

学习重在积累，数学活动经验也是如此，它的形成是一系列有内在联系的数学活动累积的结果。前一次数学活动的过程和结果是后一次数学活动的经验基础，后一次的数学活动经验是前一次数学经验的巩固和发展，也是前一次数学活动经验的演变和升华。教师应当注重让学生亲身经历观察、描述、操作、猜想、实验、思考、推理、交流、应用的数学活动过程，让学生在“做数学”、实现数学“再创造”的过程中，不断地累积数学活动经验，丰富学生的感性认识。

人的素质是在活动中获得发展并最终形成的内在的、稳定的品质。从人的主体活动与人的素质生成的关系来看，人的素质的全面发展必须依靠人的全面而多样的活动，学生主体素质“只能在主体与客体的交互作用中建构，而相互作用的中介便是主体的活动，正是主体积极主动的活动推动着主体素质的形成”。传统的言传口授的方法只能教给学生有限的知识，形成素质的某一个方面，显然不能培养起学生的各种素质，学生身心素质的全面发展难以在单纯的知识教学中实现。因此，素质教育过程不同于以往的“唯认知教学”过程，它内在地要求学生改变被动活动的处境而成为学习的主体，同时重视学生的主动活动的独特价值，强调依靠学生积极主动的活动去推动学生自身素质的形成。可以这样认为，没有学生的积极主动的活动也就没有素质教育。可见，只有活动的教育价值真正为人们认识与重视，学生作为学习与发展主体的主体性才能受到重视，学生主体性的发展、素质教育理想和价值才能得以实现。

二、策略运用

在数学课堂中，教师经常会向学生抛出特定情境下的某些问题，让学生进行动手操作、自主探究、合作交流，从而获得融直接经验与间接经验为一体的数学活动经验。在探究活动中，学生往往会通过实验测量获得一些零散的直接经验，教师可以组织学生通过合作交流、说理总结等方式梳理知识体系。这类探究活动直接指向问题的解决而非获取第一手直观体验。学生不仅在活动中有体验，而且在活动前、活动中、活动后都经历着数学思考。由于学生对实验的结果充满渴望，因此在这类探索活动中，学生所积累的数学活动经验也因个体的强烈感受而充满了活力。不可否认的是，虽然在某些问题的解决中，某种经验本身就具有很好的指导作用和实用价值，但要使数学活动经验更长效地纳入学生的个体知识体系，还需要经历一个概念化和形式化的过程，这是经验与知识、技能、思想融合升华的必要途径。在课堂教学中，教师若能保证学生主体作用得到充分发挥，将会真正焕发出课堂教学的生命活力，最终会成为实现对传统课堂教学的变革、使素质教育落到实处的最佳途径。

(一) 数与代数

【教学片段】

(解决问题的策略——列举)

1. 周长相等，面积的变化规律。

教学例1：王大叔准备用18根1米长的栅栏，围一个长方形羊圈。有多少种不同的围法？

(1) 反馈，学生有序列表，并在不同长方形纸片下板书好面积。

(2) 观察规律：王大叔会选用哪种方法围长方形(一般选择面积最大的)？引出问题：用同样的18根栅栏，不同的围法围成的长方形面积居然不同，能发现这其中有什么规律吗？

(3) 根据学生交流，总结出规律。

根据学生叙述板书：长方形周长不变，长与宽的差越小，面积越大。

2. 面积相等，周长的变化规律。

教学例2：有20个1平方米的正方形塑料垫子，准备铺成长方形场地。请问：有多少种不同的铺法？它们的周长各是多少米？

(1) 审题。

① 课件出示塑料地垫，演示操作，摆长方形有几种摆法？不管怎样摆，什么不会变？(面积不变)

② 独立列表，在作业纸上完成后，交流反馈，说说列举方法。

③ 讨论周长的关系。

(2) 引导:观察这张表,这些长方形都有一个共同点,它们的面积都是 20 平方米,但它们的周长呢? 仔细观察,有什么发现?

(3) 揭示学生的发现:(板书)长方形面积不变,长与宽的差越大,周长越长。

3. 比较,归纳策略。

(1) 今天在解题过程中,我们有什么共同的方法? 用列举的方法要特别注意什么?

(2) 小结:应用列举法不但帮助我们解决了数学问题,在解决问题的过程中,我们还发现了长方形中存在的有趣现象。这个发现是不是一种规律呢(板书"规律")? 我们还可以利用列举法来验证。

【理性思考】

例题对于学生来说在理解上有一定的难度,为了让学生能更好地理解知识,教师进行了细致的教学设计和学生预设,在教学的过程中特别注重让学生参与到学习的过程中,通过有目的、有意识的操作活动,来加深对规律的认识和理解,让学生在探究活动的组织与开展过程中,行有载体,思有支撑。在此过程中,学生需要经历"实物操作—画图操作—列表操作—观察归纳"的学习过程,这一过程是由形象到抽象,由表象达内涵。

学生感悟了策略形成的思维过程,有了例题 1 的学习基础,例题 2 的教学相对来说难度降低不少。教师把学生的思维训练重点放在两个例题的比较上,通过比较,找出异同,从而归纳总结出一定的规律。在此过程中,学生思维上确实有一定的困难,但有了前面充分的实物感知和形象的操作体验,大部分学生还是能突破这一思维瓶颈,学生的思维得到进一步的发展和提高,对列举策略有了更深刻的认识。学生通过列举策略证明:周长一定时,长与宽的差越小,面积越大,长与宽相等即成正方形时,面积为最大;长方形面积不变,长与宽的差越大,周长越长。在这一操作过程中,教师引导学生积极思维,动手动脑,获得体验,使学生在自主探究、合作交流中主动获取新知。

(二) 图形与几何

【教学片段】

(认识面积单位)

师:我们先来学习一个面积单位,叫做平方厘米。什么是 1 平方厘米呢?

生:(通过看书)边长是 1 厘米的正方形,面积是 1 平方厘米。

师:(出示平方厘米的模型)请同学们仔细观察平方厘米这个面积单位,它是什么形状,有多大? 看清楚了就把眼睛闭起来,在脑子里回想 1 平方厘米的面积是多大的正方形? 在脑子里留下 1 平方厘米的样子,现在请把信封里的所有平面图形拿出来(课前发给一人一份),把 1 平方厘米从里面挑出来。

……

师:(故意)请大家用平方厘米测量一下课桌上表面(学生使用的是单人桌)的面积。(学生度量,面有难色)这样量,大家感到怎么样?

生：这样量太慢了。度量课桌上表面面积用平方厘米这个面积单位太小了。

师：那么怎么办呢？

生：我想有没有大一点的面积单位呢？

师：真会想问题！这大一点的面积单位，就请大家来创造一下，叫什么呢？

生：叫平方分米。

生：叫平方米。

师：能根据平方厘米的意义，想一想什么是1平方分米、什么是1平方米。

生：我想，边长是1厘米的正方形，面积是1平方厘米；边长是1分米的正方形，面积就是1平方分米；那么边长是1米的正方形，面积就是1平方米。

师：你们能用手比划一下1平方分米的面积大约有多大吗？1平方米呢？

（学生比划，教师出示平方分米和平方米的模型让学生观察、对照，直至形成清晰表象）

【理性思考】

我们以往比较关注学生对度量单位的有意义接受，即通过引入生活的情境感受度量单位的重要性及产生的基础；现在我们也在意学生能否自己主动创造一个新的度量单位。事实上二者同样重要，只是适宜于不同情况罢了。对小学生而言，面积概念相对抽象，倘若首次接触面积度量问题，要求学生自己创造出新的面积单位就有一定困难，且价值不大；通过引导学生观察模型、自学教材等方法进行有意义接受学习未尝不可，让学生行有载体，思有支撑。

教学平方厘米这一度量单位时，教师没有引导学生进行所谓的创造，而是引导学生通过看书、观察等活动进行学习，这恰恰是基于对学生认知起点的精准把握，也是教学有效性的体现。在学生掌握了平方厘米，且对什么是面积单位、面积单位通常可以用怎样的图形作表征熟悉后，再通过创设适宜情境，激发冲突，并自然而然通过类比迁移进行联想与创造，可谓恰到好处，既掌握了知识，又发展了思维，培养了学生的空间观念及创造能力。

能否准确建立度量单位的表象、进行合适选择，是学生数学测量基本活动中的重要经验。建立表象的关键是强化感知与体验。感知是体验的前提，体验是感知的深化。教学时应通过创设的多种活动，引导学生在“摸一摸、看一看、掂一掂、比一比、猜一猜、想一想、估一估”的过程中，调动各种感官，从各个角度丰富对度量单位的认识，从而形成鲜明的表象，促进学生对度量单位的理解与建构。

（三）统计与概率

【教学片段】

（认识统计）

师：生活中我们经常遇到“统计”的事例。比如，老师在每组的袋子里准备了各种图形，每组组长从袋子里摸出一个，说出它的名称，其他同学在本子上分别记录。（学生分

组进行活动）

师：谁来展示一下你记录的结果？（学生有的用画图形的方法记录，有的用画符号的方法记录）

师：你喜欢用什么方法？为什么？

生：我认为用“正”字比较好，这样一个“正”字表示的是5个，就不一个一个数了。

生：我认为用竖线表示比用符号表示简单快速。

生：竖线快，但是如果画多了，数的时候容易数乱了，还是用符号好一些。

生：我是用数字表示的。有一个就用1，再有一个就在后面写2，这样有几个就写几，最后的数就是这种图形的个数，这样我就不用数了。

生：老师，昨天我在家里预习，发现统计的时候应该把一类的东西记在一起，要不就太乱了。

师：同学们的方法很多，只要自己能够又快又准地记录统计的数量，就是一种好的方法。

【理性思考】

建构主义学习观认为，学生的学习是一个积极主动的建构过程，学生不是被动地接受外在信息，而是根据先前认知结构主动地、有选择地知觉外在信息，建构其意义。学生只有真正经历“发现并提出问题—收集并整理数据—分析数据—作出决策”统计的全过程，才能形成统计观念。为此，教师教学时必须有意识地设计一些统计活动，包含统计过程中的几个重要环节，鼓励学生积极投入统计活动的实际操作过程中，为学生提供独立思考和自主探索的时间和空间，让学生在独立探究的基础上加强与同伴的合作与交流，逐步掌握数据分析方法，形成数据分析观念。

积累探究经验不是通过简单的活动和思考就可以完成，它更强调的是一种真实的情境，对数学思想方法的学习和体验。因此，教师应精心创设问题情境，组织适度开放的探究性活动，启发学生拓宽思路，多方位、多角度地获取多样化的信息，积累丰富的探究经验。

学生通过实践总结出的方法，远远超过课本上出现的统计方法。学生通过自己亲自参加数学活动，感受了解决问题方法的多样化。其实，学生的数学能力和数学活动经验，确切地说不是在“学会”中形成的，而是在“会学”的基础上形成的。“学会”是学生侧重于接受知识、积累知识，以提高学生解决问题的能力。“会学”是学生侧重于掌握方法、主动探求知识，目的在于发现新知识、提出新问题、解决新问题。

探究经验的获得是一个不断猜想、验证和思辨的过程。为学生创设多样化的、开放性的探究情境，引领学生在广阔的数学背景下自由驰骋，学生所积累的探究经验将更科学、更丰富。

（四）综合与实践

【教学片段】

（有趣的拼搭）

（出示苏教版一年级上册《数学》教科书第28页“滚一滚”的画面）

师：画面上的小朋友正在做这个实验呢，他们是怎么做的呢？

师：是的，请每组同学像他们一样用小黑板做滑面，先自制一个小滑梯，把各种形状的积木拿好，可不是随便滚哦。把积木放在滑梯上方，松手后观察它们是怎样滑下来的，看看能发现什么。

（分小组进行实验活动）

师：谁来介绍一下你的发现。

生：我发现球和圆柱体滚得很快。

生：正方体和长方体的积木不容易滚。

生：球滚得最快，圆柱体也能滚下来，可是正方体和长方体滑了一下就不动了。

师：对，很多同学都发现了：球和圆柱体滚得快，而正方体和长方体则不容易滚。那么有什么办法让正方体和长方体也能从滑梯上很快滚下来呢？

生：我用劲推它们，正方体和长方体就滚下来了。

师：可以用外力推。

生：如果给正方体和长方体下面加一个圆柱，它们也应该能滚下来。

师：你真有办法，借用圆柱体帮助它滚下来，这就好像是——

生：是汽车，给车厢装一个轮子。

师：你想得真奇妙。

生：我可以抬高滑梯的一头，正方体和长方体滑得也很快。

师：刚才同学们给不容易滚的正方体和长方体想出了许多让它们也能滚得远的办法，你们真棒！谁再给我们总结一下，在同样的滑梯上这四种形体滚的情况。

生：正方体和长方体不容易滚，球和圆柱体容易滚。

师：大家同意他说的吗？（老师将圆柱体的底面放在滑梯上）

师：现在圆柱体怎么不滚了呢？

生：把圆柱的侧面放在滑梯上，它就可以滚。

师：为什么同样是圆柱体，把侧面放在滑梯上它滚得快，而把这个底面放在滑梯上它就不容易滚？小组内同学再滚一滚，想一想，议一议。

师：是的，圆柱体很特别，它的底面是平平的（用手摸一摸），它还有一个特殊的面（指侧面），摸一摸，有什么感觉？能给它起个名字吗？

师：我们同学起的名字都表达了同样的意思，这个面是弯曲的，可以叫它曲面。还有哪些形体也有这样的曲面？

生：球上面的面是曲面。

师：正方体和长方体上的面呢？

生：正方体和长方体上的面都是平面。

师：现在谁能解释，圆柱体为什么有时滚得快，有时不容易滚？

生：因为圆柱体上有平面也有弯面（曲面）。把平面放在滑梯上，它就不容易滚；把弯面放在滑梯上，它就滚得快。

【理性思考】

实验，是科学研究的基本方法之一。根据研究的目的，尽可能地排除外界的影响，突出主要因素，并利用一些专门的设备道具，人为地变革、控制或模拟研究对象，使某一些事物（或过程）发生或再现，从而去认识自然现象、自然性质、自然规律。教师要努力在教学过程中营造数学探究与发现的氛围，给学生充分动手、动口、动脑的时间和空间，促进学生积极思维，让学生适时适度地经历实验探究的过程，让学生行有载体，思有支撑。

在“滚一滚”的数学探究活动中，教师不能满足于只让学生发现“滚”的结果上的差异，更要引导学生透过这一现象发现其更深刻的数学本质即面的特征的不同。在这一教学片段中，教师抓住圆柱有时滚得快、有时却不易滚的实验现象，营造了良好的数学探究与发现的氛围，给学生充分动手、动口、动脑的时间和空间，促进学生积极思维，认识平面与曲面的不同特征。教师与学生共同经历实验探究的过程，组织、支持、质疑、促进，适时适度。

三、提炼反思

数学探究活动的设计要考虑到探究问题的适应性、知识的复杂程度、操作性、开放性、推广性，以及学生经历了怎样的过程等，是一项比较复杂的工作。为了在数学探究活动中更好地激发学生兴趣，积累数学基本猜想探究活动经验，教师应该注意以下问题。

（一）探究目的要明确

教师要根据教材的三维目标和重难点来研读教材，明确教材的设置意图。教师要充分考虑探究活动在这节课及这一章中的地位、目的和作用，且在学生动手之前，向学生具体说明。这样才能使探究活动有的放矢，避免其流于形式。设计探究活动时，应注意选择恰当的、引导性的问题情境。问题是思维的起点和源泉，学生的探究源于问题。恰当的、引导性的问题情境具有两个特点：一是处在学生思维发展水平的“最近发展区”，学生对其可望又可及，能刺激学生的学习欲望；二是具有一定的趣味，能充分引起学生的兴趣和好奇心。数学教学中要创设恰当的问题情境，促进学生积极主动地探求知识。

实施探究活动时，应适当采用辅助教具，增强直观性，将抽象问题直观化，适合小学生的心理特征，有利于问题的最终解决。数学探究活动的目的在于让学生通过亲身体验把知识变成头脑中的一套图式、一种体验和提供实践数学的机会。学生在操作过程中，体会到数学思考和创造的过程，提高学习兴趣和自主学习的能力，为学生的终身发展奠定一定的数学基础。教学实践证明，探究活动确实是让学生参与到了知识的发生发展过程，改善了学生的学习方式，同时，学生对在探究中习得的知识理解得更透彻，记忆得更牢固。因此，教师应根据教学内容和学生的实际情况，尽量让学生参与数学探究过程或让学生展示数学探究过程。

（二）探究活动要组织

我们鼓励学生积极主动地进行探究，允许学生自主选择、自我调节。然而，在实践中，有些教师往往穿新鞋走老路。比如，虽然提供了探究材料让学生进行活动，却主观地将学生划为不同的水平，指定某某在哪组，某某探究哪个水平的材料，或者名为指导实为干涉学生的自主探究活动，并规定了要如何操作等。作为教育者，教师应该转变教育观念，明确在探究过程中学习的主动权在学生手中，学生是在主动作用于材料中进行学习的，学生在摆弄材料的过程中不断进行探索，从而获得数学知识、经验和技能。不管做得对还是不对，都是学生主动操作的结果，在不断地尝试中，学生经历着从不会到会、从不对到对的一种主动建构数学概念的过程；而正是这个主动操作的过程，才真正促进了学生创造思维的发展，同时又提高了学生的探究能力。

（三）探究过程要指导

探究活动并不排除教师的指导帮助，那怎样指导才是恰当的呢？首先，教师应该明确自己的角色地位，明白自己是学生的支持者、合作者、引导者。其次，教师应该在以下情况进行指导：学生对探究材料的用法、要求与做法不明确、不明白时；学生的探究带有盲目性、随意性，与探究的要求脱节时；学生独立探究存在一定困难时。同时，教师的指导要注重学生学习的过程而不是片面追求学习的结果，是要尊重学生的探索，甚至尊重学生的“失误”，凡是学生自己可以探索的，教师应避免直接告诉学生，应鼓励学生自己发现错误和修正错误。在探究活动的组织与开展过程中，让学生行有载体，思有支撑。

根据马克思主义实践观，我们认为教学是一个认识和实践进程相统一的过程。在此过程中，学生不仅是认识人类已有的知识经验的主体，也是实践特别是自我实践的主体。因此，教学不仅要通过传授知识，使学生同化习得间接经验、占有人类正确的认识成果，还要有学生自主而独立的实践性活动，即要产生大量探索发现性活动，自主创造性活动，体验性、实践性活动等，获得有效的直接经验，以获得认识成果中所镌刻的认识能力、认识方式，凝结在其中的情感、理想、审美意识等。这是学生完整发展的两个不可或缺的方面，必须予以同等的重视，尤其在当前教学现实中，更应加强学生动手、操作等实践性活动的分量。

第三节　交流反思的引导与内化

在交流反思的引导与内化过程中，让学生行有参照，思有方向。学生在学习、模仿的同时，主动地对自己的学习过程进行反省，达到去伪存真、去粗取精、由表及里、由此及彼的目的，使已有的活动经验向着更优化的方向发展。

一、内涵解读

美国心理学家罗杰斯认为："成功的教学依赖于一种真诚的理解和信任的师生关系，依赖于一种和谐安全的心理氛围。"因而在数学教学中应创设一种有利于交往主体有效互动的课堂环境，营造一种利于学习主体反思的和谐的课堂心理氛围。美国数学教育家波利亚在谈论数学教学时认为，数学学习的最好的实践机会是由小组作业提供的，这里的"小组作业"实质上就是一种课堂教学中的交流模式，每个学生开始就知道自己要做什么，并能不断和教师及其他成员讨论和交流、反思，最终完善地给出问题的解答。它体现了以学生为主体、以学生发展为本的教育思想，给学生提供认识、思考、讨论、表达、提问、倾听、寻求帮助等多方位多层面的活动方式。

在课堂教学中，教师不仅仅要使学生掌握现成的书本知识，更重要的还要使学生学会自我更新知识，掌握学习的方法。解决这一问题的重要而有效的途径之一，就是引导学生进行"反思性数学学习"，通过"数学交流"能有效地促进"反思性数学学习"，在交流反思的引导与内化过程中，让学生行有参照，思有方向。学习主体充分表达自己的数学知识、数学情感以及数学问题的学习方式，是学习个性化的体现，也是学习数学的需要。它不仅可以提高教学效率，同时也可以通过"交流反思"所获得的知识与能力，对学生看待问题的角度、解决问题的方式产生深远的影响。

在教学中关注学生的主体性原则、整体性原则、渐进性原则。学生是学习的主人，所以在"交流反思的引导与内化"这一活动中，必须坚持学生学习活动的主体性原则，即让学生动脑去反思，动口、动手去交流，在数学学习活动中主动地获取知识，学会学习。同时，在进行教学过程中关注所有学生的参与程度，教师适时引导，防止小组讨论或个别发言被少数同学垄断，多数同学成看客。数学学习是一个循序渐进的过程，不可能一蹴而就，这是由数学本身的特点决定的。

课堂是点燃学生智慧的火把，而好的问题正是点燃火把的火种。恰到好处的提问，可以暴露学生认识中的矛盾，引起学生探究的欲望，激发学生积极思维，使学生情绪处于最佳状态。随着现代社会的发展和认知心理的深入研究，数学交流反思的价值得到人们的广泛认可。注重数学教学交流反思，已成为国际数学课程改革的特点之一。面对世界教育的潮流，教师也要把数学交流反思放在学生学习和发展的重要位置上。

二、策略运用

“亲其师而信其道”。轻松活泼的课堂气氛和民主平等的师生关系，是“数学交流”的基本保障。学习与教学中离不开讨论、交流、反思，数学学科也不例外。在数学课堂教学中，教师讲，学生听，这是交流；对于某一问题，师生讨论，学生之间的讨论，也是交流。在教学中，教师应树立正确的教学观念，构建合作平等的师生关系、生生关系，使学生充满自信，使课堂气氛活跃、和谐、愉快。教师要加强与学生的情感交流，特别是对于数学学习有困难、性格较为内向的学生，更应该鼓励和扶持，使他们鼓起勇气，树立信心。在讨论时，尽量让每一个学生发表自己的看法、提出修正意见。数学课堂应关注交流反思的引导与内化，创设积极互动的交流环境，选择有意义的交流主题，采取恰当的数学形式表示与表达，注重数学交流中的元认知等。课堂中的数学交流是在师生共同参与下完成的，因此，数学交流有效性的提升是教师与学生共同的目标和责任。

（一）数与代数

【教学片段】

（感知十万）

师：学校图书馆的书有很多，10 万本是多少呢？谁来说说看。

生：10 个一万，100 个一千，1 000 个一百……

课件演示：1 小盒订书钉有 1 000 个。

师：我们一起数数看 1 大盒装了几小盒呢？（课件动态演示，学生数）

生：1 大盒装了 10 小盒，也就是 1 大盒有 1 万个订书钉。

师：大家可以继续往下想：2 大盒有多少个订书钉？3 大盒呢？5 大盒、8 大盒、9 大盒、10 大盒呢？

学生跟随教师的提示，进行想象。课件动态演示 10 大盒订书钉叠在一起的情景。

师：谁能结合自己的生活经验来描述一下十万是多少？

生 1：我找到 1 张大的有 1 万字的报纸，10 张这样的报纸大约有 10 万字。（举起报纸，边比划边说）

生 2：我从网上了解到，人民大会堂能坐 1 万人，10 个人民大会堂能坐 10 万人。

师：同学们看看台下，估计一下，今天大约有多少位听课的老师？

师：据了解，这里大约有 500 位听课的老师，你看看，500 人坐在一起是怎样的一个场面。（学生站起来看台下）

师：你想要是 1 千人的话，应该比这个会场还怎样？闭上眼睛想象一下这样的场景。

师：那要是 10 万人的会场呢？

生：100 个 1 千人的会场才能是 10 万人会场。

师：大家可以闭上眼睛想象一下，10 万人的会场是怎样的一个场面，能用一个词来形容一下吗？

师：下面我们请出计数器帮忙，重新感受十万是怎样形成的。从一万起一万一万地数到十万。

学生操作计数器。

师生共同小结：10 个一万是十万。

【理性思考】

“心中悟出始知深”。在交流反思的引导与内化过程中，让学生行有参照，思有方向。学会运用数学的思维方式去观察、分析问题，体会数学与生活的联系。课中教师引导学生认识“十万”花费了不少工夫，层次分明，由知识经验的迁移类推到借助生活经验描述十万的多少，将学生经历数感培养的过程充分体现。在学生学习的过程中，激发学生各种思维的积极参与。如，闭上眼睛想、做动作比划等学生自然流露的方式，让学生经历有层次的数学学习过程，将数学体验真正积淀在学生头脑中。

“学”这一活动最好的方法就是“做”。学生应该牢固掌握数位、数级的划分和命名这些知识，但不能将现成的结论、方法直接告诉学生，而是给学生提供探索与交流的时间和空间，鼓励学生自己去发现、去体会，通过自己的独立思考和与同学的合作交流获取知识，达到对这些知识的认识和理解。从学生活动的整个过程中看出，每个学生都通过体验和参与去学习数学，感受、理解知识的产生发展过程，这培养了学生的创造精神、增强了学生的实践能力。

（二）图形与几何

【教学片段】

（观察物体）

1. 在自己座位上观察。

师：请大家仔细观察老师手中的小熊，你看到了它的什么？（学生根据要求认真观察，随后在组里展开交流）

生：我在小熊的前面，我看到了它的鼻子。

师：在小熊的前面，除了看到它的鼻子，还能看到什么？

生：我还能看到它的两只小眼睛、两只耳朵、可爱的小肚皮和它的两只脚。

师：这下，你观察的东西就全面了。而且你还注意了按照从上往下的顺序进行观察，是这样吗？（生：是）真好！

生：我坐在小熊的左边，看到了它的左鼻孔、左耳朵、左手、左腿。

……

师：同学们观察得真仔细，说得很准确。

2. 交换位置再观察。

师：刚才你们在自己的座位上观察了可爱的小熊，现在咱们换换位置再观察，好吗？小熊前面和后面的同学换位，左面和右面的同学换一换。不过，交换位置之前请同学们默默地猜一猜，交换以后你观察到的样子和刚才会一样吗？可能会是怎样的呢？

（学生静静地思考、想象，随后按要求换位观察）

师：坐在小熊前面和后面的同学，现在的位置看到的小熊和你刚才看到的一样吗？

生：不一样。前面能看到鼻子、眼睛，从后面看不到。

生：虽然都能看到耳朵，但前面看到的是耳朵正面，后面看到的是背面。

师：这和你一开始猜的一样吗？（生：一样）看来，从前面和后面看小熊是不一样的。那么从左边和右边看小熊一样吗？

生：是一样的，都能看到小鼻孔、一只耳朵、一只手和一条腿。

生：我反对！一开始我也以为一样，但仔细观察后，我发现不一样。从左边看，小熊的鼻子朝左边，从右边看，小熊的鼻子却朝右边。

（学生再次左右两边观察，并在组内讨论，最后达成共识：从小熊左、右两边看到的的确不一样）

师：的确，从小熊左边和右边观察到的样子很像，但是只要认真观察，我们还是能看出它们的区别。瞧，认真观察多重要呀！

3. 从前后左右观察小熊。

师：坐在自己的位置上只能看到小熊的一个面，要是每个人都想看到小熊的前后左右四个面，有什么好办法吗？

生：我们可以围着小熊转一圈呀。（边说边演示）

生：人走一圈太麻烦了，可以让小熊转一圈，这样我们在座位上不动也能看到它的前后左右。

师：是吗？能做给我们看看吗？（生演示小熊转一圈）

师：这个方法怎么样？

生：也很好。只是转得要慢一些，让我们每个人都看清楚。

师：看来，两种方法都不错。小组内商量一下，选择一种方法，在组长的带领下开始观察。

师：同学们从前后左右再次观察小熊，你们看到的一样吗？（生：不一样）为什么？

生：因为观察的角度不同，所以看到的就不一样了。

4. 给小熊拍照。

师：听课的老师也想看清楚小熊的四个面，我们用相机把它拍下来，给全体老师看。

（学生拍照。教师每出示一张照片，引导全体学生思考：这可能是谁拍的？为什么？）

生：这是我拍的，我站在小熊的前面。

生：我站在小熊的右边拍的。

师：为什么拍的都是小熊，拍出的小熊模样却不一样呢？

生：因为观察的角度不同，拍到的也就不一样了。

【理性思考】

数学课程标准指出，要让学生"能描述实物或几何图形的运动和变化，能采用适当的方式描述物体间的相互关系"。所以，教师要积极鼓励学生进行多层次的直观操作，然后从不同的角度观察物体，练习用语言来进行概括描述；要让学生有较多的机会去参与活动，能够从语言表达和听觉上感知空间观念，不断地丰富学生的空间经验，使空间观念得到形成和巩固。

观察物体这一部分内容看似简单，关键是如何实现从学生的生活经验向数学活动经验过渡。本课在教师精心组织、交流、引导下生发了许多新的要素，直观操作的策略得到了很好的体现与应用。首先是观察方法的引导，无序的观察无法提升学生的观察能力、获得基本数学观察的活动经验，更谈不上培养空间观念。教师在这里做了很好的引导，"仔细观察"，渗透观察方法与习惯的指导；"仔细观察"，尤其对学生中自然生成的"有序观察"给予充分肯定，潜藏的"细处理"恰恰是为了将来的"粗放手"。其次是多维度活动的整体推进。仅有观察是不够的，唯有将观察活动与想象、推理、表达、思考有机融合，学生的观察能力才能得以培养、数学基本活动经验才能得以有效生成。教师边引导学生观察，边引导学生"猜一猜""先想象一下"，进而思考"为什么……"等，或为学生观察前猜测、观察后验证，或为学生提示遇到矛盾冲突时再观察、调整自己的认识。丰富、多维度的活动交织在一起，学生各种感官协同作用，最终获得的是知识与能力，是正确的、全面的基本数学活动经验。

（三）统计与概率

【教学片段】

（"确定事件"和"不确定事件"）

师：同学们喜欢玩游戏吗？这节数学课，我们要玩很多游戏，希望大家要会听、会想和会玩，还要学会合作。

活动 1

师：老师为每个小组准备了三个透明箱子。1 号箱子里放了 3 个黄球，2 号箱子里放了 3 个白球，3 号箱子里放了 2 个白球和 1 个黄球。猜想：从 1 号箱子里摸出一个球，一定能摸出黄球吗？2 号箱子呢？3 号箱子呢？

待小组活动完毕，以小组为单位进行汇报。

师总结：1 号箱子里一定能摸出一个黄球，2 号箱子里摸出的球一定不是黄色的，3 号箱子里有可能摸出黄球。

活动 2

师：请各小组按下列要求进行验证猜想活动。

1. 各小组长用不透明纸蒙上箱子的号码，箱子号码背对同学，猜测箱子的号码，体验不确定性。

2. 用随机的办法确定三名学生分别在三个箱子里每人摸 6 次球，其余学生做好记录。

3. 根据各组学生试验结果验证猜想的正确性。（注意：在摸球之前要将箱子里的球摇匀并且每摸出一次球记录后还要把球再放回原箱子中）

（按组进行汇报）

A 组：第一个箱子因为全都是黄球，所以摸到黄球是必然的。（同时板书：肯定能）

引导学生归纳"必然事件"的定义：像这样，在一个全部是黄色球的箱子里摸球，事先就能肯定一定能摸到黄球的事情，我们称为必然事件。（板书：必然事件）

引导学生归纳出"不可能事件"和"不确定事件"的定义：事先能肯定一定不会发生的事情称为"不可能事件"，事先不能肯定会不会发生的事情称为"不确定事件"。

师：请同学们思考，必然事件和不可能事件之间有什么相同之处？

归纳总结：由于必然事件和不可能事件的结果都是事先能确定的，所以我们就把这两种事件称为"确定事件"。因此，我们针对一件即将发生的事情的可能性把事件分为"确定事件"和"不确定事件"，而确定事件又分为"必然事件"和"不可能事件"。（教师板书分类图）

【理性思考】

这个片段的整个教学思路与教材都有了明显的差异，这样开放的处理使学生始终处于探索过程，更能激发学生学习的积极性，学习效果必然更好。

让学生分组进行摸球活动，全体参与，每人都能体会到球是均匀的这一应有的价值。帮助学生在自主探索和合作交流的过程中，真正理解和掌握基本的数学知识与技能、数学思想和方法，在交流反思的引导与内化过程中，行有参照，思有方向。抽象概括是形成概念、得出规律的关键手段，也是建立数学模型最为重要的思维方法。学生学习数学，需要充分经历观察、思考、比较的过程，获取丰富的感性经验，再从许多数学事实或数学现象中舍去个别的、非本质的属性，抽象出共同的本质属性。学生在学习、模仿的同时，主动地对自己的学习过程进行反省，达到去伪存真、去粗取精、由表及里、由此及彼的目的，使已有的活动经验向着更优化的方向发展。

（四）综合与实践

【教学片段】

（田园风光）

1. 整体感知画面。

师：（出示田园风光图）这幅图展现的是什么地方的情景？画面中有哪些景物？画面可以分成哪几个场景？

生：（小组内讨论交流，代表汇报）有苹果园、养蜂场、养兔场、养猪场、耕地和学生过河六个场景。

师：大家看到图中的方向标了吗？根据方向标能说出六个场景的位置关系吗？

生：（先在小组内交流，再在班内汇报）

师：如果把田园分成两部分，请按自北向南的方向顺序，说一说田园的西半部分和东半部分各自的关系。

2. 分块解决问题。

（1）苹果园。

师：观察苹果园的画面和文字，了解到了什么信息？能解答小番茄提出的问题吗？

生：（各自列式解答，并说出解题的方法）

师：根据苹果园每行有8棵苹果树这一事实，还能提出什么问题？

生：（一人提问题，全班同学解答）

（2）养蜂场。

师：在离苹果园不远的地方，蜜蜂们正在不停地忙碌，从图上看到了什么？小蘑菇提出了什么问题？会解答吗？

生：（小组内发表看法）

师：根据图上看到的蜂箱，还能提出什么问题？

生：（提出问题，让同组的同学列式解答）

（3）养兔场。

师：美丽的田园里生活着很多可爱的兔子，从图上能看出养了哪些兔子吗？

生：（小组内合作交流，提出并解决问题，看哪一组提出并解决的问题多）

生：（小组代表在班内汇报提出的问题，其他组的同学回答如何解决）

（4）养猪场。

师：从养猪场的场景图中了解到哪些信息？能提出哪些问题？

生：（一人提问题，组内其他同学回答）

生：（小组代表说出本组计算的结果，指定其他组的同学说说是怎样计算的）

（5）耕地

师：观察耕地图，说说小蘑菇提出了什么问题。

生：（在小组内讨论这个问题如何解答。例如：耕1块地用了8分钟，耕7块地用了56分钟，56分钟不满1小时，所以1小时能把7块地耕完）

生汇报本组的解决方法。

（6）学生过河。

师：观察学生过河图，从图上看到了什么？在小组内交流。

师：他们会遇到什么问题？在小组内说一说要几次才能全部过河，要说出是怎样想的。

师：请说一说怎样乘坐小船最合适？请同学们各抒己见，也可以用画圈的方式来表示哦。

3. 总结。

师：大家还能提出其他的数学问题吗？可以联系学过的知识思考。

师：同学们在游览田园风光中，解决了很多的实际问题，以后只要留心观察，会发现生活中处处有数学。

【理性思考】

教师在教学中可以借助主题图或多媒体课件来创设生动有趣的教学情境，把抽象的数学知识与生活实际联系起来，让学生在交流的过程中行有参照，思有方向。主题图或多媒体课件上的信息在一定意义上是为学生思维提供线索的，有助于学生的交流反思，并促进内化。当学生汇报后，教师引导学生将收集的信息进行整理，找出要解决的问题。通过观察能为解决问题提供认知的基础，激发学生的求知欲望，唤醒学生的主体意识。

兴趣是最好的老师。学生只有对学习内容产生浓厚的兴趣，才能够积极主动地投入学习活动中。为此，在全课交流和讨论过程中创设游园的教学情境，可以吸引学生的注意力，引发学生强烈的求知欲和好奇心，从而培养学生从现实情境中发现并提出问题以及收集信息的意识和能力，体会数学与生活的密切联系，进一步获得一些基本的活动经验。

三、提炼反思

数学交流反思活动是一种能体现自我协调和同伴间优势互补的学习方式，能有效地培养学生的合作意识和创新精神。在交流反思活动中，须注意以下三个方面。

（一）创造价值情境

教师创造有价值的问题情境，增强合作交流的氛围，引导学生积极融入情境中，产生交流的欲望。实践证明，只有交流活动成为学生的一种内在需要时，学生才会产生强大的内驱力，才会乐意参与到交流活动中；也只有积极融入问题情境中，意识到解决问题的观点或方法，学生才能不断反思，产生想表达自己的观点又急于想知道别人看法的心理，产生乐于交流的情感体验。

（二）强调自主学习

有这样一个基本观点，只有开展扎实的自主学习，才能夯实合作交流反思的基础。数学交流反思离开了独立学习这个前提，就如同水上浮萍，落不到实处，小组的交流反思活动就会流于形式。《教学课程标准》教学建议中指出："要防止学生的合作流于形式，强调个人独立思考基础上的合作。"学生对数学材料进行独立思考后，才能在交流活动中有发现可交流、有问题可讨论，才能赋予交流活动充实的、有价值的内容。

（三）学习交流方法

学会合作交流的方法，才能获得数学交流活动的技能。学会倾听：在交流活动中要学会倾听别人的意见，能听出别人发言的要点，听的过程中要独立思考，听后能提出自己的见解。学会表达：清楚自己的观点和看法，能够有条理地表述自己的观点和看法。学会反思：正确对待不同的观点，会汲取他人的长处，会纠正他人的错误，会修正自己的观点。学会归纳：能归纳整理出有价值的、有代表性的见解。

（四）积极应用评价

运用中肯、积极的评价，让学生感受数学交流活动的成功感受。在交流活动的过程中适时地给学生以中肯、积极的评价，可以让学生对自己参与小组合作交流活动的学习情况产生理性的认识，而且能"增强学生参与合作交流活动的成功感，促进学生主动参与合作交流和乐于参与合作交流"。

每一个学生都是一个独特的个体，学生之间是有差异的。不同的学生有着不同的知识体验和生活积累，不同的学生有着不同的思维方式和解决问题的策略，即使是处于同一阶段的不同学生，在认知水平、认知风格和发展趋势上也存在着差异。正是这种差异性促使学生在观察、倾听、思考他人的数学活动中，在学习、模仿他人数学活动经验中，主动地对自己的数学活动经验进行反省，使得自己的活动经验去伪存真、去粗取精，由表及里、由此及彼，使自己的活动经验向着"更优化"的方向发展。在交流反思的引导与内化过程中，让学生行有参照，思有方向。

第四节　提升训练的预设与实施

在提升训练的预设与实施过程中，让学生行有质量，思有目标。当学生的数学活动经验累积到一定程度的时候，应当及时引导学生对自己的数学活动经验进行提升，为后续的学习发挥更大的作用。

一、内涵解读

"凡事预则立，不预则废。"课堂教学方案的预设是非常有必要的，提升训练的预设和实施更是有必要的，因为学校课堂教学是一个有目的、有计划的活动。《基础教育课程改革纲要（试行）》明确指出："课堂教学不应当是一个封闭系统，不应当拘泥于预先设定的固定不变的程序，预设的目标在实施过程中需要开放地纳入直接经验、弹性灵活的成分以及始料未成的体验，要鼓励师生互动中的即兴创造，超越目标预定的要求。"德国教育家克拉夫基认为："衡量一个教学计划是否具有教学论质量的标准，不是看实际进行的教学是否能尽可能地与计划一致，而是看这个计划是否能使教师在教学实施过程中采取教学论上可以论证的、灵活的行动，使学生创造性地进行学习，借以为发展他们的自觉能力做出贡献，即使是有限的贡献。”所以教学的预设不应是机械的、统一的，而应是有弹性的、多样的。课堂教学设计是课堂教学展开的前奏，教学设计准备过程是上好一堂课生成的起始环节，出色的教学设计是生成动态的课堂教学的前提条件。提升训练的预设与实施是具有弹性的教学设计与课堂教学。实际上，提升训练的弹性设计是融于一般的教学设计过程之中的，课堂教学的弹性实施是融于一般的常态教学过程中，并发挥着它们独特的作用，让学生行有质量，思有目标。

叶澜教授指出："在教学过程中强调课堂的动态生成，但并不主张教师和学生在课堂上信马由缰式地展开学习，而是要求教师有教学方案的设计，并在教学方案设计中预先为学生的主动参与留出时间和空间，从而使整个预设留有更大的包容度和自由度，为教学过程的动态生成创设条件。”教师对课堂中提升训练的预想和解决策略的把握，成了教师组织好课堂教学动态生成的重要条件。小学数学课堂提升训练设计需要关注多方面问题——学生的实际能力、知识情况、教学条件等，要认真分析教学中的难题，针对学生的弱点做相应的练习提升，分层处理，保证教法灵活多样，激发学生的学习兴趣，提升学生的参与兴趣，提升整体教学成效。在提升训练设计与实施过程中，可以通过多种不同形式的练习来训练学生对知识的运用力、理解力，提高学生知识吸收效果。在具体的操作上，需要充分地认识学生实际情况，掌握知识教学规律，提升课堂训练的有效性，将课堂练习落到实处。

数学课程标准明确教师要充分挖掘教材中习题编排的意图，选取典型的、颇有新意的练习，给予学生训练的机会，从而有利于学生的知识建构，有助于学生思维的发展，更能促进学生数学素养的稳步提升。“为学生学习提供规划是一件富有挑战的、有趣的和有意义的事情。”是的，课堂是一幅多姿多彩的画卷，教材文本、学生、教师，甚至是生活的影子都在画卷中，挖掘教材习题所蕴含的深意，以此改善训练的模式，让学思融合，练思融合，最终实现数学教学的新飞跃，让学生的成长充满活力。课堂教学是一个持续的、不断改进和提高的动态过程。因此，在提升训练教学设计上，不仅包括上课前的构思设想，而且也有在课堂上的不断生成、补充和完善。还有教学之后的自我反思、自我完善以及设计让学生反省。

二、策略运用

在思维操作活动中获得的经验即思维操作的经验，比如归纳的经验、类比的经验、证明的经验等等。就一个人的理性而言，思维过程也能积淀出一种经验，这种经验就属于思考的经验。一个数学活动经验相对丰富并且善于反思的学生，他的数学直觉必然会随着经验的积累而增强。从获得的经验类型来看，这类活动中获得的经验相对前两种更侧重策略和方法，也更为理性。由此可见，思考经验的获取是派生出思维模式和思维方法的重要渠道，这些成分为学生有效开展创新性活动奠定了基础。

（一）数与代数

【教学片段】

（用字母表示数量关系）

1. 猜一猜：老师今年多少岁了？（出示信息：老师比宁宁大 26 岁）

师：知道老师今年多少岁吗？怎样计算？下面请算一算，宁宁 9 岁、10 岁、11 岁……的时候，老师各是多少岁呢？（学生独立填写在表中，然后教师指导学生板书）

2. 师：你在写这么多式子时，有什么感受？（生：太麻烦了）这样的式子还能写下去吗？

3. 启发思考：能用一个式子把宁宁的岁数、老师的岁数以及两个人的岁数关系，既简单又明白地表示出来吗？

学生的表示方法可能有：

(1) 老师的年龄＝宁宁的年龄＋26 岁

(2) $a+26$（表示老师的年龄），其中，a 表示宁宁的年龄

4. 讨论字母的范围：这个 a 表示年龄时，可以是哪些具体的数？a 可以是 500 吗？看来，字母在不同的情况下表示数的范围是不一样的。

5. 代入求值：当宁宁 6 岁时，老师是多少岁？（适时指导书写格式）

板书：当 $a=6$ 时，$a+26=6+26=32$

师：当 $a=18$ 时，老师又是多少岁呢？

6. 深化认识：是不是一定要用 a 表示宁宁的年龄？还可以用什么字母来表示？换个角度想，如果用 n 表示老师的岁数，宁宁的岁数该怎样表示？

7. 小结：含有字母的式子可以表示数，还能表示数量间的关系。

【理性思考】

数学离不开符号，如各种数量关系、量的变化及量与量之间进行推导和演算，无不凭借符号（包括图形、图表等）进行，可以说数学是一个符号化的世界，在提升训练的预设与实施过程中，要让学生行有质量，思有目标。新的课程改革中，非常重视数学思想方法的渗透，而符号化的思想又是比较重要的一种思想，并且在用字母表示数、方程等教学中，符号化的思想渗透更显得尤为重要。

用字母表示数量关系是学生学习的难点之一。创设生活情境，以师生的年龄问题切入，引导学生经历"具体事物—个性化地用符号表示—学会数学化的表示"这一逐步符号化、形式化的过程，在交流、分享的过程中不断积累用字母表示数的经验。学生用自己的语言进行描述，在师生互动过程中运用符号将这个关系和规律表示出来，并且通过代入求值，在不确定中寻找确定性，体验用字母表示数的特点。

（二）图形与几何

【教学片段】

（轴对称图形）

1. 分一分、折一折。

（电脑出示：蜻蜓、菠萝、钥匙、茶壶、小熊、桃子、大众汽车标志、衣服图形）

师：这些图形中，哪些是轴对称图形？把它们拖到左边；哪些不是轴对称图形？把它们拖到右边。（请学生上来操作）

师：选择其中的个别图形，进行对折演示，巩固概念的理解。

2. 看一看、比一比。

师：其实，在我们以前学习过的平面图形中也有轴对称图形呢。同学们想一想：圆是不是轴对称图形？正方形呢？这里还有几个图形，请你们比一比。

（电脑出示：一般三角形和等边三角形，长方形和平行四边形。让学生用手势判断哪些是轴对称图形，是的打钩，不是的打叉。想象对折，得出结论：等边三角形是轴对称图形，一般三角形不是的。对平行四边形进行实践操作，对折研究，得出结论：长方形、正方形是轴对称图形，一般平行四边形不是轴对称图形）

3. 辨一辨、说一说。

（电脑出示其他国家的国旗，由学生判断其是否对称）

师总结：判断国旗是不是轴对称图形时，不仅要考虑形状，还要考虑图案。

4. 猜一猜、玩一玩。

（电脑出示图形的一部分，让学生猜是什么图形）

猜数字、猜字母、猜红绿灯标志、猜汉字、用剪刀剪纸、钉子板围。

师：前面同学们能猜对，都是建立在轴对称图形的基础上，如果不是轴对称图形，还能猜出来吗？

（电脑出示汉字“木”的一半）

师：能确定是什么字吗？为什么？

5. 想一想、做一做。

师：同学们，我们认识了这么多的轴对称图形，想不想自己做一个呢？老师给同学们准备了彩纸、格子纸、水彩笔、剪刀、钉子板，选择自己喜欢的材料，开动脑筋，做一个漂亮的轴对称图形出来。（电脑播放音乐）做好的同学，将成果展示到黑板上。

【理性思考】

“做”对称，“用”对称，深化体验，学生数学基本活动经验的获得，必须有思维活动或操作活动为载体。学生在学习了轴对称图形后，通过自己分一分、折一折、看一看、比一比、辨一辨、说一说、猜一猜、玩一玩、想一想、做一做等各种实践活动深入了解对称的含义，体验对称的本质，通过自己的经验和体验理解、顿悟新知识，建构起轴对称图形的模型,并利用这种模型去解决一些实际生活中的问题。通过小组合作解决各种常见图形是否是轴对称图形的问题,让学生明白三角形有的是轴对称图形,有的不是轴对称图形。此时,出示平行四边形,进行多次对折,然后发现一般平行四边形不是轴对称图形。在这一过程中,让学生知道对于难以判断的图形,可以进行操作验证,强化了学生在头脑中模型的形成,在提升训练的预设与实施过程中,让学生行有质量,思有目标。

(三) 统计与概率

【教学片段】

(生活中的平均数)

1. 选一选。

神舟六号发射成功,圆了我们国家在太空中遨游的梦想。为此,航天人付出了很多的心血。他们身上最勇敢、最能吃苦、最能奉献、最能攻关、最敬业的航天精神,值得全国人民学习。

(1) 让学生扮演科研顾问,选聘“神七”航天员。

(出示表格)

“神七”航天员候选人考核成绩统计表

	基础知识	实践技能	身体素质	心理素质
男 1	90	91	92	91
男 2	91	96	95	86
女	97	93	90	80

今天请你们当专家评委:选择一个人做宇航员,你欣赏谁? 如果选两人,你们想怎么选呢?(分组讨论,最后派一个代表说明意见)

(2) 刚才专家组的意见不一。有的是优势互补,有的是性别互补,有的是看平均分,有的是强强联手。说明平均数不是筛选的唯一条件,引导学生学会多角度全面地分析问题。

2. 试一试。

(1) 扮演大学毕业生,应聘公司职员。

(出示招聘启事)

招聘启事一

招聘单位:宏图外贸公司

招聘岗位:职员(外贸营销)

相关要求:本科以上学历,懂英语

待　　遇:人均年收入 90 000 元

招聘启事二

招聘单位:神州网络公司

招聘岗位:职员(网络设计)

相关要求:本科以上学历,懂英语

待　　遇:人均年收入 53 000 元

假如你是大学毕业生,你想到哪家公司应聘? 说说理由。

(2) 看一看,这两个公司职员收入的实际情况。(出示统计表)

职员工资实际分配情况一览表

宏图外贸公司		神州网络公司	
总经理	225 000 元	总经理	100 000 元
副经理	160 000 元	副经理	60 000 元
职员 1	25 000 元	职员 1	35 000 元
职员 2	20 000 元	职员 2	35 000 元
职员 3	20 000 元	职员 3	35 000 元
人均年收入	90 000 元	人均年收入	53 000 元

看到这张工资分配表后,有什么想法?

(3) 说明"平均数"不一定是实际数量,体会片面地看数据可能会产生误解,因为平均年收入并不是每个人的实际收入,所以我们看问题要看本质,而不要被一些现象所迷惑。

【理性思考】

随着时代的发展、社会的进步,数据在现代生活的各个领域中扮演着越来越重要的角色。玩游戏时需要数据,比赛时需要数据,选人时需要数据,找工作时也需要数据。而作为一个重要的参数——平均数,它的既有特征和独特功能也越来越受到人们的青睐:为了吸引人才,招聘人才现场会上玩起了平均数的噱头;为了使比赛更加公平、公正、客观,减少人为因素的干扰,需要采用特殊的方式(去掉最高分和最低分)求平均数。可以说,"平均数"就像一个神奇的多棱镜,将生活的七彩阳光折射在学生眼前。课堂上学生的心声就是学生生活的写照:"平均数,看似简单,其实并不简单!""平均数真是变化多端!""平均数在我们生活中应用得太多了,我们一定要学好它!""因为生活的多姿多彩,所以平均数也就多姿多彩!"

我们相信:一开始,平均数在学生心目中也就仅仅是一个数而已,和其他的数没有什么两样。可随着课堂学习的进行,随着一个个现实情境的出现,随着提升训练的预设与实施,学生惊叹了。就在这一浪高过一浪的"惊讶"声中,可以感受到学生行有质量,思有目标。学生对平均数的认识不断地深入与积淀,他们既有观念受到挑战,他们的思维定势受到冲击,他们在自觉地修正着原来的认识,思想也随之变得丰富起来。经历了这样一种学习过程,学生获得的不仅仅是一个数学符号,也是一种新的平均数运算方法。如果一堂课可以用一条河流来作比喻,那么它的无限风光,不在于笔直的河床,平静的流水,而在于河道的曲折不平,河水的激荡前行。

（四）综合与实践

【教学片段】

1. 奇妙的图形密铺。

师：学校要为多功能教室铺地砖，现在有如下形状的地砖（出示平行四边形、梯形、正三角形、圆、正五边形等图形），如果让你选择，想选择哪种？

2. 学生自主选择。

师：猜猜看，你选择的图形能密铺吗？

师：你决定用什么方法验证你的猜测呢？（生：用纸片代替地砖铺一铺）

师：动手操作一定是一个不错的方法。我们用这样的方法来验证，请同学们按下面的要求动手铺一铺。

3. 课件出示活动要求。

（1）互相协作，试着每人选择一种图形铺一铺。

（2）小组讨论：铺的过程中要注意什么？

（3）将铺的结果在小组里交流。

学生操作，在小组里讨论铺砖的注意点并交流验证结果。教师参与学生活动，并巡视每组的操作情况，最后选择一些学生作品通过实物投影展示。

提问：哪些图形能密铺？哪些图形不能密铺？

小结：梯形、正三角形、平行四边形能密铺，圆、正五边形不能密铺。为什么圆和正五边形不能密铺呢？这个内容以后将会学到，有兴趣的同学可以课后去查资料，自主探究。

【理性思考】

协作是要求在目标实施过程中，同学与同学之间的协调与配合。当学生明确要解决的目标问题后，给学生留出充足的空间和时间，让每个学生运用已有的知识经验动手操作，自主探索解决问题的途径、方法和策略，还可以通过小组内的共同探究和交流，形成初步的方案。在这个过程中，教师要参与到小组中去及时获取信息，适当加以引导和调控。当学生的数学活动经验累积到一定程度的时候，应当及时引导学生对自己的数学活动经验进行提升，使之条理化、清晰化、系统化，使之上升到方法的层面、策略的层面，完成从“量变”到“质变”，从“感性认识”向“理性认识”的飞跃过程，为后续的学习发挥更大的作用。

这部分教学内容是要求学生通过分工操作，探索并了解能够进行密铺的平面图形特点，知道有些平面图形可以密铺，有些则不能；有的还可以用两种平面图形进行密铺。从而在活动中进一步体会密铺的含义，更多地了解有关平面图形的特征。教师在教学中让学生以小组的形式尝试选择图形进行密铺操作，并要求学生事先讨论相关注意点，为接下来的动手操作做好充分的准备，让学生行有质量，思有目标。这样就能很好地引导学生体会具体操作实践的过程和方法，积累基本的活动经验，为学生课后查资料进一步研究留下了自主探索的空间。

三、提炼反思

作为一线教师，应该从生命的高度、用动态生成的观念重新认识数学课堂教学，对其进行多角度、多侧面的反思。

（一）正确认识预设与生成的关系

预设是教师在课前对教学进行的一系列设想性活动，生成是基于学生学习与发展的需要。在教学实践中恰当处理预设与生成，是师生在课堂教学过程中共同促成的。课堂教学是教师与学生共同的生命历程，课堂教学应当焕发生命的活力。叶澜教授指出："一个真正关注人的发展的教学设计，会为师生在教学过程中发挥创造性提供条件；会关注学生的个体差异(不仅是认知的)和为每个学生提供主动积极活动的保证；会促使课堂中多向、多种类型信息交流的产生和对及时反馈提出要求。"

（二）充分发挥主导和主体作用

课堂教学中的提升训练要充分发挥教师的主导作用和学生的主体作用。在实际的教学设计中，教师会根据以往的教学经验以及教师对学生的了解分析，预设一个教学方案，然而在教学实施过程时，教师充分发挥了主导作用，而学生并没有作为一个主体参与教学预设进程中。在提升训练教学过程中要重视学生在学习活动中的主体地位，教师特别关注学生的情绪和反应，鼓励学生大胆发言、勇于实验，说出自己的见解和想法，培养学生敢想、敢说、敢做的勇于探索的精神，挖掘出学生解决问题的潜力。

（三）善于分析不确定性和不可预测性

教师在充分预设的基础上，对课堂上出现的各种情况认真思考，并与备课时预料到的情况进行比较。如果出现预料之中的情况，则按预先设计的对策实施教学；如果出现预料之外的情况，要思考和判断是否有助于学生素质的培养，如有助于学生素质的发展和提高，教师就要及时组织学生对生成的问题进行研讨，生发更为丰富、综合、完善的新认识。在这种情况下，教师所需要的教学知识产生于处理不确定性和不可预测性的情境过程本身，以及相应的"行动中的反思"。这对教师而言是一个逐渐积累和发展的过程，从某种程度上说，这是一个长期的、复杂的过程，是实践智慧的体现。这就要求教师不仅要向教育专家、学科专家和同事学习，更要学会向自己学习、向自己的教学学习。

（四）及时提升感性认识和理性认识

学生的数学活动经验，往往带有个人体验性的特征，它常常处于一种说不清、道不明的状态，处在一种低水平的层面。因此，当学生的数学活动经验累积到一定程度的时候，教师就应当注意及时地引导学生对自己的数学活动经验进行提升，使之条理化、清晰化、系统化，使之上升到方法的层面、策略的层面，成为共性化的东西，完成从量变到质变，从感性认识向理性认识的飞跃过程，从而更好地用来开展数学学习活动。

第五节 综合运用的建构与迁移

在综合运用的建构与迁移过程中，让学生行有效度，思有深度。学生总是带着自己原有的知识背景、活动经验和理解走进学习活动，并通过独立思考、与同学交流和反思等活动，主动构建对数学的理解，并从中积累新的数学经验。通过综合应用，学生的数学活动经验不仅得到了巩固和发展，更得到了提炼和升华，实现了从实践中来再到实践中去的良性循环。

一、内涵解读

随着知识更新周期的缩短以及知识含量的不断增加，学习者必须进行更有效、高水平的学习，才能适应复杂多变的时代环境，知识的高效获取与应用也就变得尤为重要。学习者的学习包括获取知识、行为方式和技能等，也包括将所习得的知识、行为方式和技能等应用于问题情境及问题解决中，这个过程就是知识的建构和迁移。知识建构是建构主义学习理论中的一个核心术语。加拿大玛琳·斯卡德玛丽亚与卡尔·波里特将知识建构界定为对有价值的思想的产生和不断改进的过程。知识迁移是已有的知识技能对学习新知识新技能的影响，实际上是“一种学习对另一种学习的影响”。学习都是在学习者已有的知识经验、认知结构，已习得的动作技能等基础上进行的，这种原有的知识结构对新学习的影响促成了知识迁移。通过知识迁移，学习者可以充分利用已有知识，在新知识的学习中举一反三，触类旁通，以产生正迁移。

综合运用能力的发展，为学习者获取、建构和迁移知识创造了良好的条件。哲学家波普尔曾说过：“思维活动是从各种问题开始，科学家探索的逻辑起点应该是问题。”现代心理学建构主义学习观也认为，学习是学习者以自己的方式主动地建构内部心理表征的过程，故强调学习的主动性、社会性和情境性。既强调从情境中去发现数学问题、提出数学问题，又重视自主探索分析、解决数学问题，并在解决问题中去发现新的问题。创新教育理论认为学数学就是要有数学的创新观念，养成数学的创新意识与能力，掌握数学的创新知识与技能。从这个角度来讲，学数学也就是要学如何发现、提出、分析与解决数学问题。

随着素质教育的不断深入，教师在数学教学中应注意学生综合运用能力的培养，促使学生提高分析问题和解决问题的能力。为提高学生的数学综合运用能力，教师应引导学生充分发挥其主体作用，促使学生积极参与知识探索和数学推理的过程，使学生的数学思维向深度与广度发展，从而有效地提高学生的数学学习能力。在当前素质教育的不断改革中，在综合运用的建构与迁移过程中，让学生行有效度，思有深度。确立学生的课堂主导地位，使学生自主地参与到数学教学中，激发学生的求知欲和积极性，从而培养学生的数学综合能力，提高学生的学习效率与质量。

在社会科学技术飞速发展的今天，数学教学需要培养综合运用能力较强的学生。在教学中具体要求：要培养学生解决数学问题的能力，包括自主学习能力、思考能力、合作意识等，以更好地为学生的全面发展奠定基础。开展综合运用的建构与迁移的研究，能很好地沟通现实生活中的数学与书本知识的联系，使得数学知识内容能以综合的形式出现，使发展学生的综合应用知识能力成为必需的学习内容，使传统的数学课堂发生改变，也使新的数学课程具有一定的弹性和开放性。

二、策略运用

现实中，许多数学活动都会要求学生有多种经验参与其中，不仅有操作的经验、探究的经验，也有思考的经验，更需要有应用的意识。对大多数学生来说，总是先进行思维上的深思熟虑而后再进行作图设计，最后实践操作。因此，应用的意识是充分建立在学生思考经验和操作经验的基础上。正如西南大学朱德全教授所指出的："应用意识的生成便是知识经验形成的标志。"应用意识需要教师在教学过程中更多加以关注，帮助学生发展。

（一）数与代数

【教学片段】

（异分母分数加减法）

1. 尝试练习$\frac{1}{4}+\frac{1}{2}$。

（1）学生尝试练习，试用学过的知识来解答，教师巡视。

（2）学生经过认真思考、自主探索、小组交流后，展示不同的算法，判别正误。

学生可能出现的算法有：

a. $\frac{1}{4}+\frac{1}{2}=\frac{1}{6}$　b. $\frac{1}{4}+\frac{1}{2}=0.25+0.5=0.75$　c. $\frac{1}{4}+\frac{1}{2}=\frac{3}{4}$……

根据学生可能出现的几种算法，随机渗透转化的思想、估算的思想。

2. 自主探索异分母加法的计算方法。

（1）指导学生分组操作。先用一张长方形的纸折一折，再涂一涂，分别表示出$\frac{1}{4}$和$\frac{1}{2}$，学生分组操作，教师巡视。

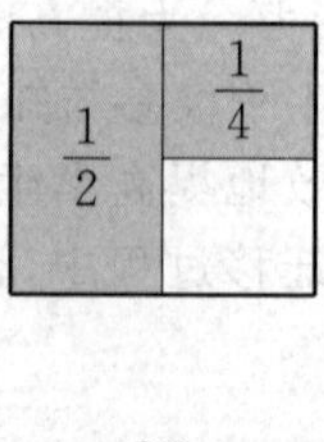

(2) 根据操作的情况交流。$\frac{1}{4}$加$\frac{1}{2}$的和是多少？你是怎样看出$\frac{1}{4}$加$\frac{1}{2}$的得数是$\frac{3}{4}$的？把涂色部分看作$\frac{3}{4}$时，原来的$\frac{1}{2}$被看作了几分之几？

(3) 探索计算的过程。讨论为什么要把$\frac{1}{2}$变成$\frac{2}{4}$。理解先通分，再计算的道理。分母不同，就是分数单位不同，不能直接相加。使两个加数的分母相同，就是分数的单位相同，所以能相加。

(4) 明确计算$\frac{1}{4}+\frac{1}{2}$的方法。先把$\frac{1}{4}$和$\frac{1}{2}$通分，把它们转化成同分母分数相加。

利用折一折、涂一涂，有效地帮助学生探究新知，在交流和讨论的过程中，引导学生进行算法的探索，有助于学生知识的内化。

【理性思考】

教师通过问题的设置，引发学生思考异分母分数加减法怎样计算。学生通过折纸、画图、数形结合、转化等不同的思维方式，培养解决问题的策略，行有效度，思有深度。教师有意识的提问“你能用学过的知识解决吗”，显然是在提醒学生用已学过的知识来解决生疏的问题，暗示用迁移法可以解决异分母分数相加的计算问题。教师在传授知识的同时，也要有意识、有目的地挖掘出隐含在基础知识中的数学思想，引导学生积极参与概念的形成过程、结论的探索发现和推导过程、问题的探究解决过程，从知识的发生过程中领悟、体验数学思想的方法。只有用数学思想武装起来、具有良好思维品质的学生，才能在解决问题时有远见、有洞察力，才能游刃有余地进行知识迁移。

总之，培养学生的迁移类推能力，可使学生更容易地掌握新知识。教师在教学中要充分利用新旧知识的内在联系，培养学生的迁移能力，提高课堂教学效果。

(二) 图形与几何

【教学片段】

(确定位置)

师：同学们，你们了解班级同学的座位分布吗？

生：我们天天在一起，自然是很熟悉了。

师：老师有一朵小红花，大家闭上眼睛，老师把它悄悄放在某位同学身边，如果只让你提出跟位置相关的问题，你能找出小红花在谁那里吗？看谁提的问题简单、明了。

生：你告诉我他在第几组、第几排，在左边还是右边就可以了。

师：你问了三个小问题，是可以找到小红花的位置的，不过提的问题还可以再少一些吗？

生：(学生沉默片刻)他在第几排、第几列呢？

师：你提了两个问题，很好！这样也可以找到小红花的位置了。

师:问题的个数还可以更少一些吗?

生:(思考片刻)如果只问哪一组、哪一排或哪一列都会有很多同学符合条件,所以至少需要两个条件才可以。

师:对,至少需要知道两个条件,就是第几列、第几排才行。好,下面我公布藏小红花同学的位置是(4,3)(板书),谁来说说他是谁?

生:老师,这里的4和3分别表示什么意思呢?

师:这个问题问得很好。下面请同学们自学课本解决这个问题,然后向大家汇报。(学生进行自学相关知识)

生:我知道了,这位同学是第4列、第3排的同学。

师:同学们学得真认真!像这样(4,3)的两个数,成对出现的,用来表示某一位置的一对数,在数学上有个好听的名字叫作数对。

【理性思考】

培养学生的空间想象能力,不仅仅是小学数学教学的重要内容,更是智力开发的一个重要方面,是学生理解数学知识、掌握图形特征、确定位置、提高实际应用能力不可忽视的素质。另外,引导学生体验图形及位置关系对数学学习有很大的推动作用。在图形与位置教学中,引导学生用心去体验,开展有效的操作活动。一方面可以让学生的各种感官尽情参与其中,从多方面、多角度观察、认识事物,从而在头脑中建立起准确、丰富的表象;另一方面,是让学生在体验知识形成的过程中,发展空间想象能力,在操作活动中建立空间与位置观念,并可以有效地培养学生的数学思维能力。

数学课的设计应突显数学内涵的本质思考,注重让学生体验知识产生的过程,力求促进学生对数学的本质认识。以上环节中,通过巧妙的设计,让学生充分经历并体验到知识创造的过程,在体验中激活思维、渗透思想,实现主体的感悟内化。玩是孩子的天性。教师通过藏小红花、确定小红花位置的活动,充分调动了学生的积极性。游戏的设计层次分明,将学生巧妙引入本课的学习内容中,让学生在愉悦的氛围中,逐步探索确定位置的方法,学生还自己尝试用简单明了的方法确定位置,这就给了学生一定的探索空间,并且经历了知识从无到有、从个性化的繁杂到规范化的统一的形成过程。在此过程中,学生不仅感受到了数学的简洁性,体验到数对产生的过程,还认识到数学概念产生的本质,提升了思考研究的内在意趣。

(三)统计与概率

【教学片段】

(可能性)

师:今天大家掌握了一个新本领,不仅会计算可能性的大小,还能根据需要设计合适的球袋。在我们的生活中,经常需要知道可能性的大小,大家想一想,生活中有哪些事情需要考虑到可能性的大小?

生：摸奖，修路时要考虑道路发生交通事故的可能性，摇奖，预测足球赛的输赢，预测明天下雨的可能性，买股票、赛马等等。

师：真是太多了，提到摸奖不少人都会热血沸腾，你们摸过吗？

师：老师今天就和大家一起到体育彩票摸奖的现场。（媒体出示）

师：看看现场的这个气势，有点激动了吧！人山人海，谁在那个现场都想上去摸一回，老师也有点激动了。

师：我从这次摸奖的主办者那了解到了这样一些信息。（出示题目）

师：这一次分了A、B两组，都是2元钱摸一次。你会建议大家到哪一组摸呢？请各组合作。（出示小组合作要求）

	A组		B组	
一等奖：	50000元	1名	500元	100名
二等奖：	1000元	10名	50元	500名
三等奖：	50元	500名	5元	5000名
四等奖：	2元	1000名	2元	10000名

（本次活动10万张体育彩票为一组）

师：通过算一算、比一比、想一想来选择A或B组，汇报结果用数据说话。

师：哪个组先来说一说？先说你们选择的是哪一组，再说说理由。

生：我愿意参加B组摸奖，因为B组的中奖可能性大。

生：我也愿意参加B组摸奖，因为B组的中奖可能性大。

生：我愿意参加A组摸奖，因为A组摸到奖后的奖金高。

师：其实这两种摸奖方式各有好处，中奖了，大家为你高兴，没中，就当作为国家体育事业做点贡献。

师：同学们这都是在纸上谈兵，没意思！你们想不想真来摸一次，也带着奖品回家？老师这里还真为同学们准备了不少奖品。（出示奖品）

师：听好了，这个袋子里放着10个红球，这个袋子里放着20个白球，我们现在将30个球一起放在这个大袋子里，摸到红球的为中奖。（出示场景）奖品就不用说了。

师：我们这里摸奖是免费的，可也和《开心辞典》一样，需要你的智慧和勇气，要回答出老师考你的问题。同学们敢不敢试一试？

（安排一个学生分奖品，还有一个学生拿摸出来的球）

师：现在你中奖的可能性是多少？（不停地变化）

【理性思考】

综合运用构思新颖、巧妙，让学生在游戏中体验一些简单事件发生的可能性，并根据指定可能性的要求设计方案。整个过程环环紧扣，一层一层深入地解决问题，一次又一次将课堂气氛推向高潮；学生全身心地投入游戏中，再次充分体验事件发生的随机性与等可能性。摸奖结束后，突破时空的限制，让学生预测继续摸奖获胜的情况，让学生深刻感悟到：事件发生是等可能性的，游戏就是公平的。这也对全课作了一个总结，起到了画龙点睛的作用。“用所学到的知识去观察生活中的游戏”，引导学生用数学知识去解释生活现象，使课堂延伸到社会，很好地沟通了数学和生活的联系。

本环节的设计在对所学知识综合运用的建构与迁移过程中，让学生行有效度，思有深度，着眼长远，立足使学生终身受益。在数学学习过程中，时刻引导学生检查自己的思维活动，反思自己是怎样发现、解决问题的，运用了哪些基本的思考方法、技能、技巧，有什么好的经验……促使学生对数学的理解从量的积累到质的飞跃，这种经历生成的思想经验才是最具价值的，它对于良好人格的塑造具有不可替代的作用。

(四) 综合与实践

【教学片段】

（算 24 点）

1. 新手上路。

(1) 找一找。

① 找出两张牌算出 24。

② 再添一张牌算出 24。

(2) 试一试。

给出三张牌算 24。

(3) 小结算“24 点”的基本方法：根据三张牌上的数，从中选出两数进行第一次运算，把第一次算得的结果和另一个数进行第二次运算，使算出得数为 24。

(4) 学生交流算“24 点”的基本技巧。

2. 能手展示。

(1) 活动一。

① 学生自己选出三张牌，算出 24。

② 同桌互算。

③ 小组交流。

（通过活动让学生感受三张牌算 24 的一些方法。同时渗透已知三张牌算 24 时有时会有多种计算方法，培养学生学习数学的兴趣）

(2) 活动二。

① 学生从自己桌上的牌中任意抽取三张，看能不能算出 24。

② 同桌合作。

③ 汇报交流。

（通过活动让学生体会到从一些牌中任意抽三张，有时候不能算出 24）

3. 高手擂台。

(1) 尝试四张牌算24。

(2) 分组活动。

① 必答题:每个队通过抽签选一个题号,并解决对应的四个数算“24点”的题目。

② 抢答题:在规定时间内用四个数算24点,鼓励多种方法。

③ 选答题:题目分为一星题和二星题各三题,让各组自由选择,答对奖励,答错倒扣。

(3) 活动小结。

4. 终极对抗。

(1) 视频播放:四人算“24点”的游戏场景。(让学生感知游戏方法)

(2) 分组游戏:四人一小组,评选出每组的“神算子”。

(3) 学生介绍算24点的经验。

(4) 活动小结。

【理性思考】

数学游戏,是指将存在于数学中的问题以游戏形式开展的一种教学手段。它能有效地解决教学的重难点,促进学生的数学思考,提升学生的情感态度,是学生尤其是低年级学生喜闻乐见的活动形式。教学应根据学生的年龄特征,穿插一些有趣的数学小游戏、方位操等,既能增强数学的趣味性,又能使学生在游戏中练习、思辨,让学生在综合运用的建构与迁移过程中,行有效度,思有深度,使课堂充满生机和活力。

本节课是在学生学完乘法口诀后安排的一个实践活动。主要目标是为使学生进一步提高口算能力;掌握算24点的基本方法;知道不同的牌可以算成24,相同的牌有不同的算法;增强学习数学的兴趣,进一步培养合作意识和探索能力。根据以上教学目标,教师在探究活动设计时,首先让学生感知两个数相乘可以得到24,同样两个数相加、相减也可以得到24;以此为铺垫,再让学生从两张扑克牌算24点开始,让学生在算的过程中自主探究出算24点的规律和诀窍,从而为下面的用三张、四张牌算24点打下坚实的基础。

在整个教学过程中,本着以游戏活动为载体的理念,设计了多次小组合作探究活动,让学生在领会游戏要求的情况下进行小组合作,在合作中交流、分享,相互补充、吸收,逐步增强合作的意识。“新手上路”“能手展示”“高手擂台”“终极对抗”四个游戏环节设计精巧,层次清晰,对学生具有较强的吸引力,让学生在竞争中都有收获,都能体会到成功的喜悦。

三、提炼反思

信息社会需要创新型人才,即具有创新精神和实践能力的人才。培养和发展学生的思维能力是数学教学的核心，现在的教学更注重学生综合运用素质的发展，在教学掌握基础知识的同时，更应注重对学生综合能力的培养和提高。

（一）建构综合化

数学教学与学生能力的培养密切相关，只要教师不懈努力，认真研究，总结经验，对学生进行有指导性的练习，引导学生在学习过程中不断总结自己的学习经验、方法、习惯，师生共同配合，就可使学生的综合运用能力有效提高，从而达到事半功倍的效果。在小学数学教学中，可以利用数学学科的教学特点，很好地培养学生的创新精神，并且让学生利用创新精神，提高自己的数学学习能力，提高教学效率和教学质量。

（二）迁移儿童化

数学是根据某些假设，用逻辑思维的推理得到结论，它体现客观存在，又具有高度的抽象性、精确性、严密性和逻辑性。为了在综合运用的建构与迁移过程中，让学生行有效度，思有深度，课堂教学是培养创新能力的主要渠道，从一年级一开始就要有意识地培养学生的思维能力，努力做到以下几点。

指导观察。观察是信息输入的通道，是思维探索的大门，敏锐的观察力是创造思维的起步器。要指导学生多渠道、多角度、多种实物或事例进行分析、比较，找出它们的共同点，揭示其本质特点，做出正确的思路、判断、推理，从而形成正确的概念。

引导想象。在教学中要培养学生的丰富想象力，要引导学生善于发现问题，大胆想象，唤起创新的欲望，激发创新的积极性。好奇是儿童的天性，是思维的源泉，是创新的动力；因为好奇，学生就有了创新的愿望，努力去揭开神秘面纱，这种欲望是求知行为在学生心灵中点燃的思维火花，锻炼数学思维的机会。

鼓励求异。求异思维是创造思维发展的基础，是从不同角度、不同方向，去想别人所想不到，去找别人没有找到的方法和窍门。课堂教学要鼓励学生大胆尝试，勇于求异，充分鼓励学生发现问题，提出问题，讨论问题，解决问题，通过质疑，激发学生的创新欲望、创新思维、创新能力。

（三）数学生活化

数学源于生活，寓于生活，用于生活，数学课程标准也十分强调数学教学必须注意从学生熟悉的生活情境和感兴趣的事物出发，使学生有更多的机会从周围熟悉的事物中学习数学，理解数学，让学生感受到数学就在他们的周围。因此，教师要善于从学生已有的生活经验出发，创设感悟与有趣的教学情境，强化学生的感性认识，丰富学生的学习过程，引导学生在情境中观察、操作、交流，使学生感受到数学与日常生活的密切联系，感受数学在生活中的作用，加深对数学的理解，提升学生的数学活动经验。

（四）运用经验化

德国哲学家康德说：“我们的一切知识都是从经验开始的，它们却并不因此就都是从经验中发源的。”思维活动的外部材料越丰富、全面、贴近学生的经验基础，学生的认知活动、思维过程就越是顺畅、深刻和全面。学生数学活动经验的积累，并非单纯地为了积累而积累，更多的是着眼于学生的未来发展。因此运用应是学生数学活动经验的一大特色。学生总是带着自己原有的知识背景、活动经验和理解走进学习活动，并通过自己的主动活动，包括独立思考、与他人交流和反思等，去构建对数学的理解，并从中累积起新的数学经验。在运用过程中，学生的数学活动经验不仅得到了巩固和发展，更得到了提炼和升华，实现了从实践中来再到实践中去的良性循环。在综合运用的建构与迁移过程中，让学生行有效度，思有深度。

第四章　行思数学教学的课型

“小学行思数学课堂教学模式的研究”是江苏省教育科学规划办公室立项课题《小学“行思数学”课程的实践与研究》(R－c/2015/06)的子课题。苏教版教材将小学数学课堂分为以下五种类型:新知探究课、思维训练课、整理复习课、评价反思课、实践应用课。从这五种课型的角度,具体地实践、思考、建构行思数学的课堂教学模式。通过教学实践研究,进行“行思数学”课堂教学模式的探索,创建小学行思数学“学思行”课堂教学模式。

第一节　新知探究课

新知探究课就是探索新内容、新知识、新专题的课,是基本课型之一。根据加涅的“智慧技能”分类标准,新知探究课可以分为概念学习、规则学习和解决问题这三种不同的课型。通过实践,形成以行助思促概念形成、以行助思促规则习得、以行助思促策略获得为目标,初步形成如图所示的主要教学流程。

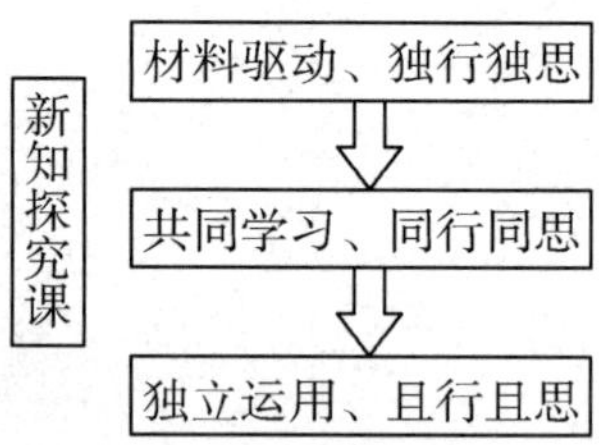

案例 1.《11～20 各数的认识》教学设计①

【教学内容】苏教版《数学》一年级上册第 82～83 页。

【教学目标】

1. 能正确地数出 11～20 各数,认识 11～20 各数并能正确读数;掌握 20 以内数的顺序;初步体会 11～20 各数的组成。

---

① 此案例由盐城市第一小学教育集团朱双芹老师设计。

2. 通过生活化的实例认识计数单位“十”，初步了解十进制，体会数与生活的联系，产生学习数学的兴趣。

3. 参与实践过程，行思结合，在活动中获得成功的体验；培养初步的数感。

【教学重点】认识计数单位“十”，初步体会引进十进制的必要性。

【教学难点】理解11～20各数的组成。

【教学准备】

1. 课前把全班学生合理分组，并明确分工，强调合作。

2. 以小组为单位，每个组准备若干根小棒和捆小棒的皮筋。

3. 每人准备一把直尺。

【教学过程】

课前，播放歌曲《数鸭子》。

一、创设情境，导入问题

1. 谈话：同学们，我们已经认识了0～10，今天我们一起复习一下。请同学们从0数到10。（学生数数）

提问：刚才的这些数中，哪个数最大？生齐答：10。

教师追问：你能说出一个比10更大的数吗？指名回答。

根据学生回答，揭题：说得真好！这些数都比10大。今天我们重点来认识11～20（教师板书：11～20各数的认识）

2. 玩游戏，激发兴趣。

师：下面，我们先来玩一个游戏，游戏的名字叫魔力眼。我们先来看一下游戏规则。

游戏规则：大屏幕出示小棒，请你快速地说出小棒的根数。

师：比一比，谁能一下子就看出小棒的根数。

出示：分别出示1根、3根、2根、1捆、4根和10根小棒。

当出示10根小棒时，学生不能一下子看出是10根，教师引导学生一起来数一数。

提问：同样是10根小棒，捆成一捆的时候，同学们能一下子看出是10根，但是像这样散着放的时候，我们能不能一下子看出是10根？生：不能。

3. 小结：所以在数学上为了方便数数，我们就约定：数出10根小棒，就把它们捆成一捆。

设计意图　创设多样的情境，让学生唱儿歌，复习0～10；在游戏“魔力眼”中要使数数方便，激发把一捆小棒计作10根的实际需要，导入新知。

二、以行助思，自主探究

1. 学生操作：数出10根小棒，捆成1捆。

提问：你想不想也来数一数、捆一捆？

师：请每个同学从小组的小篮子里数出10根小棒，拿在手里。

师：数好了吗？

生：数好了。

教师示范：请同学们先看我捆。拿出一根皮筋，把它撑开，从上面套上去，拉住，转一下，再套上去。

让学生数出10根小棒，捆成1捆。

师：如果有困难的，可以同桌互相帮帮忙。开始！

师提问：你的这一捆是几根？（指名回答）

师：对呀！不用再数了，每一捆都有10根，可以把这1捆看作1个十。

师：现在把你的1个十举起来给老师看看。真棒！请你快速地把这捆小棒先放在小篮子里。

2. 教师出示1捆小棒。

师：老师这里也有1捆小棒，我把它拆开。

教师将1捆小棒展开。拿起1根小棒，强调：1根小棒表示1个一。

教师板贴：1根小棒。引导学生说：1个一。

教师依次板贴：2根小棒。师：2根小棒是几个一？引导学生说：2个一。

教师依次板贴：3根小棒。师：3根小棒是几个一？引导学生说：3个一。

师：下面，我来摆，你来说这里有几个一。

4根小棒。生：4个一。

5根小棒。生：5个一。

6根小棒。生：6个一。

7根小棒。生：7个一。

8根小棒。生：8个一。

9根小棒。生：9个一。

10根小棒。生：10个一。教师板书：10个一

师：10根小棒，就把它们……

生：捆成1捆。教师板书：1捆小棒。

师：1捆小棒就是1个……

生：1个十。教师板书：1个十。

师提问：那你们看10个一和1个十是不是一样多？

生：是。

根据学生的回答，板书：10个一是1个十。

3. 谈话："十"在生活中的应用很广泛。比如：（课件出示图片）一盒铅笔有10支，这一盒就是1个十；一包火腿肠有10根，这一包就是1个十；10包面纸装成一大包，这一大包就是1个十；一盒电池有10节，这一盒就是1个十；一把衣架有10只，这一把就是1个十。

设计意图　设计游戏激发学生学习的兴趣，让学生感受"把10根小棒捆成1捆的

好处”，初步体会“1个十”的优点，初步感知计数单位“十”。

三、且行且思，共同探究

1. 摆一摆、数一数，认识12。

(1) 数小棒。多媒体出示12根小棒，上面一种是1根1根地摆，下面一种是摆1捆和2根。让男生和女生比赛，男生数上面一种，女生数下面一种，比一比谁数得又对又快。

学生觉得很不公平。

师生小结：10根小棒可以直接摆1捆，这样又快又方便。

(2) 生摆小棒。

师：下面，我们来玩一个“摆小棒”的游戏。请同学们摆12根小棒，要求让自己和别人一下子看出摆了12根小棒。在摆之前，请你先想一想：怎样摆才能让自己和别人一下子看出摆了12根小棒。

师：你想怎样摆12根小棒？（主要有两种：一种是1根1根地摆；另一种是先摆1捆，再摆2根）明确：摆12根小棒的时候，可以先摆1捆，再摆2根，这样一下子就能看出是12根了。

学生操作摆小棒，教师巡视。

(3) 学生摆好后，小组内先交流是怎样摆的，再集体交流。

师：把你的摆法说给你的小组成员听听。

师：请你说一说，你是怎样摆的？

明确：我们摆12根小棒的时候，可以先摆1捆，再摆2根，这样一下子就能看出是12根了。1捆是10根，再添2根是12根。

(4) 在多媒体上摆出12根小棒。学生说摆法，老师在多媒体上摆。

师：1捆是1个十，2根是2个一，所以1个十和2个一合起来是12。（板书：12）

师追问：12里面有几个十和几个一？

2. 摆一摆、说一说，进一步认识十几。

(1) 师：下面我们来比赛。（课件出示：很快摆出11根小棒）

指名一名学生在多媒体上摆出11根小棒。

提问：你是怎么摆的？生：我拿走了1根。

师引导：你摆了几捆和几根？生：先摆1捆，再摆1根。

师：你们的摆法和他一样吗？生：一样。

师：我现在把11记下来，写在12的前面还是后面？生：12的前面。（板书：11）

(2) 出示：很快摆出十几根小棒。

师：选择一个自己喜欢的十几的数。自己先动手摆一摆，再和同桌说说是怎样摆的。

学生操作摆小棒，教师巡视。

交流摆 13、14、15、16、17、18、19 根小棒。

师:你摆了十几? 你是怎样摆的? 指名回答。老师把学生说的这个数记下来。

师:你是怎样摆的? 指名回答。

师:大家说一说他摆的是十几?

3. 认读 20。

(1) 提问:你也能像他这样很快摆出 19 吗? 开始。

师指名回答:你是怎样摆的? 生:先摆 1 捆,再摆 9 根。

(2) 师:再拿出 1 根小棒添上去。19 根再添 1 根是多少? 生齐答:20 根。

师:现在我们一起在多媒体上再摆出 19 根小棒,看大屏幕。

师:你来说,我来摆。

生:先摆 1 捆,再摆 9 根。

师:19 根再添 1 根是多少? 生齐答:20 根。

师:现在这里又有 10 根了,怎么办? 生齐答:捆成一捆。

师:原来的 1 捆再加上这 1 捆是几捆? 生齐答:2 捆。(板书:2 捆小棒)

师:1 捆是 1 个十,那 2 捆就是 2 个什么? 生齐答:2 个十。(板书:2 个十)

师:2 个十是多少? 生齐答:20。

师:20 里面有几个十? 生齐答:2 个十。(板书:2 个十是 20)

师:请你快速地把小棒放在篮子里。

4. 师生小结。

师:同学们真了不起,摆出了这么多数,让我们一起来读一读。

师:读得真好! 今天,我们还知道了……

生齐答:10 个一是 1 个十,2 个十是 20。(教师同时指着黑板上的板书)

设计意图 让学生通过“数小棒”“摆小棒”等操作过程认识 11～20 各数,并直观感知这些数的组成。这里分为三个层次:教师引导学生认识 12;教师放手,让学生独立摆小棒,认识 11;学生小组合作,摆出十几,认识十几。

四、行思结合,拓展运用

1. 完成“想想做做”第 6 题。

比赛:比一比谁数得快。

师:拿出数学书,先数出 10 张,用手捏一捏,再看看有多厚。再数出 10 张,用手捏一捏,看看有多厚。

师:把 2 个 10 张合起来,看看有多厚。

师:现在一共数了多少张? 生:20 张。

师追问:你是怎么知道的? 生:因为 2 个十合起来是 20。

2. 完成“想想做做”第 5 题。

引导:请同学们看“想想做做”第 5 题,图中都画了些什么? 你认识上面的数吗? 这

些数各表示什么意思？（公共汽车上标明的几路车，绿灯等待的时间，一袋大米的千克数，电梯里面表示楼层的牌子）

师：你会读这些数吗？我们一起读一读。

师：其实，在生活中，这些数一直都在陪伴着我们。（课件出示图片）

师：一盒水彩笔有几支？生：18支。

师：一盒羽毛球有几只？生：12只。

师：生活中你还在哪里看到过这些数？（指名回答）

（生：钟面上有0～12，红绿灯那儿的计时牌上有还剩十几秒，电视上有十几频道，我哥哥今年12岁，数学书上有十几页……）

3. 认识11～20各数的顺序。

（1）完成“想想做做”第2题。

提问：同学们，今天我们认识了哪些数朋友？

引导：瞧，我们的数朋友出现在尺子上了。你能读一读吗？

师：从0读到20。学生齐读。

请女生从11读到20。读得真不错。男生再来读一读。

师：读得太好了！在这些数的排列中，你还发现了什么呢？（启发：观察尺子上的数，发现尺子上的数越往右，数越怎么样？尺子上哪个数最大？14前面一个数是谁？14后面一个数是谁？与16相邻的数是谁？11在哪个数的后面？10后面的数与10前面的数有什么不同？）

生：① 排列顺序；② 各数位置；③ 数字排列规律……后面的数比前面的数多1。

（2）完成“想想做做”第3题。让学生从7数到17，从11数到20。

（3）猜数游戏。

课件出示：

比10多1的数　　　　比17少1的数

13前面的一个数　　　　15后面的一个数　　　　16和18之间的一个数

4. 完成“想想做做”第4题。

师：今天，小草莓也来了，想考考同学们的眼力。（出示草莓图）不用数，先估计一下，有多少颗草莓呢？

提问：谁能估计一下，这里一共有多少颗草莓？（指名回答）

师：对不对呢？怎么办？生：数一数。

师：数的时候我们要按照一定的顺序来数，可以按照……

生：从上往下，从左往右。

师：数好一个可以画一个勾，作个记号。这样，数数时就不重复、不遗漏了。

师：数好10颗了，为了方便数数，可以把这10颗草莓怎么办？（引导学生说：圈起来）

师：这样就能一下子看出是1个十了。继续数，1、2、3、4，1个十和4个一合起来是多少？生：14。（板书：14）

师：请刚才估计出14个的同学举手。师：大家真厉害啊。手放下，坐正。

师：小雨伞也想考考同学们。（出示雨伞图）不用数，先估计一下，有多少把雨伞呢？（让学生观察，再指名回答）

师：那这里到底有多少把雨伞呢？怎么办呢？生：数一数。

师：对！请同学把数学书打开到第83页，找到“想想做做”第4题雨伞图，数出来一共有多少把雨伞。

集体交流。多媒体展示数学书雨伞图。

设计意图 通过形式多样、层次分明的练习，学生进一步认识11～20各数。通过数数学书的张数，感知数的大小和“2个十是20”。看着尺子上的数读数，发现数排列的规律。玩猜数游戏，激发学生学习数学的兴趣，培养学生的数感。估数，培养学生的估算意识，提高学生的估算能力。

5. 出示：你知道吗？

师：计数从远古时代就有了，人类的祖先在劳动、生活中计数时用小石子计数，数一个物体就在地上放一块小石子。这样小石子就会越来越多，然后他们又想了一个方法，把10块小石子换成一块大石子。其实，这就是我们今天学习的：10个一是1个十。

设计意图 彰显数学文化。通过远古时代，人类的祖先就用“石子计数”，10块小石子换成1块大石子，让学生感受“数的悠久历史文化”和计数的重要性。

五、课堂总结

师：同学们，今天我们又认识了哪些数？让我们大声地数出来吧！

【总体评析】

《11～20各数的认识》是一年级数学上册第九单元的内容，这部分内容在整个数的学习体系中具有比较重要的地位，它既是10以内数的认识的延续，又是100以内乃至更大的数的认识的基础，同时也为20以内的进位加法的学习打下算理基础。教师在课前了解到，很多学生看到11～20这些数，已经会认、会读了，所以教师把本节课的重点放在了：理解“十”是一个计数单位，10个一就是1个十，数的大小和顺序。本节课的教学设计主要体现在以下三方面。

1. 以行助思，探究新知，认识计数单位“十”。

现代教学论认为：只有让学生自己经历新知的形成过程，不是在教师的指令下默默地接受，学生的知识和能力才能同时得到发展。动手操作活动以“行”促“思”，能吸引学生主动参与知识的形成过程，积极进行探究。如：在认识计数单位“十”时，教师首先设计了游戏“魔力眼”，激发了学生学习的兴趣，让学生感受“把10根小棒捆成1捆的好处”，初步体会“1个十”的优点，初步感知计数单位“十”。其次，教师让学生数到10根小棒后，教师先示范把10根小棒捆成一捆，然后让每个学生用橡皮筋把10根小棒捆成一捆，使学生体验到一捆就是10根，也就是一个十，形成一个“十”的概念。这种以“行”助“思”的教学方式不仅可以帮助学生深刻理解概念，还可以使抽象的数学概念学习变得具体生动，易于学生接受。

2. 且行且思，自主探究，认识11～20各数。

有效的数学学习活动不能单纯地依赖模仿与记忆，动手实践、自主探索与合作交流是学生学习数学的重要方式。对于小学一年级的学生来说，需要借助图像、操作等直观、形象的感知，才能在大脑中形成相应的数学知识表象，然后通过表象的中介作用建立起相应的数学概念，使得所学的新知不断内化到已有的认知结构中。因此，本环节教师主要组织学生通过“摆小棒”这一活动，把抽象的数具体化，让学生在“摆一摆”“数一数”“读一读”“说一说”等活动中，且行且思，自主探究认识11～20各数。

华罗庚说过“数起源于数”，学生通过“数小棒”“摆小棒”的过程认识11～20各数，并直观感知这些数的组成。本环节分为三个层次：(1) 教师引导学生认识12。让学生自己先独立思考“摆12根小棒，让自己和别人一下子看出摆了12根小棒”，明确了摆法后，再让学生摆出12根小棒，最后引导学生初步体会12这个数的组成。(2) 教师放手，让学生独立摆小棒，认识11。(3) 学生合作，摆出十几，认识十几。在摆数、认数的过程中，教师让学生且行且思“11应该写在12的前面还是后面”等问题，让学生根据已经认识的“1～10”的大小和顺序，初步感知11～20各数的大小和顺序。

3. 行思结合，巩固拓展，培养数感。

教师主要通过形式多样、层次分明的练习，让学生行思结合，培养数感。(1) 通过数数学课本的张数，感知数的大小和“2个十是20”。(2) 看着尺子上的数读数，发现数排列的规律、数的大小和顺序；不看着尺数数；运用刚刚学习的知识玩猜数游戏。(3) 对“草莓”和“雨伞”进行估算和数数，积累学生估算的经验，培养学生的数感，并让学生从定向思维“数10根小棒捆成1捆”，拓展为“任何物体都可以10个一是1个十”。

苏联著名教育家苏霍姆林斯基指出：“在人的心灵深处有一种根深蒂固的需要，这就是希望自己是一个发现者、研究者、探索者。而在儿童精神中，这种需要特别强烈。”因此，只有激活主体的内在原动力，最大限度地把学生的潜能发挥出来，才能逐渐形成主体积极认识世界、改造世界的能力和喜欢求异、独立性强、自信心强的创造个性。在本节课中，教师通过游戏激发学生的学习兴趣，通过多次动手操作，以行助思，且行且思，行思结合，使学生深化对知识的理解，培养了学生的数感，启迪学生的探究性思维，增强学生的探究意识。

案例2.《平移和旋转》教学设计[①]

【教学内容】苏教版《数学》三年级上册第80～82页。

【教学目标】

1. 通过观察、比划、分类等活动初步认识物体的平移和旋转，并了解其运动特点，能区分、判断两种不同的运动方式。

2. 在识别平移或旋转前后的图形的活动中，增强空间观念，发展初步的形象思维。

3. 通过具体的学习和探究活动，增强对图形及其运动变化的兴趣，感受数学与生活的紧密联系，激发学习数学的积极情感。

【教学重点】

初步感知、辨别平移和旋转现象；能正确判断平移或旋转前后相关的图形，能按要求在方格纸上对一个点进行简单的平移。

【教学过程】

一、材料驱动，以行促思，学“平移”

1. 尝试分类，唤醒生活经验。

导入：同学们，雨刮器的摆动、扇叶的转动都是物体在运动，其实生活中到处都有这样的运动现象，今天这节课我们就一起来研究物体的运动，先让我们到生活中去感受感受。

（出示：火车、风车、滑滑梯、云霄机、钟表、吊扇六幅动态图）

师：同学们，感受到运动了吗？它们的运动方式一样吗？如果请你分类，哪几个分为一类呢？请组长拿出小卡片，小组讨论，分一分。

请一个学生代表他们小组到黑板上分一分。

① 此案例由盐城市第一小学教育集团陈月霞老师设计。

预设：火车、云霄机、滑滑梯的运动分为一组，钟表、风车、吊扇的运动分为一组。

2. 联系生活，体会平移现象。

提问：(指做平移运动的三个物体)它们是怎样运动的呢？选一个你喜欢的，可以边比划边说。

生：火车是这样运动的(边说边比划)。

生：云霄机是这样直直地向上冲。

生：大熊猫是这样直接滑下来的(比划大熊猫滑下来的动作)。

师：看来大家对这些物体的运动都有自己的感觉，火车的车厢就是这样直直地在运动(板书：←)，云霄机就是这样直直地向上升(板书：↑)，大熊猫呢，又该怎样表示呢？谁能上来画一画？(生板书：↘)

启发：想一想，生活中还有哪些物体也是像这样运动的？

总结：是呀，生活中还有很多的物体都是像它们这样运动的，这些物体的运动有没有什么共同的地方呢？它们都是直直地在运动，都可以看成是平移。

(板书课题：平移)

3. 动手操作，叩问平移本质。

师：刚才我们是根据一些物体的运动现象认识了平移，接下来我们要深入地研究平移，这本我们每天都要用的数学书，你能让它在桌面上做平移运动吗？

学生自己尝试平移数学书，老师随机拍下某个学生平移数学书的过程。

师：这是按我们自己的想法平移数学书，能按这样的要求再体验一次吗？请大家听完要求再操作。

听录音：将课本放在课桌的左上角，接着将它平移到右上角，继续平移到右下角。

学生按要求平移数学书，老师再次随机拍下某个学生平移数学书的过程。

师：一起看一下刚才两次平移的过程。

课件展示刚才学生两次操作的过程：

提问：第一次是按咱们自己的想法平移，第二次是按要求平移。对比一下，你有什么想说的？

生：第二次的平移动作做得更好。

生：第二次我们沿着课桌的边平移得更规范。

小结：有时借助某些物体可以使平移运动更加规范。

师：现在数学书在课桌的哪里呢？那就接着按照这样的规范动作将数学书从现在的右下角平移到左下角，再继续平移到左上角。

学习方法总结：回顾刚才我们研究平移现象的过程，先是进行了平移动作的比划；通过比划感受了平移的特征；我们还动手操作体验了平移运动。学习平移我们用了这样的三个步骤：我来比划、我来说说、我来做做，这些都是学习的好方法。

课件出示：

我来比划

我来说说

我来做做

设计意图 教材在新授部分使用了同样的教学流程编排这两个知识点，分别是：出示物体运动的例题图，让学生试着表示这些物体是怎样运动的，举出生活中像这样运动的例子，"试一试"通过操作活动进一步感知物体的平移和旋转运动。考虑到三年级学生的认知特点，我们把"让学"作为这节课设计的主要理念。在教学平移时，让学生通过观察、比较、比划、表达、体验，充分地感受平移运动的特点，再带领学生归纳出平移的学习方法。在教学旋转时，同样用这样的学习方法，也就是：我来比划、我来说说、我来做做，自主学习旋转这种运动方式。充分体现学生是课堂的主人、是学习的主人，让学习在课堂上真正地发生。

谈话：那我们接下来要研究的这三个物体的运动又是什么运动现象呢？（板书课题：旋转）下面咱们就用这样的学习方法在小组内自主研究旋转现象，一起来看活动要求。

二、小组学习，同行同思，学"旋转"

1. 学法迁移，分小组自主探究"旋转"。

（结合三个“旋转”动图，出示自主学习旋转的三个要求）

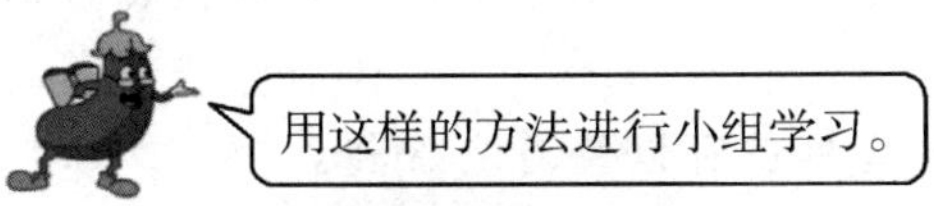

(1) 我来比划：这三个物体是怎样旋转的？比划比划。

(2) 我来说说：这些运动有什么相同的地方？你还见过哪些旋转现象？

(3) 我来做做：做一个转盘，让指针旋转起来。

学生分小组自主研究旋转现象，教师巡视并适时指导。

小组学习成果汇报。

师：小组学习完成了吗？咱们先进行汇报的第一个环节，谁来比划？哪个小组来？

某个小组进行第一个环节的汇报，组长说一个，大家跟着一起比划一个。

师：接着汇报第二个环节，谁来说说，这些物体的运动有什么共同的地方？

预设：它们都是旋转。都转成一个圈（它们运动的轨迹是一个圆）。都在转动（绕什么转的呢）。绕着一个固定的点在转动。

师：其他人知道他说的点在哪吗？请你指给大家看看。仔细观察是不是这样？这三个物体在旋转的时候都是绕着一个固定的中心在旋转。有没有不一样的地方？哪个小组来说说？

生 1：这三个物体旋转的速度有的快，有的慢。

生 2：有的是顺时针旋转，有的逆时针旋转。

小结：虽然他们运动的速度、方向有不同，但他们都是绕一个固定的中心在转动，都可以看成旋转。生活中还有哪些旋转现象？

师：最后一个环节的汇报，你们的转盘做好了吗？哪个小组上来展示一下？

（选几个小组到前面来进行作品的展示）

师：指针能旋转吗？转给大家看一看，换个方向试试。

老师采访一下组长：介绍一下你们的转盘是怎么做的？你们呢？都用了这样的钉子了吗？

2. 创设冲突，追问“旋转”本质。

（出示：带磁性但缺少钉子的转盘和指针）

师：老师也做了一个漂亮的转盘，谁想上来试一试？

(一生上来试着旋转指针,但并不成功)

谈话:虽然这是个漂亮的转盘,但用起来感觉怎么样?结合你们刚才制作转盘的经验,给点建议吧!

生:需要一个钉子将它固定在转盘上,这样指针就可以绕着它旋转。

(取一个钉子,师生合作组装转盘,生再次尝试旋转指针)

小结:看来,指针要想顺利地旋转起来,这样的固定中心很重要。

师:还有谁也想上来试试。你想将指针从A慢慢地旋转到指向哪里呢?从A到B,指针有没有在旋转?再旋转到C,再到D,在刚才操作的过程中,指针有没有在旋转?

小结:虽然没有旋转一整圈,但指针也是在做旋转运动。

设计意图 教材中例题2的"试一试"环节,让学生按要求制作一个转盘,再进行旋转指针的活动。我们的设计分为三层:(1)在自主学习旋转的第三个环节提供制作转盘的素材,小组人人参与制作转盘、旋转指针的活动。(2)在进行小组学习成果汇报时,讨论转盘的制作方法,明确:都使用了一个固定用的"钉子"。(3)教师展示一个带有磁性的转盘和指针,学生通过操作体会到:虽然指针同样"固定"在了转盘上,但并不能顺利地进行旋转运动。从而明确:指针要想顺利地旋转起来,固定中心很重要。这样的分层操作活动设计可以让学生深刻体会到旋转的本质:"一个固定的中心",对于旋转运动不仅是"存在"的,而且是"必要"的。

三、独立运用,且行且思,重"体验"

1. 重现生活,明晰概念。

(出示视频:《小丁的早晨》)

谈话:同学们,今天这节课中,我们先研究了什么运动现象?接着我们用研究平移的方法在小组内自主研究了旋转这一运动现象。下面就让我们走进小丁的生活,看看有没有我们今天学习的平移和旋转的现象。

师:老师会再放一遍,如果有,就喊停。

引导学生注意语言表述的规范和完整。如:推拉窗户时,窗户的运动是平移。

2. 动脑想象,深化认知。

(出示:书上"想想做做"第2题的树叶图)

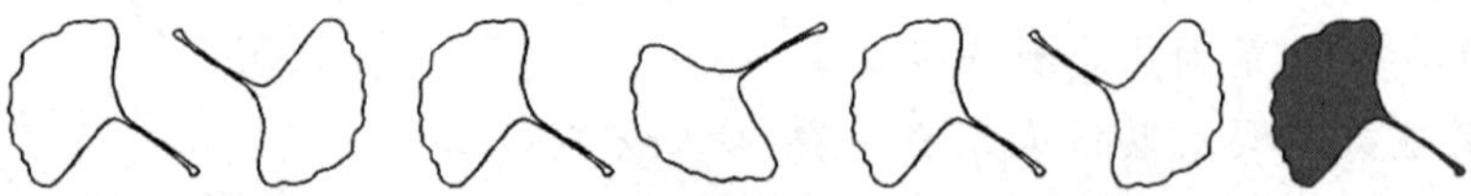

师:仔细观察,哪些树叶通过平移就能和涂色树叶重合呢?先在头脑里想象一下它们平移的过程,再打开数学书第82页,把找到的那几片涂一涂。

启发:剩下的树叶又该通过怎样的运动方式与涂色树叶重合呢?

生:需要先旋转再平移。(课件演示验证过程)

联系生活，激发兴趣。

（出示：送快递场景图）

谈话：小红的包裹到了，快递员来电话了。（录音：你好，你的快递到了，怎样把包裹送到你家？）

提问：如果你是小红，你会怎样说？

预设 1：先向北走，再向西走。

预设 2：先向西走，再向北走。

师：小红和有些同学想法一样，她是这样说的（录音）：先向北走，再向西走。按照这样的路线会送到吗？一起看。

生：他不知道向西走多少，走多了。

启发：那该怎么办呢？

（课件出示加了方格的平面图）

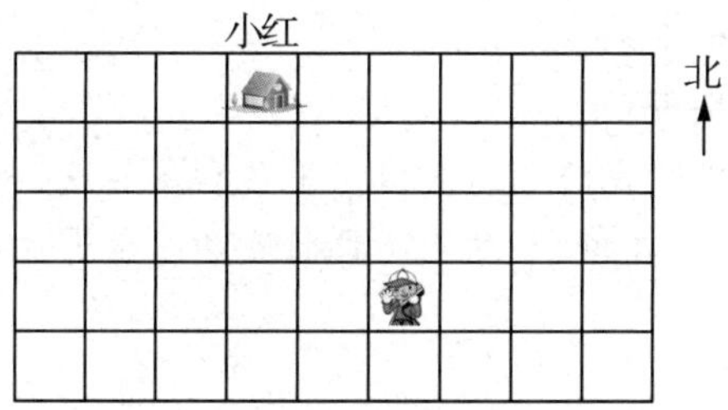

师：看，如果有了这样的小方格，在这样的平面图上，小红说的向西走就是今天学的向西平移，平移几格呢？我们一起来试一试，接着应该向哪平移？谁来指挥？咱们一起试试。

师：有了这样的小方格，包裹成功送达。想不想都来当一回快递员？这个包裹是谁家的？乐乐家，图上有乐乐家吗？没关系，这有送货路线呢，请大家拿出作业纸，按这样的路线，自己试着移一移，数一数。

（一生到前面演示平移过程）

师：你知道乐乐家在原来快递员位置的什么方向吗？

3. 亲身体验，升华认知。

出示课件：

研究了这么多的平移和旋转，下面就让我们来亲身体验一下。

师：你能让上面的物体做平移或旋转运动吗？谁想上来试一试。老师有个建议，如果觉得他做得很规范，一定要送给他掌声。

启发：还能让它做平移（旋转）运动吗？

（学生演示）

谈话：我们的身体也能做平移和旋转运动吗？谁来试一试。

设计意图 深度挖掘数学与生活的密切联系。在教学素材的选择上，考虑到本节课的内容与学生的生活有着广泛的联系，即使没有“学”、没有“教”，学生对于这两种运动现象也具备一定的生活经验。因此，我们要做的就是从学生的生活中、耳闻目睹的运动现象中，通过讨论、研究、操作，指导、引领学生认识和理解“平移”和“旋转”是两种不同的运动现象的数学本质。从“火车”“风车”“折叠尺”到“小丁的快乐早晨”，再到当今生活中无处不在的“快递小哥”，都来自学生熟悉的生活，既生动活泼，又典型贴切。用这些来自生活的素材带领学生展开学习，是符合学生认知规律和心理特点的，更是学生乐于参与并能准确理解的。

四、全课总结，欣赏拓展

通过今天这节课的学习，我们一起认识了平移和旋转这两种基本运动方式，其实大自然中关于运动的创造远不止这些，下面就让我们欣赏一段影片，体会运动的复杂与多样。

（播放结尾视频）

【总体评析】

“平移和旋转”是“空间与图形”领域中“图形与变换”部分的重要学习内容，重点是让学生感受并能正确识别生活中的平移和旋转现象，难点是正确判断平移或旋转前后相关的图形。要完成上述目标，既需要学生正确把握平移和旋转的基本特征，对图形的运动和变化有较为透彻的感悟，也需要学生具有良好的空间观念和直观思考能力。虽然本单元只要求学生直观感知两种不同的运动方式，但在备课过程中，教师还是应努力挖掘比较典型的，能使学生主动参与、乐于探究的生活素材，引领学生亲历感知平移特征的过程，通过对“平移”学法的总结和迁移，鼓励学生自主探究“旋转”现象。数学课程标准关于图形的运动，强调的关键词有：经历、感受、想象、辨别、发展等，如何准确地践行这些理念？在备课的过程中重点考虑以下两点。

1. 如何把握低年级段概念教学的“度”。

这次的备课过程中，一直纠结于两种声音：(1) 低年级关于平移和旋转的概念，只是一种感知，不要求过多的深究和探讨。(2) 即使是低年级的概念教学也应该切实探究概念的本质，进行深入的探讨与学习。

现在想来，纠结完全没有必要，没有充分的感知，学生如何能体会概念的本质？没有深入的探讨，学生如何能真正理解概念的本质？这两点并不矛盾，教师要做的不是将这两点简单地相加，而是巧妙地融合，把准概念教学的“度”。这次实践中，我们挖掘了大量与学生生活联系密切的素材，从例题中的“风车”“云霄机”“滑滑梯”到练习中的“小丁的早晨”“快递小哥”，再到结尾视频中“人类的运动”“工业的发展”“浩瀚的宇宙”，从常态、微观、宏观世界让学生更全面地直观感知两种运动方式的特征。在感知的过程中，用准确的动作比划弥补语言描述的不足。通过对比两次平移数学书的过程和制作转盘引发的冲突，学生对平移和旋转的本质有了深刻的理解。有了这样深刻的理解，才能理性地辨别生活中的两种运动现象。

2. 如何落实以生为本的有效课堂。

一段时间以来，我们习惯的好课堂都是展现老师如何“教”得精彩，“引”得巧妙，甚至有时候就光顾着欣赏老师的风采了。这本没错，但更重要的是该如何展现学生自主深入学习的过程，落实以生为本的真实课堂。考虑到三年级学生的认知特点，在这次教学中，我们把“让学”作为这节课设计的主线。寻找契合学生认知规律和具有“数学味”的概念教学模式：引导学生对“平移”的学法进行总结，尝试“学法迁移”，鼓励学生用学习“平移”的方法自主探究“旋转”。教师的角色从“台前”退到“幕后”，学生的学习由被动变成主动，学习在课堂上真正发生。从“教”到“牵”再到“放”，学生收获的不仅是一个知识点、一种广泛适用的学习方法，更重要的是获得一种探究数学的积极情感，学会用数学眼光、数学思维“看”世界。

一节生动的数学课，一定能收获令人惊喜的生成，也会有意料不到的遗憾，就是这样的遗憾督促着我们不能停下教学探究的脚步，在一次又一次的磨课历程中，渐行渐思，渐思渐深……

案例 3.《表面积的变化》教学设计①

【教学内容】苏教版《数学》六年级上册第 36～37 页。

【教学目标】

1. 探索并理解多个相同正方体拼成较大长方体后表面积的变化规律，应用发现的规律解决一些简单的实际问题。

2. 在探索表面积变化规律的活动中发展空间观念，增强动手能力、合作能力、思维能力、表达能力。

3. 体会图形学习与实际生活的联系，感受图形学习的价值，提高学习数学的乐趣。

【教学重点】理解多个相同正方体拼成长方体后表面积的变化规律，在探索表面积变化的规律中发展空间观念。

【教学难点】灵活应用发现的规律解决一些简单的实际问题。

① 此案例由盐城市第一小学教育集团张静老师设计。

【教学准备】

1. 课前把全班同学合理分组，并明确分工，强调合作。

2. 以小组为单位，每小组准备8个1立方厘米的正方体、4个完全相同的长方体。

【教学过程】

一、创设情境，激发问题意识

1. 创设问题。

星期天，老师买了一些物品，请大家仔细看一下它们是怎样包装的，可不要小看哦，小小包装里面可隐藏着大学问呢。关于包装，李阿姨有个问题想请我们班的同学帮忙，大家愿意帮助李阿姨吗？（出示问题：李阿姨要为贫困山区的学生邮寄10盒英语磁带，怎样包装最省包装纸）

师：是不是太难了，一眼看不出来，不要紧，想想，遇到复杂问题怎么办？

（板书：复杂问题）

师：是啊，刚才同学们说得不错，遇到复杂问题不气馁，要把复杂的问题转化成简单的问题去研究。板书：

$$\text{复杂问题}\xrightarrow{\text{转化}}\text{简单问题}$$

2. 揭示课题：

今天这节课我们将通过动手拼一拼、想一想，来研究长方体或正方体在不同操作条件下的表面积变化情况。（板书课题：表面积的变化）

设计意图 新课导入是课堂教学的重要环节，本节课一开始就联系生活实际，由实际问题激发学生学习一些新的本领来解决这个问题的兴趣，这样把数学与生活紧密联系起来，使学生感到生活中处处有数学，为学习新知识创造了良好的开端。

二、且行且思，发展数学思考

1. 活动一：探究2个正方体拼成一排后表面积的变化规律。

（出示：棱长1厘米的正方体）

师：正方体有几个面？每个面的面积是多少？表面积是多少？体积呢？

师：刚才是1个正方体，现在把2个棱长都是1厘米的正方体拼成一个长方体，动手拼一拼、看一看，你有什么发现？请用桌上的小正方体拼一拼，将自己的发现跟同桌交流。（生汇报，其他学生补充）

生：少了两个正方形的面。

生：原来的两个正方体的表面积是12平方厘米，现在拼成的长方体的表面积减少两个面，是10平方厘米。

生：拼了1次，减少两个面。（请学生指那两个面）

师：体积变化了吗？如果是3个或更多个相同的小正方体拼成长方体后，体积会变化吗？

小结：刚才我们用两个相同的小正方体拼成一个长方体后，发现体积没有变化，表面积发生了变化。

2. 活动二：探究3、4、5等多个正方体拼成一排后表面积的变化规律。

师：现在请大家闭上眼睛想象一下，如果用3个同样的正方体拼成一个长方体后，表面积有什么变化？如果是4个、5个……更多个同样的正方体拼成一个长方体后，表面积又会有怎样的变化呢？

师：下面请小组合作，先摆一摆，然后相互说一说，再把表格填完整。

正方体的个数	2	3	4	5	……
拼接的次数					
减少的面数					
减少的面积(cm^2)					
原来正方体的表面积之和(cm^2)					
拼成的长方体的表面积(cm^2)					

师生共同填写上面表格。

师：后面的省略号是什么意思？

师：那6个呢？10个呢？100个呢？不知道多少个了，n个呢？

师：通过填表和动手操作，老师发现同学们好像找到规律了，说一说，你找到了什么规律？

逐步引导学生说出：

(1) 每多一个正方体拼，表面积就会减少2个正方形的面积。

(2) 拼接次数×2＝减少正方体面的个数。

(3)（正方体的个数—1）×2＝减少正方体面的个数。

(4) n个棱长为a的正方体排成一行拼成一个长方体，表面积减少$2\times(n-1)a^2$，拼成的长方体的表面积为：$(4n+2)a^2$。

师：刚才都是拼成一排的，如果拼成不同的长方体，你会吗？

试一试：用4个、6个、8个体积是1立方厘米的小正方体，拼成不同的长方体，你发现哪种拼法的表面积最大？哪种拼法的表面积最小？

每个小组可以任选一个研究，可以动手拼一拼、也可以画一画，说一说。

各组汇报：说一说你是怎样想的、你发现了什么。

生汇报后比较：

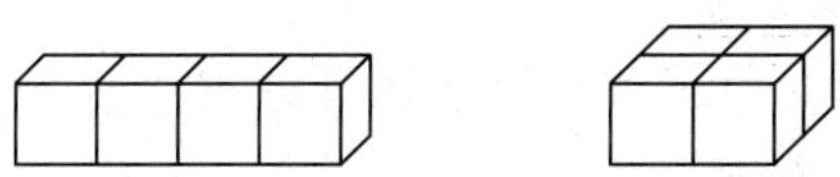

4×1×1(表面积最大)　　2×2×1(表面积最小)

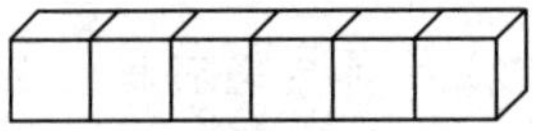

6×1×1(表面积最大)

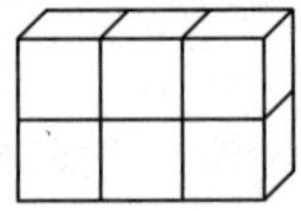

3×2×1(表面积最小)

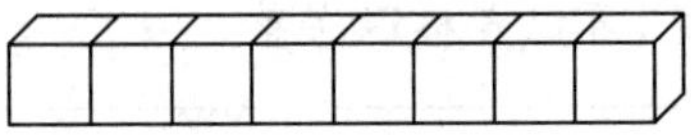

8×1×1(表面积最大)

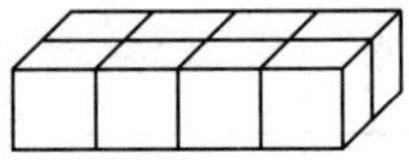

4×2×1

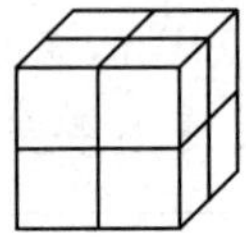

2×2×2(表面积最小)

发现：拼接的次数越多，减少的面积越多，拼成后的长方体表面积越小，当长、宽、高越接近时表面积越小，拼成一排时表面积最大。

3. 活动三：探究两个同样大小的长方体拼接后表面积的变化。

谈话：刚才研究的是正方体拼接过程中表面积的变化规律，那么长方体拼接在一起时，它的表面积也有这样的变化规律吗？

出示：李阿姨要为自己资助的贫困学生邮寄两盒英语磁带，长、宽、高分别是10厘米、6厘米、2厘米。将两盒磁带包成一包，可能有几种包装方法？你又发现了什么？

(1) 学生分小组活动。把两个相同的长方体的两个面完全重合进行拼接，有几种不同的方法？

(2) 拼成大长方体后，你有什么发现？表面积是怎样变化的？

(3) 你发现拼成的哪个长方体的表面积最大？哪个最小？怎样验证你的发现？

学生通过估算或计算，发现面积减少的不同。

引导发现：在什么情况下，表面积减少最多(或最少)？你发现了什么？

发现：重合的面越大，减少的面积就越多，拼成的长方体表面积越小；反之，重合的面越小，拼成的长方体表面积就越大。

设计意图 学生通过活动、操作、观察、思考，逐步感受到表面积发生了变化，感知这个变化存在着一定的规律。表格的应用也为学生的学习指明了方向，特别是表头中的省略号，引领学生向更深的领域探究，所以教学时要激发学生思考：如果用6个、8个拼会是什么情况，先猜想，再操作验证，从而使学生把关注点落到找寻规律上，并能把表格中的数据综合起来看。本课在学生充分交流与合作的基础上，带领学生且行且思，多次体验表格中的规律，让每一个学生积极主动地参与知识构建。

三、再行再思，提升数学思维

师：同学们，刚才我们通过拼正方体和长方体掌握了拼接的内在规律，现在我们应用规律去解决实际问题。板书：

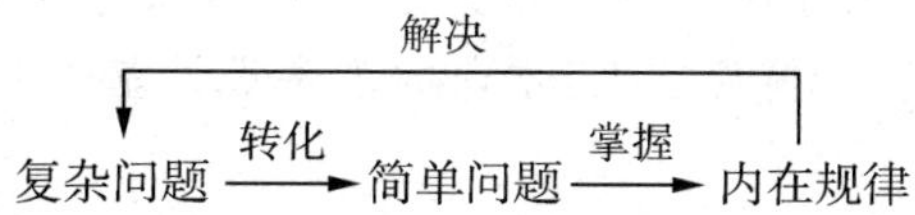

(照应开头:李阿姨要为贫困山区的学生邮寄10盒英语磁带,怎样包装最省包装纸?)

思考:你是怎样理解最节省包装纸的?怎样才能做到拼成的长方体表面积最小?

小组合作要求:

1. 先独立思考:怎样才能做到拼成的长方体表面积最小?然后在小组内交流。

2. 小组合作动手拼一拼,哪一种最省包装纸呢?

3. 说一说:为什么这种拼法最节约包装纸?

展示学生的不同拼法,说一说为什么这样的方法拼成的长方体表面积最小。

提升:物品在摆放或包装时,有时要考虑到节省包装纸,这时就要求表面积要最小,有时不仅要考虑表面积最小,还要考虑这样包装是不是美观(比如香烟的包装)。所以,我们要能够灵活运用我们学到的知识来解决生活中的实际问题,或解释一些生活现象。

小结:通过刚才观察、操作、思考,我们发现了长方体或正方体在不同操作情况下,表面积的不同变化情况,在遇到复杂问题时,我们要学会把它转化成简单的问题,然后通过操作、观察、分析找到内在的规律,再利用发现的规律去解决实际问题。

欣赏:数学大师华罗庚是怎样学好数学的:

善于退,足够的退,退到最原始的而不失重要性的地方,退到我们容易看清问题的地方,是学好数学的一个诀窍。

——华罗庚

设计意图　这一环节拼拼说说,目的是运用规律解决实际问题。只有学生对前面的规律体验深刻,才能灵活运用。用6个、8个正方体拼成不同形状的长方体,表面积变化的研究以及包装10盒英语磁带,让学生不断强化认识。最后总结规律:重叠的面越大,表面积减少越多;重叠的面越多,减少的面积也越多;体积一定时,长方体的长、宽、高越接近,表面积越小。这几条经验要灵活地、综合地应用,才能得到理想的方案。这对学生的空间观念和思维能力的培养是很好的锻炼。通过这样的学习,让学生获取成功的愉悦,培养自信。学生在探究学习过程中,学会从整体角度思考问题、分析问题和解决问题。

【总体评析】

“表面积的变化”是苏教版小学《数学》“长方体和正方体”单元的实践活动课,通过学生的操作活动,主要研究将几个相同的正方体(或长方体)相拼,得到的立体图形与原来几个正方体(或长方体)表面积之和的关系,发现并理解其中的变化规律,感受图形与几何领域学习的价值,培养空间观念。本课有效整合了教材,通过一系列有序的操作活动，指导学生探寻长方体、正方体表面积的变化规律，发展学生的数学思考，触摸数学思想，有效积累数学活动经验。简而言之，本课的教学设计基于以下三点。

1. 基于学生立场。

学生是学习的主体，是一个个鲜活的、具有自主发展意识和能力的人。本课努力让"自主合作探究"贯穿于整个数学课堂并成为主要的学习方式，以学生为中心，遵循学生的身心特点和认知规律，注重激发学生的学习兴趣，指导学生探究适合自己的学习方式，培养学生良好的数学学习习惯，提高学生运用数学知识和方法解决实际问题的能力。在这节实践活动中，开始即遇到一个有困难的问题，通过自主互助、相互启发，学生感受到这样的复杂问题可以合理转化为一个简单的问题，由此开始了实践探究，即"拼正方体—拼长方体—拼磁带"的实践活动，经历了拼一拼、想一想、猜一猜、数一数、说一说、做一做等系列活动过程，现象由学生自己观察，疑问让学生自己思考，规律让学生自己探究，方法让学生自己寻找，问题让学生自己解决。充分体现"行思数学"的理念，使课堂成为"学堂"而不是"讲堂"，让课堂散发出浓浓的"学生味""数学味"，正像不断创造"第 56 号教室的奇迹"的雷夫老师所说的那样："课堂应是孩子们的课堂，课堂应还给学生。"也正如美国教育家杜威鲜明而深刻地指出，"教育即生长"！用"生长"来定义教育教学，来观照我们的课堂，不仅在于人类的生物生长特征，更在于一种教育观的改变，即从"成人立场"转到"儿童立场"。

是的，对于浸润在课堂场域中的学生而言，他们就是一株株正在生长的树苗。对生长的学生而言，教师需做的和可做的事情并不多，能做的只是选准一个地方，帮助学生生根、开花和结果，而不能钻进树木中干预和代替学生的生长！

2. 基于"行"，成于"思"。

围绕"表面积的变化"这一主题，本课基于"行"，即让学生动手实践、解决问题。学生通过三次主题操作（拼正方体—拼长方体—拼磁带），找出影响表面积变化的因素，每次操作活动有明确的指向性，重在解决一个问题。在解决问题的过程中，学生领悟了重要的数学思想方法——转化，即化复杂为简单，也掌握了科学的研究方法——不完全归纳，在学习过程中，学生接受了一次数学思想的洗礼。在本次活动中，教师特别关注对学生的科学研究方法的指导，当学生遇到复杂问题时，可以从简单的问题想起，找到内在规律后，再来解决复杂问题，感受科学研究方法的魅力，积累解决复杂问题的数学活动经验。板书：

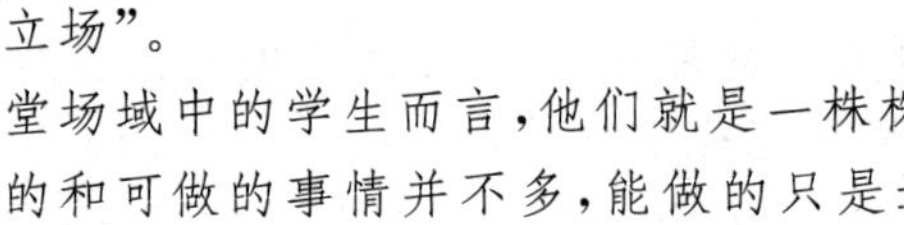

在整个问题的探究过程中，学生始终是课堂的主人，始终是学生在课堂中行走。问题让学生发现，操作让学生自主，交流让学生表达，规律让学生探索。本课始终立足于学生的“行”和“思”，让学生充分地参与并经历了从简单问题的研究中找到规律，最终来解决复杂问题的过程，感悟了其中所渗透的探索归纳、数学建模、转化的数学思想方法，并享受到数学“以简驭繁”带来的喜悦。

3. 基于数学的魅力。

练习环节，教师创设了现实问题情境，让学生在问题解决中感受表面积和体积的变化带来的数学魔力，再现与升华体验。

首先，教师出示两个同样大的长方体磁带盒，长是10厘米，宽是6厘米，高是2厘米，要求学生想一想：将两个长方体磁带盒包装起来，有哪些拼摆方法？每种拼法的表面积又是怎样变化的？每个学生独立思考后，在小组里拼一拼，算一算。“那么，在拼摆过程中，你有什么发现呢？”经过教师的追问，有的学生发现，拼成长方体后，体积没有变化，表面积变化了；还有的发现，都比原来减少了2个面的面积，不同的拼法减少的面积不同。

接着，教师要求学生帮助解决难题：李阿姨要为贫困山区的学生邮寄10盒英语磁带，怎样最节省包装纸？要求学生采用小组合作的方式解决这个问题。

学生继续小组探索，交流、辩论后，教师用课件展示了学生的想法。经过观察、计算、比较，学生终于得到10盒磁带盒包装后最少的表面积，这时最节省包装纸。

看似简单的问题解决，倘若认真分析，可以看到教师的用心所在：素材真实，衔接自然。从正方体表面积和体积的变化，自然过渡到长方体表面积和体积的变化，解决10盒磁带的邮寄问题，是现实的、有趣的，怎样最节省包装纸，是富有挑战性的，在开放的操作中，将“知识技能、数学思考、解决问题、情感态度”融为一体，丰盈学生的数学思考。

数学是什么？有人说：“数学可以在人的内心深处培植理性的种子，她可以让你拥有一颗数学大脑，学会数学地思考！”基于这样的想法，在这节普通的数学实践活动课中，教师把学生真正置于学习的前台。由简单的磁带包装作为探究的线索，从“形”的变化，引起“表面积、体积”的变化，在“变”与“不变”之间，不断诱发认知冲突，不断激活学生思考，规律的揭示、问题的解决，让数学不仅好“玩”，而且富有“营养”。同时，让我们真正明白：“数学的魅力源于学会数学地思考！”

第二节　思维训练课

思维训练课是新授课的补充和延伸，其主要任务是巩固基础知识、强化思维训练、形成熟练的技能技巧，一般是在某一个新知识或一个小单元教完后进行。根据这一课型的特点，初步形成如图所示的主要教学流程。

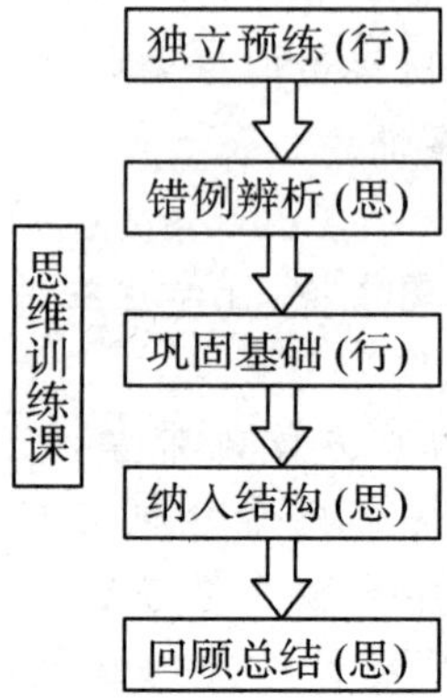

案例1.《小猴抬西瓜》教学设计①

【教学内容】苏教版《数学》四年级上册第17页思考题。

【教学目标】

1. 使学生经历画图表示题意、分析数量关系的过程，体会画图的作用，培养利用几何直观、判断、推理等思维能力，提高分析问题、解决问题的能力。

2. 使学生在经历主动思考、探索的过程中，学会用总量除以总份数得到平均数的方法解决实际问题。

3. 使学生体会实际生活里充满数学问题，体会数学方法的应用价值；具有克服困难的精神，获得解决实际问题的成功体会，增强解决实际问题的信心，提高学习数学的积极性。

【教学重点】分析和解决实际问题。

【教学难点】理解实际问题的数量关系。

【教学过程】

一、独立预练，导入新课

1. 复习旧知。

师：同学们，听说我们盐城要通高铁了。在修铁路的过程中，工人叔叔遇到了这样的问题，你们可以帮忙解决吗？我们一起来看看。（出示问题：工人叔叔打算修其中的一段铁路，如果平均每天修100米，100天可以修完，如果想要50天修完，他们平均每天得修多少米？）

师：这个问题对我们四年级的同学来说不难。先求出这段铁路的总路程100×100=10 000(米)，再将10 000平均分成50，用10 000÷50=200(米)。这里的10 000米就是这段铁路的总长度，数学上这种量一般叫做总量。

---

① 此案例由盐城市第一小学教育集团曹莹老师设计。

2. 引入新课。

师：解题时，我们常常先找出“总量”，然后再根据题意解决所求的问题，当然，这里还涉及平均数的相关知识，用一组数据的总量除以数据的总份数，就能得到这组数据的平均数，也就是说，平均数=总量÷总份数。下面我们就来看看书上为我们呈现的关于小猴抬西瓜的一些问题。

设计意图　通过解决熟悉的实际问题，回忆解决问题的策略，梳理知识点，为下面的探究作铺垫。

二、辨析比较，学习新知

1. 2只小猴抬西瓜。

师出示课件：猴妈妈买了一个大西瓜，猴宝贝们都抢着帮忙把西瓜抬回家，猴妈妈告诉孩子们，西瓜需要2只小猴一起抬，已知从水果摊到家有300米。

提问：这里有一句话老师不太明白，“西瓜需要两只小猴一起抬”，你们知道怎么抬吗？谁来给老师解释解释。

生：2只小猴分别在扁担的两端，就把西瓜抬起来了。

师：对了！看，老师这里有他们抬的图片。（出示2只小猴抬西瓜图片）

师：接下来，还有问题需要我们聪明的同学们回答。

如果猴老大和猴老二一起抬西瓜回家，西瓜被抬了多少米呢？

生抢答，300米。师肯定，并出示西瓜到房子的路径图。

扁担一端的猴老大抬了多少米呢？另一端的猴老二呢？

生：都是300米。（师出示小猴行走路径图）

师：那么2只小猴一共抬了多少米呢？

生：2个300米，也就是600米。

设计意图　本节课是解决课本中一道思考题的思维训练，原题是3只小猴轮流抬西瓜，直接出示这道思考题会让学生觉得无从下手，不能准确理解题目的意思，因此教师先从最简单的2只小猴抬西瓜开始，帮助学生理解小猴如何抬西瓜，1只小猴一端各抬了多少米，共抬了多少米。这个环节中，教师通过课件动图直观呈现出小猴抬瓜的路径，一步一步引导学生很自然地得到结果。

2. 3只小猴轮流抬西瓜。

师：这时候，猴老三按捺不住了，它也想来帮忙。那么现在就有3只小猴把西瓜从离家300米的地方抬回家。同学们，你们知道3只小猴怎么抬西瓜吗？（课件出示课本思考题）

生七嘴八舌，师引导学生得出：因为同时抬西瓜的只能有2只小猴，所以3只小猴只能轮流抬。

师：3只小猴轮流把西瓜从离家300米的地方抬回家，平均每只小猴抬多少米呢？请同学们按照老师刚刚给大家分析的流程，可以自己画一画图，小组讨论交流各自的想法。

学生四人小组探究，教师巡视个别指导。

师：好，老师刚刚发现同学们都很投入，都在组内表达了自己的想法，那么现在哪个小组先派代表来和我们全班同学汇报你们探究的结果？

生：（投影展示图）我们通过画图发现可以把300米平均分成3段，每段100米，第一段由老大和老二抬，第二段由老大和老三抬，第三段由老二和老三抬，这样的话每只小猴都抬了200米。

师：老师刚刚巡视的时候发现了，有不少同学是通过画图解决这个问题的，确实，这不失为一个好方法，不过如果猴子数量多了怎么办呢？是不是还通过画图呢？有没有其他方法？

生：我们组发现，原来是2只小猴各抬300米就可以到家了，也就是2只小猴共抬了600米，现在3只小猴也是抬这600米，所以平均每只小猴200米。

师：大家听明白了吗？他们组的想法好不好？哦，我们还有很多小组也有这样的发现。太棒了！原来2只小猴需要抬2个300米，现在由3只小猴来平摊这2个300米，平均每只小猴抬了多少米呢？你会列式吗？对了，就是300×2÷3=200（米）。（板书）

设计意图 在熟悉了2只小猴是如何抬西瓜后，出示课本原题，3只小猴抬西瓜，引发学生探究思考：3只小猴怎么抬？怎么轮流抬？能不能从整体考虑？于是学生探究后画图发现每只小猴200米，深层思考的同学又会发现，其实抬小猴西瓜的总路程是不变的，只要把总路程求出来，再除以小猴的只数，就能得出结果了。这部分内容是本节课的重难点所在，通过小组合作探究的形式，有利于培养学生分析问题、解决问题的能力，激发学生的学习主动性和积极性。

3. 多只小猴轮流抬西瓜。

师：好，现在又有小猴过来帮忙了。如果5只小猴轮流抬，平均每只小猴抬多少米呢？（课件出示）

生：就是5只小猴来平摊这2个300米，就用300×2÷5=120（米）。

师追问：那么10只小猴呢？

生齐答：就是10只小猴来平摊这2个300米，就用300×2÷10=60（米）。

师追问：20只呢？

生齐答：300×2÷20=30（米）。

设计意图 在学生初步掌握了方法后，这几个追问，不仅巩固了刚刚习得的新知，又进一步训练了学生的思维能力。

4. 观察发现。

师：下面请大家观察一下刚刚我们列的这些算式，有什么发现吗？

（课件出示一组算式）

生：都是先用300×2算出总路程，再除以小猴的只数。

师：对了，300×2 表示的是总路程，除数表示的是小猴的只数。用总路程除以小猴的只数，就能得到平均每只小猴抬的米数了。

引导学生通过对自己所列出的一组算式的比较和分析，发现其中的联系和区别，鼓励学生大胆说出发现，既是对本类题目解决方法的总结，又有利于学生感受数学问题探究的一般过程。

5. 方法总结。

师：处理这类问题时，你有什么心得体会？

师小结：

(1) 解题时常常先求出总量，然后再用求平均数的方法算出所求的问题。

(2) 解决比较复杂的应用题时，可以运用画图的方法，将抽象的问题形象化。

三、巩固基础，纳入结构

师：生活中其实也有类似的问题，我们一起来看看。

一辆汽车，装有 4 个轮子，还有 1 个备胎，适当地轮换这 5 个轮胎，如果汽车行驶了 100 千米，平均每只轮胎行驶多少千米？

提问：一辆汽车在行驶时，同时在工作的只能是几个轮子？(4 个)

追问：所以这里的总量应该是？(4 个轮子同时行驶 100 千米，也就是 400 千米)

学生列式计算后组织反馈。

一张桌子需要 2 人一起抬。现在有 3 个人轮流抬，把桌子从 60 米远的地方抬到教室，平均每人要抬多少米？

学生自行分析列式解答，完成后组织反馈。

设计意图　把学习的主动权交给学生，并针对重点和难点给学生以提示或个别指导，第二道题目直接让学生自主完成，检验新知掌握程度。

四、回顾课堂，总结延伸

1. 回顾交流。

师：今天我们用了一节课研究了我们书上的这道思考题，这节课你有什么收获吗？解决这类问题你有哪些经验可以和大家分享？

2. 故事分享。

《三个和尚》

【总体评析】

本课是一节数学思维训练课，是围绕苏教版《数学》四年级上册第 17 页的一道思考题进行挖掘和开发的教学内容。由于思考题教学对学生思维能力要求较高，同时受到课堂时间限制，思考题教学一直是小学数学学科教学的难点。让学生通过画图、总结、提炼的形式，从简单到复杂，从具体到抽象，逐步对小猴抬西瓜行走的路程总数形成清晰概念，进而根据不断增加的猴子个数来计算平均数，使得学生对总数与平均数之间的关系有更加充分的认识，提高学生的学习能力和思维水平。同时体现数学课程标准的精神，着力让学生在复习旧知、学习新知中感悟数学思想，形成数学活动经验并感悟数学的美，让学生体会到身边处处有数学，从而产生喜欢数学、热爱数学的积极情感，提升解决数学思考题的兴趣和创造性。

1. 鼓励学生自主解决难题。

数学学习以学生为主体，这就要求教师不仅在新知识教学中让学生学深学透，更要求教师在思考题思维训练过程中鼓励学生活学活用，在解决难题过程中学会用自主合作的模式，积极探寻适合自己思维习惯的问题解决方式。在本节课上，不管是复习旧知识还是解决新问题，疑问都是从学生探究中产生，思路都是从小组合作中形成，答案都是学生自主去寻找，学生在解决难题的过程中已经从过去被动的"填鸭"变为主动地"求索"，以更多获得解决数学难题的满足感和课堂教师鼓励的幸福感，而这也正是今后数学课堂教学特别是思考题教学的重要导向之一，那就是要转变教学方式，把课堂还给学生。

2. 培养学生数学思考的习惯。

思考题相比于普通习题，对学生数学思维能力锻炼能起到更大的促进作用，但对学生数学思考的习惯和能力也提出了更高的要求。数学课程标准明确要求数学教学活动，特别是课堂教学应激发学生兴趣，调动学生积极性，引发学生数学思考。本节课通篇贯穿了从简单到复杂、从画图到思考的理念，鼓励学生不畏于复杂的思考题，学会将难题简单化，将3只猴子简化到2只猴子，再复杂到多个猴子，逐步递进，逐步复杂，让学生在轻松解决问题的快乐中学会转化、学会思考，这样使略显单薄和生硬的思考题教学多了几分厚度和深度。

3. 教师要敢于创新。

思维训练课程相比于新知识的教学课程，内容相对单一，任务相对集中，将单个问题拓展成为一整节课，本身就是思考题教学的一次创新尝试。更可贵的是，本课不仅仅局限于解决小猴搬西瓜单个问题，而是将其拓展到实际生活中，不仅有高铁的行车，还有汽车的四轮驾驶和备胎使用、同学们合力搬桌椅等实际问题，最后更有喜闻乐见的"三个和尚"小故事，真正让学生发现，原来数学并不是枯燥的、孤立的，而是生动地活跃在我们生活的每一个角落，只要我们有一颗敢于发现、敢于创新的心，一定能够用数学去创造更加美好的生活！

案例 2.《拼图形 找规律》教学设计[①]

【教学内容】苏教版《数学》三年级下册第 40 页思考题。

【教学目的】

1. 通过用 1 厘米小正方形拼成不同的图形，找到同一系列图形周长的规律。
2. 探索拼成图形的小正方形个数的计算方法。
3. 通过平移的方法，运用转化的思想把不规则图形转化成规则的图形。
4. 通过对所拼图形与周长算式之间的观察，让学生充分感受数形结合。

【教学难点】

了解所拼图形算式的原理。

【活动方法】

小组合作，实践操作。

【教学过程】

一、独立预练，激发思维

同学们，课前老师让大家准备正方形，你了解正方形的哪些知识？如果边长是 1 厘米，它的周长是多少？像这样两个相同的正方形拼在一起，变成了什么图形？你还能说出它的周长吗？

设计意图　本节课将利用边长 1 厘米的小正方形进行拼搭，正方形和长方形是最基本的图形，即使拼成较为复杂的图形也基本都要转化成长方形和正方形。这样的开头既是一个引入，又达到复习周长的效果。

二、操作辨析，开发思维

你们想不想也像老师这样拼一拼？今天这节课，我们就来玩一玩这些小正方形，不过，我们是有要求的。

1. 活动一：拼一拼，看哪个组能拼出不一样的正方形，并按顺序排排队。

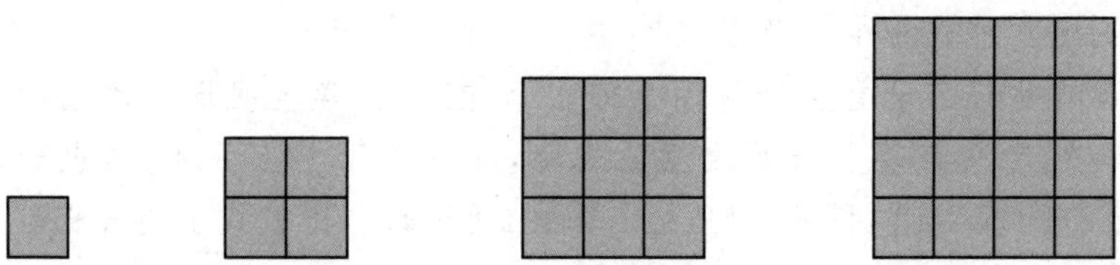

(1) 学生活动：四人一组根据要求进行活动，老师将把活动好的小组的成果拍给大家看。

(2) 小组汇报：你们是怎么想的？各用了几个小正方形，周长分别是多少？

---

① 此案例由盐城市第一小学教育集团刘龙虎、祁正来老师设计。

(板书:小正方形的个数　图形的周长)

(3) 总结交流:正方形的个数=边长×边长,周长=边长×4。

设计意图　拼搭正方形是最基础的活动,相当于热身。小正方形个数都是用边长乘边长,周长为边长乘4。要求学生将这些图形排排队,目的就是引导学生操作和思考都需要有序进行。同时,视频上传的方式更能激发学生强烈的求胜欲,为后面独立活动激发兴趣。

2. 活动二:看一看,根据现有长方形的规律拼出下一个图形。

(每个长方形图依次出示)

(1) 老师拼了个长方形,又拼了一个,现在谁能猜猜我后面会怎么拼? 你也能接着拼吗? 自己在桌上拼出你认为的图形。

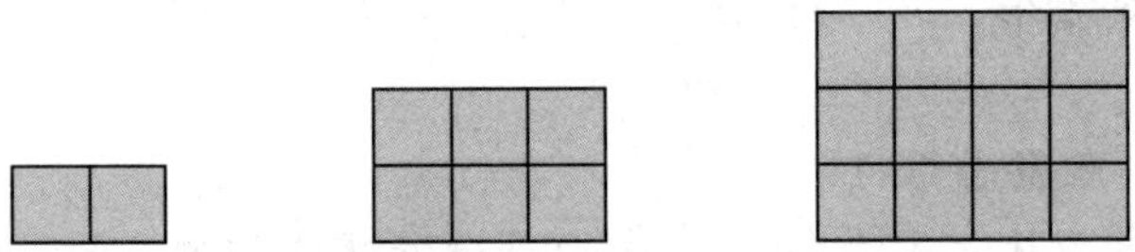

(2) 最初大家都没法确定,经过交流发现每个人想的不太一样,目前还不能确定规律是什么。我们再出示一个问题:你发现这些长方形有什么特征? 它们之间有什么样的规律?

学生回答,并分别将长和宽标在图上。(每个图形的长都比宽多1,它们是相邻的两个数,后一个长方形比前一个的长和宽都分别多1)

每个图各用了几个小正方形,周长分别是多少? 分别说出求周长的算式。

观察:它们的周长都相差几?(相邻的两个图形周长相差4)

思考:为什么呢?

交流:从图中可以看出,每条边都比前一个图多1,周长就多4。

(3) 还发现了什么? 第几个图就摆几层,宽就是几。这样摆下去,第6个图,长是几? 宽呢? 共用几个正方形,周长是多少? 如果这个长方形一共用了56个小正方形,会是什么样的呢? 能求出它的周长吗?

设计意图　本环节没有直接将图全部出示,直接让学生找周长之间的关系,而是通过观察、猜想、交流,先发现长方形之间的规律,既培养了学生的能力,也能通过操作、比较,发现周长变化的实质。利用图形,结合算式,通过数形比较找出周长相差4的原因。

3. 活动三:想一想,能很快说出每个图形的周长吗?

师:刚才我们拼的是长方形和正方形,难不住大家,现在我们来观察这一组图形。

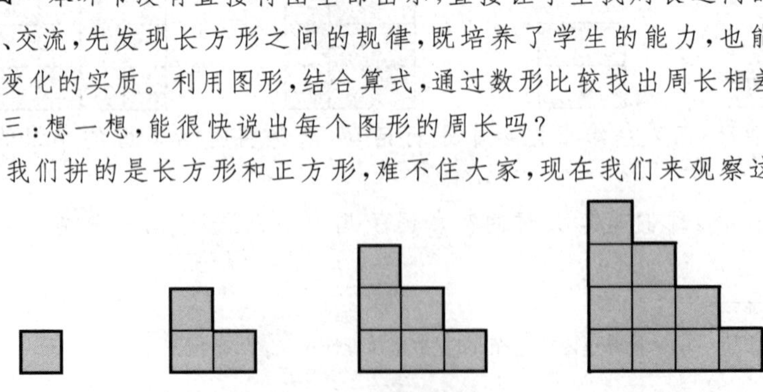

思考：这里的小正方形是怎样排列的？周长分别是多少？

操作：先请学生汇报想法后自行白板演示，教师通过课件移动变线完成转化。

总结：同学们真厉害！运用以前学过的知识来帮我们解决问题。周长就是围成这个图形的边线的总长，通过平移，把不规则的图形转化成规则的图形，周长计算就方便多了。

设计意图　学生已经初步学习过图形的平移，将图形边线上的部分线段平移后，就是将周长原来不规则形状转化成规则的图形，周长计算就显得更加容易。以上三个活动，正方形—长方形—不规则图形，从图形上看逐步复杂，每一活动又有不一样的训练重点，为思维拓展提供知识基础及活动经验。

小结：刚才我们用小正方形拼成了不同的图形，我们凭借已有的活动经验，通过“操作—观察—探索—发现”，找出计算每个图形所用小正方形个数以及它们周长的规律。接下来，请同学们自己来“拼图形，找规律”。

三、巩固基础，拓展思维

下面的图形都是用边长 1 厘米的正方形拼成的。

1. 看看它们是怎么拼的？

请你照样子拼一拼，填一填。学生先自主探究，再集中汇报交流。

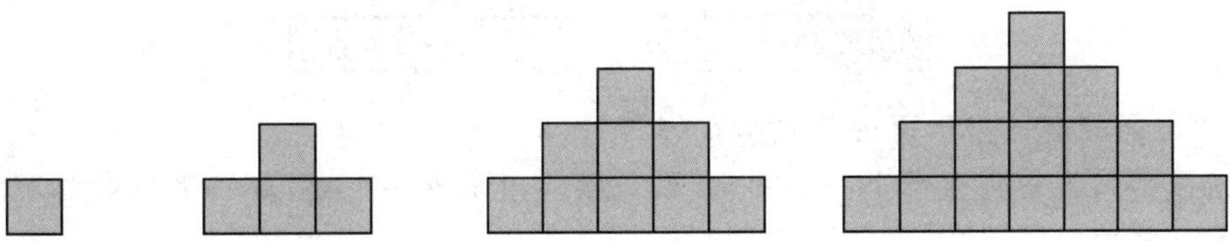

2. 每个图用了多少个正方形，你是怎么数的？

1　　　　1+3　　　　1+3+5　　　　1+3+5+7

1×1　　　2×2　　　　3×3　　　　　4×4

通过算式的观察得到两组算式之间的关系，通过图形的割补，都变成正方形。（教师在黑板上演示变为正方形）

1、3、5、7，我们数学上又叫什么数？从 1 开始的连续几个单数和，就用几乘几。照这样摆下去，猜一猜第 5 组图形一共用多少个小正方形？（出示图例）第 8 个呢？

设计意图　先给学生自主拼一拼、填一填，小正方形的个数由于图形不复杂，通过数的办法比较容易，如果再多些，就有必要找到更科学的办法。其实小正方形的个数，就是求从 1 开始的若干个单数相加的和。将左边部分分别拼到右边，就可以变为一个正方形。通过图形变换，将思维可视化，既能促进学生对知识的理解，又能加深学生对方法的记忆。

四、纳入结构，深化思维

1. 每个图形的周长是多少？你是怎么算的？（板书）

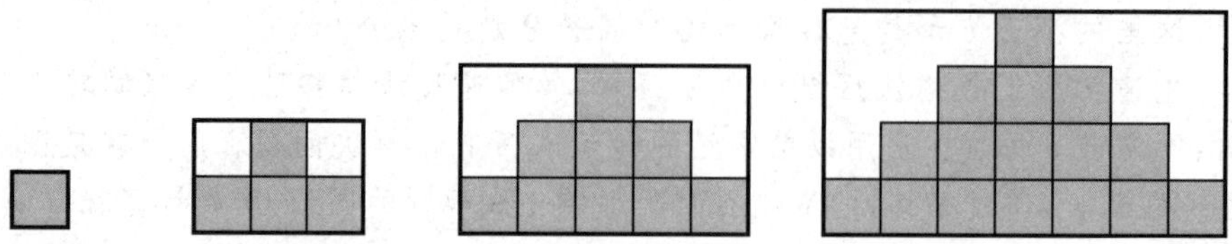

$1\times4=4$　　$(3+2)\times2=10$　　$(5+3)\times2=16$　　$(7+4)\times2=22$

2. 小华用了算式来表示，他得到的周长和我们结果一样吗？你们和他的想法一样吗，请把你的思考说给大家听听。（课件演示）

4　　$4+6$　　$4+6\times2$　　$4+6\times3$

学生汇报：

（1）直接看计算的结果，依次比前面多了 6 厘米。

（2）看计算的式子，每次变化后长多了 2 厘米，宽多了 1 厘米，周长多了 6 厘米。

（3）每一个图接着上面那个图再摆一行。原来周长的底边往下移，其他的边不变，新的图形的周长相当于只在左右各增加一个小正方形的三条边，也就是 6。

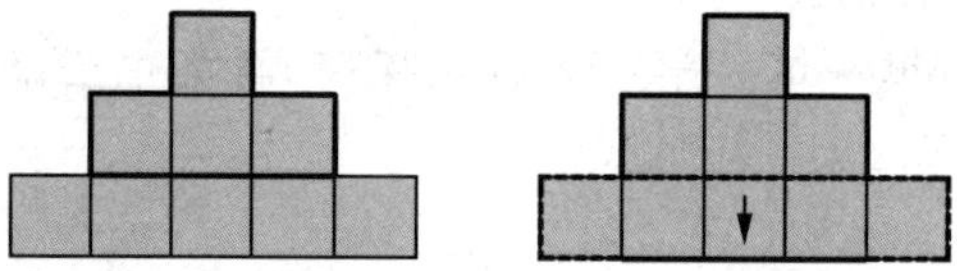

3. 你能接着写出下面的算式吗？$(4+6\times4)$

请同学们接着再摆出下一个图形，数一数所用正方形个数，算一算拼成图形的周长是否是这样的？

活动小结：刚才我们在数正方形个数时，也就相当于求从 1 开始的连续单数的和，通过正方形的拼和移，发现小正方形的个数就等于层数乘层数。在找这些图形的周长规律时，通过转化的思想，将不规则图形转化成规则图形，通过对算式的观察、图形的演示，我们发现：每一次周长增加的都是 6 厘米。

所以，第 n 个图形的小长方形的个数＝边长×边长

图形的周长＝ $4+6\times(n-1)$

4. 规律应用。

第 6 幅图，一共用了多少个小正方形？这时它的周长是多少？

如果这个图一共用了 100 个小正方形，它是怎么拼的？周长又是多少？

设计意图　找出图形周长的算式，应该不是件难事，尤其是观察已有算式继续写下去，但学生能真正理解这些算式表示什么吗？这是本节课组织学生活动最主要的目的，观察表象的同时学会思考，思考为什么。有了前面活动的基础，根据对周长计算公式的观察，能看出每次都比前一个图形周长多 6 厘米，核心在于这个 6 厘米在哪儿？通过实践—观察—发现—类比，找到规律。

五、回顾总结,发散思维

1. 今天这节课,我们用这些1厘米小正方形拼一拼、玩一玩,探索了其中的一些规律,开心吗?你有什么收获?

2. 数学世界千变万化,在今后的学习中,只要我们用数学的眼光,带着思考去观察、去探索,一定会发现更多的乐趣。

【总体评析】

《拼图形 找规律》是一节典型的思维训练课,取材于苏教版数学教材三年级下册第40页的思考题。在尊重教材编写的意图的基础上,做出了极其富有深度的拓展,充分利用了现有的教学资源,做到锻炼学生的联想、动手、探索、发现、验证以及合作学习等多项能力。在课堂上,教师不仅仅是一个"实践者",这节课通过合理有效的教学设计,把教师和学生作为课堂的两个核心,真正做到了如何把教师另一个"研究者"的身份完全利用起来,促进教、学、研的有效结合,避免了教师"教"与"研"的分裂。同时也通过"行"与"思",将课堂的时间留给学生自己,引导学生进行观察、操作、实验、探索、推理,让学生学会怎么合乎逻辑地思考,也感受到什么叫数形结合,养成大胆假设、合理推断、细心验证的科学态度。

1. 独特的经验唤醒与重组。

教师为了完成教学活动,并不是急促地开门见山,而是由更加基本的正方形知识入手,既做到了带领学生熟悉这节课的基本"粒子"——正方形,也能够帮助学生迅速进入课堂,熟悉自己的角色。而在涉及探索规律时,通过由简单的小组拼正方形,让学生体会到拼图的基本规律,也让学生体会到合作的重要性,更是帮助基础较为薄弱的学生树立自信心,可谓是一举三得。

2. 疏密有致的课堂节奏。

小学数学的教学中,最需要花精力的就是思考题,既要给学生足够的留白,还不能拖沓,因为它背后更多的是需要引领学生的思考,然而课堂时间的限制,以及教学资源、教学环境的约束,使得教师想要拓展研讨较为困难。这节课的教学设计则是通过疏密有致的布置,有效地提高了课堂时间的利用率,既给学生自己动手、合作学习、大胆分享的时间,还避免了课堂的冗长,避开了"处处重点则没有重点"的误区。

3. 有理有据的思考。

"百闻不如一见,百见不如一干"是教师和学生都要做到的。这节课的教学设计中,所有的自主操作都是根据学生的现状和教学目标精心设计的,让学生做到"做数学",参与到"发现数学"的过程中。不是教师在课堂上空讲经验,不做纸上谈兵之事,而是让学生真正走进数学中去"闻一闻",帮助学生参与到了数学的"研",体会到数学活动的美好与新奇。

4. 丰富多彩的设计。

本课的教学目标是很丰富的，除了探索《拼图形 找规律》本身，还通过教师的引导帮助学生内化更多经验，比如说对学生动手能力的锻炼、对学生合作学习的帮助，甚至是自信心的培养都是教学设计者想要在课堂中做到并且完成了的。而且由浅入深地引导学生进行动手操作，不仅帮助学生加快内化进程，也为将来新课教授的知识唤醒和重组埋好了伏笔。

案例3.《和与积的奇偶性》教学设计①

【教学内容】苏教版《数学》五年级下册第50～51页。

【教学目标】

1. 使学生经历探索和与积的奇偶性规律的过程，发现并理解和与积的奇偶性规律。会判断加法和乘法的得数是奇数还是偶数，并能说明理由。

2. 使学生通过举例、观察、比较、猜想、验证、发现和与积的奇偶性的规律，积累探索规律的经验，发展观察、比较、分析、归纳等思维能力。

3. 使学生主动参与探索规律的活动，体会数学内容是具有规律的，获得探索规律的成功体验，树立学好数学的信心。

【教学难点】

发现并理解和与积的奇偶性规律。

【教学过程】

一、独立预练，初步感知

回顾激活。

提问：我们已经认识了奇数和偶数。想想什么是奇数、什么是偶数。

说明：我们按是不是2的倍数把自然数分成偶数和奇数。是2的倍数就是偶数，不是2的倍数就是奇数。

10是偶数还是奇数？10＋1呢？10－1呢？偶数与奇数有什么关系？偶数加1或减1就变成了奇数。

说明：我们在小学阶段通常是研究非0的自然数。

设计意图 通过回顾奇数和偶数的特点，激活学生已有的经验，呈现一个相对简单的问题，初步感知偶数与奇数之间有着一定的关系。

二、尝试辨析，发现规律

研究两个数相加的和的奇偶性。

1. 引导：同学们已经能判断一个数的奇偶性，那你能任选两个自然数相加，判断它们的和是奇数还是偶数吗？

---

① 此案例由盐城市第一小学教育集团张和老师设计。

学生任意举例，指明回答。

教师针对性的板书，每种情况写2个例子(例子全面)。

观察：怎样的两个数相加和是偶数，怎样的两个数相加和是奇数？把你的想法和你的同桌说一说。

猜想：偶数＋偶数＝偶数

奇数＋奇数＝偶数

奇数＋偶数＝奇数

验证：这只是我们的猜想，请你每种情况再多举一些例子来验证。

交流：有找到反例吗？没有的同学坐端正。

小结：通过大量的举例发现：偶数＋偶数＝偶数，奇数＋奇数＝偶数，奇数＋偶数＝奇数。

2. 理解算理。

提问：那你们想知道为什么吗？

理解“偶数＋偶数＝偶数”的算理。

我们知道偶数都是2的倍数，如果我拿一些小棒来表示第一个偶数，像老师这样2个2个数，数到后来会怎么样？再拿一些小棒来表示第二个偶数，也2个2个数，你们觉得能数完吗？把它们合起来，你觉得能数完吗？能数完，说明它的和是2的倍数，也就是偶数。

学生独立说明：奇数＋奇数＝偶数

奇数＋偶数＝奇数

3. 记忆结论：口诀。

练习：数学书左右两边页码的和是奇数还是偶数？为什么？

小结：数学书相邻的两个页码必定是两个连续的自然数，连续的两个自然数中，必定有一个是奇数，一个是偶数。奇数＋偶数＝奇数。所以，和一定是奇数。

设计意图　探究两个数相加和的奇偶性，让学生任意选两个不是0的自然数，并求出和，再通过小组交流，引导学生观察，初步发现其中存在的规律，提出猜想，接着通过举例验证，同时启发学生联系学过的数学知识解释数学规律，应用规律解决简单的实际问题。

三、纳入结构，完善体系

研究几个数相加的和的奇偶性。

引入：刚才我们研究了两个数相加的和是奇数还是偶数，知道了：偶数＋偶数＝偶数，奇数＋奇数＝偶数，奇数＋偶数＝奇数。那你会直接判断下面这个算式的和是奇数还是偶数吗？

1. 3＋5＋7

交流:和是奇数还是偶数?你是怎么想的?

如果再加一个数,和会是奇数还是偶数呢?(要看加的数是奇数还是偶数)

2. 填一个偶数看看。

3+5+7　　　　奇数

3+5+7+10　　　　奇数

3+5+7+10+12　　　　奇数

3+5+7+10+12+14　　　　奇数

在三个奇数后面加上任意多个偶数,和是奇数还是偶数?为什么?

小结:和的奇偶性和偶数的个数无关

3. 再填一个奇数看看。

3+5+7+9　　　　偶数

3+5+7+9+11　　　　奇数

3+5+7+9+11+13　　　　偶数

观察这些算式,和的奇偶性有没有变化?怎么变化的?

预设:变化了,加上一个奇数,和是偶数,加上两个奇数,和是奇数……

追问:也就是说,和的奇偶性和什么有关?

预设:奇数的个数有关。

引导:我们来观察第一个算式有几个奇数?和呢?第二个算式呢?第三个算式呢?

提问:谁能说说从中发现了什么?

小结:奇数的个数是奇数时,和是奇数;奇数的个数是偶数时,和是偶数。

4. 说明算理。

为什么奇数个奇数相加和是奇数,偶数个奇数相加和是偶数?

指名回答。

说明:利用已经发现的规律来说明新的规律在数学上叫推理论证。为什么偶数个奇数相加和是偶数?

讨论:研究到这里,请同学们想一想,和的奇偶性到底和什么有关?有什么关系呢?同桌讨论。

在连加算式中,和的奇偶性与奇数的个数有关,奇数的个数是奇数个,和是奇数;奇数的个数是偶数个,和是偶数。

5. 练一练。

7+8+9+10=

5+17+4+9+13+22+55=

1+3+5+…+29=

说明:前两个让学生口答,说明理由,第三个教师要说明奇数的个数是怎么确定的。

设计意图　探究连加算式和的奇偶性，由于学生已经获得一定的活动经验，通过举例、猜想、验证等探索性活动，组织交流讨论，进一步分析决定几个数连加的和是奇数还是偶数的原因，引导学生由表层深入内核，从“树梢”转向“树根”。

四、回顾整理，实践导行

研究积的奇偶性。

提问：回顾一下我们是如何研究和的奇偶性的？我们是从简单开始，通过大量的举例研究两个数相加和的奇偶性，然后再次通过举例，观察、比较几个数连加的算式，有了初步猜想，而后推理论证了几个数连加和的奇偶性。从特殊到一般，这样的研究方法是我们要掌握的。

师：研究完了和的奇偶性，你还想研究什么？（积的奇偶性）

师：你打算怎样来研究？

师：在举例的时候可以是两个数相乘，还可以是三个数相乘……这样更便于我们研究。

小组合作完成表格。

交流发现：乘数都是奇数，积就是奇数，乘数中只要有偶数，积就是偶数。

追问：判断乘法的积是奇数还是偶数只要看什么？（乘数中有没有偶数）

小结：看乘法的积是奇数还是偶数，只要看乘数中有没有偶数。如果乘数中没有偶数，积就是奇数；乘数中只要有偶数，积一定是偶数。

设计意图　通过组织学生回顾反思活动，帮助学生积累活动经验、感悟数学思想方法，侧重引导学生对规律的探索和发现过程进行反思。探究几个数积的奇偶性时，充分利用学生已有的探索两个数和的奇偶性的经验，放手让学生展开探究交流活动，自主获得相关的发现。

【总体评析】

“和与积的奇偶性”是苏教版数学教材五年级下册安排的“探索规律”专题活动，主要引导学生联系对奇数、偶数等相关概念的已有认识，通过举例分析、猜想验证、归纳总结等形式，探索并发现和与积的奇偶性规律。通过活动，一方面使学生体会数学规律的多样性和趣味性，感受数学知识之间的广泛联系；另一方面也有助于学生从新的角度进一步丰富对奇数、偶数的认识，提升数学思考的水平。

1. 学生的思维树从“树梢”转向“树根”。

对和的奇偶性规律的认识，学生之前还仅仅是建立在单双数的基础上，通过举例不完全归纳得出结论。这样的认识显然是不深刻、不全面的。如何让学生对这部分知识建立起科学、完整、深刻的认识，引导学生由表层深入到内核、由肤浅引向深刻？教师先让学生通过举例获得猜想，再启发学生联系学过的数学知识解释猜想。解释的过程其实属于分析验证，属于不那么严格的证明。通过这样的过程，学生不仅能够进一步确认此前的猜想，而且能够初步领悟规律背后的知识逻辑。在引导学生解释的过程中，既留出了必要的独立思考空间，又注意在关键环节适当加以点拨。这样的教学设计，有张有弛，富有层次，有助于学生主动参与思考，真正感受数学思考的乐趣。

2. 学生的知识树不断生长与长满枝叶。

由两个数和的奇偶性拓展到更多数的和的奇偶性，教师充分利用学生已有的探索两个数和的奇偶性的经验，智慧地设计问题，在算式 3＋5＋7 后面不断地填上奇数或偶数，引导学生观察这些算式，启发学生思考和的奇偶性与什么有关。在这一过程中，教师没有过多地帮扶，更多时候是一个倾听者与提问者。探究几个数积的奇偶性时，充分利用学生已有的探索两个数和的奇偶性的经验，放手让学生展开探究交流活动，自主获得相关的发现。通过一个个重要的问题引导学生厘清思维，从复杂的问题中抽丝剥茧，把握规律的本质，这是学生知识树不断生长与长满枝叶的过程。

教师根据五年级学生的知识基础和思维水平，以及学生对规律自身合理性、确定性的探究心理，在教学时既注意引导学生基于具体的例子进行合情推理，也启发学生通过适当的理性分析把握规律背后的知识逻辑，从而帮助学生逐步提高探索学习的能力，促进其乐于思考、勇于质疑、大胆猜想、小心验证等良好学习品质的形成。

第三节　整理复习课

整理复习课是根据学生的认知特点和规律，在学习的某一阶段，以巩固、梳理已学知识、技能，促进知识系统化，提高学生运用所学知识解决实际问题能力的一种课型，它一般在一个较大的单元或一个学期结束之前进行。经常有人说整理复习课很难上，如何突破这一难点，形成有效的教学模式，我们拟开展利用知识云图，帮助学生厘清知识脉络，形成知识树，初步形成如图所示的主要教学流程。

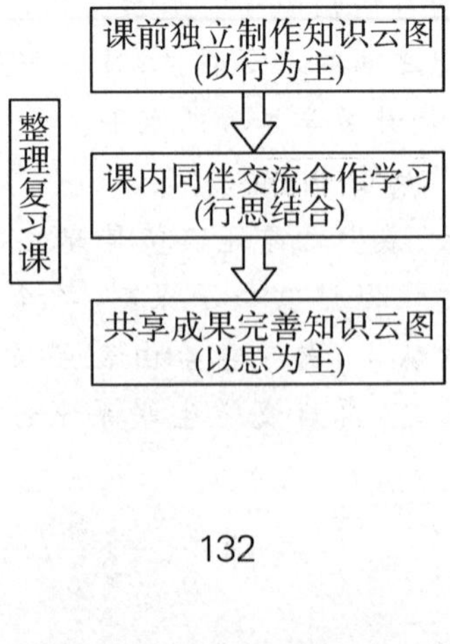

案例1.《“转化”策略》教学设计[①]

【教学内容】苏教版《数学》五年级下册“转化”策略复习。

【教学目标】

1. 灵活运用转化的策略分析问题，并能根据问题的特点确定具体的转化方法，从而有效地解决问题。

2. 在对解决实际问题的过程的反思中，感受转化策略的特点和价值，进一步培养思维的条理性和严密性。

3. 进一步积累解决问题的经验，增强解决问题的策略意识，获得解决问题的成功体验。

【教学重点】灵活运用转化策略解决问题。

【教学过程】

一、课前整理，反思策略

1. 独立预练，以行为主。

师：同学们，上一节课我们又学习了一个新的解决问题的策略，还记得吗？

生：转化！

师：课前老师也布置同学们在课余时间回顾与整理自己已学过的运用到了“转化”策略的知识，我们看一看这几个同学的作品。（陆续出示几幅图）

师：欣赏完同学们的作品，我们开始上课。

2. 尝试辨析，内化规律。

师：（出示例1图）上一节课，我们所学的例1图中，让我们比较哪一个花圃的面积大，我们用了哪些方法来解决的？还记得吗？

生：数方格和“转化”。

师：虽然数方格的方法是可以比较两个图形的面积的，但是有时候却非常麻烦，而且也不太精确，在这里用“转化”的策略是不错的选择。

设计意图　本课一开始便以回顾前一节新授课例题中的“两个不规则图形面积大小的比较”作为驱动，创设了矛盾，引发学生独立思考，课前预设大部分学生会在自己已有的知识网络中，快速搜取“转化”这个策略的相关知识，以及如何用“转化”策略来解决问题。

二、合作学习、同行同思

1. 引出新问题。

师：比较$\frac{4\,999}{5\,000}$和$\frac{5\,000}{5\,001}$这两个分数的大小。（备：有的同学已经有方法了，先把你的好方法放在心里，等会儿大家一起交流。）

---

① 此案例由盐城市第一小学教育集团蔡益文老师设计。

师：分数大小的比较我们已经学过了，我们可以怎样来比较？

生：把两个分数化成小数来比较。

生：用通分的方法来比较。

生：也能用“转化”的策略来比较。

师：三个同学的方法是否都可以解决这个问题？让你选，你选哪一种方法？

生：转化！

师：如何转化？同学们四人小组讨论。

生：我们小组是将这两个分数和特殊值“1”进行比较，在数轴上找到这两个分数的大概位置，$\frac{4\,999}{5\,000}$离“1”还有$\frac{1}{5\,000}$，$\frac{5\,000}{5\,001}$离“1”还有$\frac{1}{5\,001}$。

生：我们小组用了两道减法算式，

$\frac{4\,999}{5\,000}=1-\frac{1}{5\,000}$，$\frac{5\,000}{5\,001}=1-\frac{1}{5\,001}$；

因为$\frac{1}{5\,000}>\frac{1}{5\,001}$，所以$\frac{4\,999}{5\,000}<\frac{1}{5\,001}$。

师：在这里，我们把这两个较复杂的分数大小进行比较，不管是借助数轴，还是减法算式，都是利用了“转化”策略。

2. 回顾解题过程，归纳小结。

（课件出示两种方法）

师：两个分数通过转化，都变成了与“1”有关系的数。老师有几个问题要问：

(1) 我们为什么要这样做呢？（板书：复杂⟶简单）

(2) 我们运用了哪些方法来转化的？

生：利用数轴，利用减法算式。

(3) 我们为什么能这样做？

（转化后，两个较复杂的分数形式发生了变化，表现形式变简单了）

师小结：我们用了数轴，利用了数据变形，将复杂的分数变简单了。而且在转化过后，数据形式虽然变化了，可是大小却没有变，看来，“变”中还有着“不变”呀。

设计意图　在教师出示了新的问题后，学生仔细观察两个分数的特征，四人小组一起通过借助画数轴、找分数大概位置，共同思考，以行助思促“转化”策略获得。在讨论过程中，小组成员之间反复不断地思考、操作、发现、纠正、探究、创新、总结，最后找到可以用“转化”的策略，利用数轴找位置或减法算式，将这两个分数和“1”比较，就容易多了。

三、运用策略，且行且思

1. 练一练第 1 题。

(1) 出示题目。

师：明明和冬冬设计了不同的花圃图案，请问，他们的面积相等吗？

明明和冬冬在同样大小的长方形纸上分别画了一个花圃图案（图中直条的宽度都相等）。这两个图案的面积相等吗？为什么？

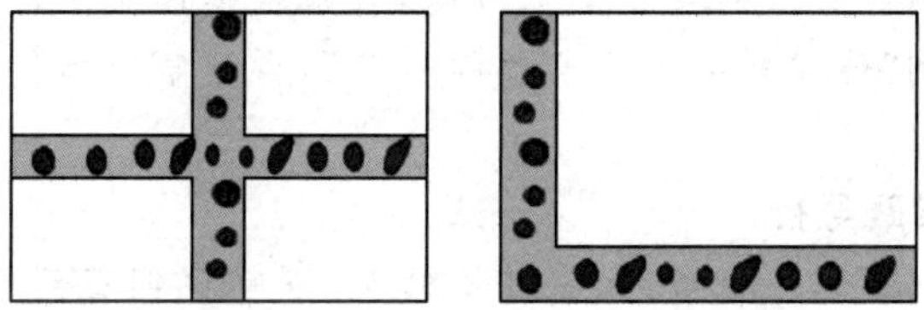

明明　　　　冬冬

生齐看屏幕，一生讲解，师动画演示。

2. 练一练第 2 题。

（1）出示题目（学习单上呈现）。

小华设计了这样一个花圃，他打算给花圃围上栅栏，请问需要多少米的栅栏？

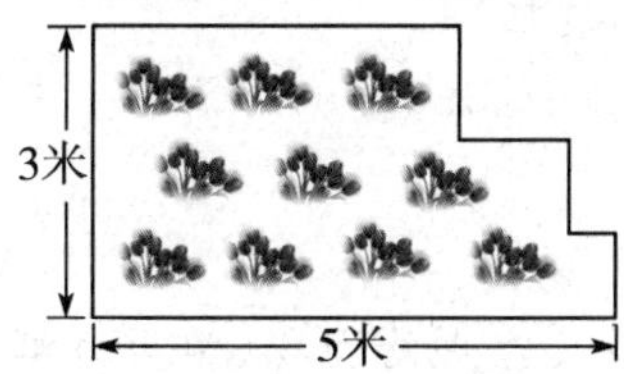

（2）设疑。

师：有什么疑问吗？

生：长度不知道？

师：要想算出这个花圃的周长，至少要量几条边？

生答，师：（课件出示：长 5 米，宽 3 米）请你在学习单上完成。

（动画演示，生齐回答）

3. 练一练第 3 题。

还有的同学设计的花圃是这样的，能用分数表示各图中的花圃吗？（出示第 3 题）

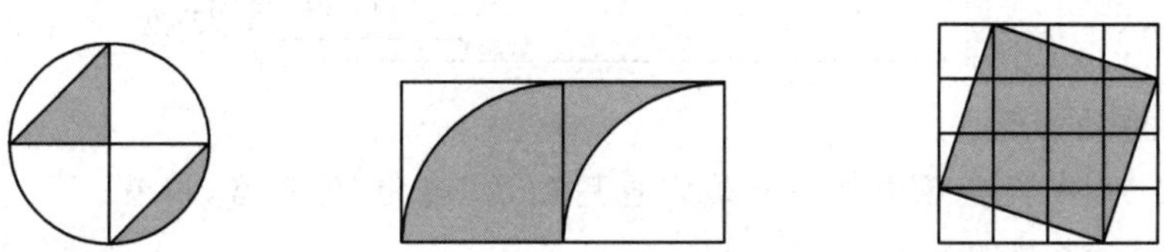

（　　）　　（　　）　　（　　）

学生配图演示讲解。（前两小题中，可渗透问一下：那空白部分占几分之几呢？）

重点讲解第三小题。

师：第三幅图，你的答案是多少？你呢？还有其他答案吗？真理是越辩越明，正确答案，大家辩一辩就出来了，谁先来说？

课堂让给学生来辩。

设计意图 “转化”策略获得后，教师安排了不同梯度的练习，让学生独立运用“转化”这一策略解决问题。其中的第二个练习题，教师根据课本中的练习进行了创编，从各条边的长度未知，到“你想知道哪几条边的长度”，再到解决本问题，一步步地引导学生独立思考。

四、回顾整理，实践导行

师：其实对于“转化”这个策略，大家并不陌生，课前我们曾经回顾了用这个策略解决过哪些问题，现在我们再来看一看同学们整理出的作品。

根据学生作品，总结。

引入：

1. 数与数的转化。

(1) 20 以内数的减法⟶10 以内的加、减法。

例：12－9(请学生讲解转化过程)

(2) 小数乘、除法⟶整数乘、除法。

例：书上小数除法的图

2. 形与形的转化。

(1) 平行四边形的面积⟶长方形的面积(学生讲解转化过程)。

(2) 三角形、梯形的面积⟶平行四边形的面积(学生讲解转化过程)。

(3) 稍复杂的组合图形⟶较为简单的多边形面积或周长。

引出：等周长、等面积。

(板书：复杂⟶简单，未知⟶已知)

3. 数与形的转化。

小宁和小春共有 72 枚邮票，小春比小宁多 12 枚。两人各有邮票多少枚？

你能根据题意把线段图填写完整吗？

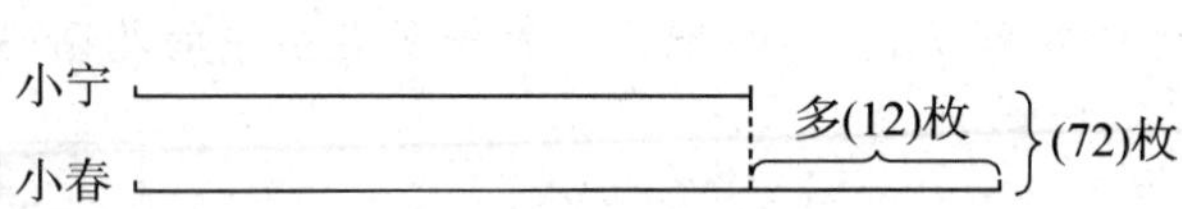

4. 生活中的转化。

师：其实啊，我们生活中有很多地方也用到了“转化”的策略，请看。

(1) 测量一张纸的厚度。

师：老师想要测一测这张纸的厚度，你有什么好方法吗？

(化少为多)

(2) 测量不规则形体的长度。

师：如果我想测一测你的手腕有多粗呢？

（化曲为直）

(3) 测量较大物体的质量或体积。

师："转化"的这个策略，我国古代的一个聪明人曾用它解决过一个难题。

（出示：曹冲称象）

（化整为零）

设计意图　学思行有机结合，从课内走向课外。学生清楚地知道，可以运用"转化"的策略，在已有的、简单的、具体的、基础的知识基础上，把未知化为已知、把复杂化为简单、把一般化为特殊、把抽象化为具体，从而解决各种问题。最后教师和学生一起将已有的知识和经验进行了总结，从"数与数"之间的转化、"形与形"之间的转化、"数与形"之间的转化以及"生活中的转化"等进行了归类。

五、回顾总结，交流体会

今天的课，快要结束了，老师想以一种特殊的方式来总结今天的这节课。老师借助了一款软件，将一位大数学家著作中的文字转化成了语音，请听：

我们所学的有些数学知识，等我们长大后可能不一定用得到，甚至于早就忘掉了。然而不管我们以后从事什么工作，深深铭刻在头脑中的这些数学思想和方法却会大有作用，使我们受益终身。

——米山国藏

最后，老师想告诉你：只要你能认真钻研，长大后的你一定也能用"转化"的方法，为社会做出大的贡献。

【总体评析】

这节课的教学中，教师紧扣新课标，倡导了"行思教学"中以行为主—行思结合—以思为主的课堂结构，也就是课前独立制作知识云图—课内同伴交流合作学习—共享成果完善知识云图的过程。在课堂的实际教学中，注重创设有趣味性的情境，引发学生的思考。

首先，学生在制作课前知识云图的时候，自然会将所学的"转化"这一策略的运用直接内化，内化后会联系自己所学过的内容，从中筛选出运用"转化"策略解决的问题。在这一过程，学生学有方向，学有目标，学习真正地发生了。

其次，在授课过程中，由新知的回顾引出新的问题，由图形的转化到数形之间的转化，原本复杂、看似无法解决的问题，通过教师的引导，小组间的交流与探究，小组成员之间反复不断地思考、操作、发现、纠正、探究、创新、总结，最后发现可以用"转化"的策略来解决问题，学生们利用数轴找位置、与特殊值进行比较，将这两个分数和"1"比较，解决了$\frac{4\,999}{5\,000}$和$\frac{5\,000}{5\,001}$的大小比较。

在练习板块中，由易到难，练习有梯度。第一道题，可以直接口答，全体学生大都可以直接运用“转化”策略，直接完成。第二道题，是将书本上的练习进行了改编，更加灵活，但学生稍作思考是可以解决的。第三道题有三小问，前两小问难度不大，第三小问难度较大，很多同学写成了$\frac{9}{16}$，认为中间涂色正方体的边长是3，对这道题进行答疑时，教师要注重引导学生观察空白部分所占大小。

最后，与一般复习课不一样的地方是，在巩固练习后，教师与学生一起结合课前制作的知识云图，总结归纳出所学过的运用“转化”策略解决的问题，主要是数与数、形与形、数与形之间的转化，帮助学生厘清了知识脉络，形成了知识树，对知识更熟悉。课堂的总结，也采取了新颖的模式，运用一款软件输入一段文字，当场将文字转化成语音，让学生直观体验“转化”在现代科技中的运用，鼓励学生好好学习，立志成才。

总之，复习课的教学，既要立足于课本，又不能局限于本课的知识，要避免复习课的枯燥无味。在复习课中，也要尊重学生的主体地位，让学生动口、动手、动脑。通过整理与复习，让学生真正地将知识内化，形成知识网络，扩展和延伸所学知识。

案例2.《面积单位复习》教学设计①

【教学内容】苏教版《数学》六年级下册“面积单位”复习。

【教学目标】

1. 掌握常见的面积单位的含义，弄清面积单位间的进率以及换算方法。帮助学生厘清知识脉络，形成知识树。

2. 通过练习和操作活动，进一步掌握基础知识与基本技能，在学习过程中积累经验，获得数学发展和处理问题的思想。

3. 体验与同学交流以及获取知识的乐趣，增进对数学学习的积极情感。

【教学重点】常见面积单位间的大小。

【教学难点】面积单位之间的进率。

【教学过程】

一、你能回忆吗？以行为主

1. 谈话。

从三年级到五年级，我们学过了很多面积单位。你们记得有哪些呢？关于这些面积单位，你已经知道什么？（拿出课前制作好的知识云图）

2. 揭示课题。

设计意图 小学阶段面积单位的教学安排在三年级下册和五年级上册，先后认识

---

① 此案例由盐城市第一小学教育集团陈必红老师设计。

了平方厘米、平方分米、平方米、公顷和平方千米。学生虽然学习了面积单位，也能够记住相关面积单位之间的进率，但不少学生并没有理解面积单位的核心意义，也就不能正确推导面积单位之间的进率，更不能借助已有的经验去探索不同面积单位之间的关系。针对学生知道了知识的表象，但不能利用已有经验进行深层次探索这一现实状况，教师在教学面积单位的复习时，让学生课前制作知识云图，用自己喜欢的方法，把对面积单位的相关知识点尽可能多地整理出来，为后续学习研究打好基础。

二、你能尝试吗？行思结合

1. 小组合作交流知识云图。

2. 面积单位的大小是怎样规定的？

平方厘米是怎么规定的，它究竟有多大？

其他几个面积单位也照这样说一说吧。

……

根据学生回答，教师完成板书。

厘米　　平方厘米（cm^2）

分米　　平方分米（dm^2）

米　　　平方米（m^2）

百米　　公顷（hm^2）

千米　　平方千米（km^2）

3. 规定这些面积单位的时候有什么相同的地方？

学生通过讨论后得出：规定这些面积单位的时候都用到了正方形。正方形的边长分别是1厘米、1分米、1米、100米、1千米。

再问：对于面积单位的命名有什么疑问吗？

（为什么大多数面积单位都是平方什么，只有公顷前面没有“平方”两个字？）

小组讨论交流得出：正方形的面积等于边长乘边长，边长1厘米的正方形，面积就是1厘米乘1厘米，两个用厘米作单位的长度相乘，结果得到一个新的单位平方厘米。平方分米就是两个用分米作单位的数量相乘……

因为长度单位有厘米、分米、米、千米，没有百米。如果有百米这个长度单位的话，公顷就应该说成“平方百米”。

小结：确实，公顷就是平方百米，我们从字母表示里也能看出来，它表示百米的平方。因为在长度单位里没有百米这个单位，所以数学家就换了一个词，叫公顷。如果接着根据长度单位创造新的面积单位，你还能说出哪些面积单位？（平方毫米、平方纳米……）

设计意图　对于面积单位的理解，不能仅仅停留于形成面积单位的表象，还要理解每个面积单位的核心意义。面积单位的核心意义就是边长是单位长度的正方形。只有掌握面积单位的名称表示方式里蕴藏的数学运算，才能够形成对面积单位的理解。上述教学过程中，首先让学生借助面积单位的意义去研究面积单位之间的进率。然后进一步思考面积单位的进率和长度单位的进率之间的关系，认识到面积单位的进率就是长度单位进率的平方，进一步丰富对面积单位进率的认识。

4. 复习面积单位之间的进率。

谁能解释一下平方厘米与平方分米之间的关系是什么吗？

引导学生说出：因为1分米=10厘米，1平方分米表示1分米×1分米，也可以写成10厘米×10厘米，所以得到1平方分米=100平方厘米。

提问：其他几个相邻的面积单位之间的关系也能这样说一说吗？

……

两个面积单位之间的进率，也就是利用两个与之相对应的长度单位之间的进率相乘。

小结：记住长度单位之间的进率，就能很快地理解面积单位之间的进率。

设计意图 上述教学过程中，首先让学生借助面积单位的意义去研究面积单位之间的进率。然后进一步思考面积单位的进率和长度单位的进率之间的关系，认识到面积单位的进率就是长度单位进率的平方，进一步丰富对面积单位进率的认识。

三、你能创造吗？以思为主

1. 认识1平方英尺的大小。

师：除了平方厘米、平方分米、平方米、公顷、平方千米这些面积单位，有些国家还使用平方英尺、平方英寸等面积单位。如果想要知道1平方英尺有多大，可以怎样做？

（需要知道1英尺有多长，等于多少米）

师：老师告诉你1英尺等于30.48厘米，那1平方英尺大约有多大啊？

学生独立计算30.48×30.48=929.030 4(平方厘米)

说说对1平方英尺的认识。

1平方英尺比900平方厘米也就是9平方分米稍大些，比10平方分米小些。

2. 认识1平方英寸的大小。

师：已知1英尺等于12英寸，1平方英尺等于多少平方英寸？

（12×12=144，所以1平方英尺等于144平方英寸）

师：1英寸=2.54厘米，1平方英寸是多少平方厘米呢？

3. 如果忘记了平方米与平方分米之间的关系，可以选择什么方法找到这种关系？

4. 补充完善课前准备好的知识云图。

设计意图 上述教学过程中，引导学生根据英尺和厘米的关系推算1平方英尺的大小。再根据英尺和英寸的关系推算平方英尺和平方英寸的进率，帮助学生在拓展知识视野的同时，进一步感受长度单位和面积单位相互依存的关系，知道不同的长度单位对应不同的面积单位，而且能根据长度单位之间的关系推算出相应面积单位之间的关系。这样的认识和体验一定有助于学生更好地理解面积单位的核心意义。

5. 这节课复习了面积单位的大小、进率，还了解了两个国外的面积单位，同学们有哪些新的收获？你还能提出什么新的问题？

设计意图 “有哪些新的收获”聚焦知识和能力，引导学生在自主反思的过程中形成对面积单位相对完整的知识结构。“还能提出什么新的问题”，既是对质疑精神、提问能力的培养，也是对量的知识的拓展，再一次将数学落脚于“从学会数学走向会学数学”。

【总体评析】

这一节课主要是通过梳理知识结构图来复习面积单位的知识。整理复习是在学生已学知识基础上的再提高、再升华的过程，是把学生已获得的“线条”知识，经过整理形成“网络”，从而提高学生综合运用知识的能力，同时帮助学生发现知识上的缺陷，及时给予补救。

1. 以生为本，探寻数学内在联系。

本节课的重点是让学生通过自主回忆、自我梳理，整理归纳形成系统的知识网络。由于学生对所学知识已基本掌握，所以整理复习课要充分体现以学生为主体，教师抓住复习课的特殊性，课前安排学生对面积单位进行回忆整理，制作知识云图。这样就保证学生有足够的时间和空间整理已学知识，只有整理到位，学生才能系统地掌握知识结构。

复习不仅是让学生对学过的知识和方法进行回顾与整理，更重要的是在此过程中启发学生产生新的思考、获得新的知识，进而加深理解，提高能力。为此，教师在带领学生有条理地进行回顾和整理的同时，着力引导学生探寻面积单位的内在联系，启发学生从不同角度、不同层次展开探索和交流。

2. 解决难点，巩固知识。

复习课的主体是知识的再现，而必要的基础训练是再现知识的最好手段。小学数学知识和方法的学习总是与解决相关实际问题联系在一起的。把掌握的数学知识和方法及时应用于解决实际问题，有助于学生进一步体会数学知识和方法的价值，并在此过程中不断加深理解，发展数学思考。

3. 灵活运用，发展学生思维。

本节课教师给学生带来挑战和思考：从学生掌握到的知识出发，提供接近学生已有知识经验和智能水平，但又必须“跳一跳”才有可能够到的问题，于是，教师设计认识平方英尺和平方英寸大小的环节。注意练习内容的层次性和练习形式的多样性：教师不仅精心设计了一系列启发学生开展活动的讨论问题，而且还精心设计了与之配合的练习。这些练习不仅富有层次性，而且形式多样，既有利于学生产生不同层次的思考，形成不同深度的理解，又有利于吸引学生主动地、生动活泼地进行练习。

总的来说，这节课在教学环节的设计、教学资源的运用、学生的学习以及学生对知识的达成等方面表现非常好，突显“行思教学”的理念，精心加工教学材料，灵活处理教材，结合学生的生活实际创设问题情境，重视对学生学习方法的指导，体现了教师的主导作用和学生的主体地位。

案例3.《运算律复习》教学设计①

【教学内容】苏教版《数学》四年级下册第72～73页。

【教学目标】

1. 利用知识导图，回忆整理已学过的运算律，激发学生整理和复习的兴趣。

2. 通过对本单元所学的运算律及学习过程中的思维方法进行梳理，理解相关知识间的区别和联系，进一步加深对运算律的理解。

3. 加强生与生之间合作学习的能力，提高学生综合运用数学知识解决实际问题的能力。

【教学重点】

1. 帮助学生形成知识网络图。

2. 加深对运算律的理解，能进行简便运算。

【教学难点】

1. 学生整理与复习意识的培养。

2. 灵活运用运算律进行简便计算和解决实际问题。

【教学过程】

一、梳理知识，温故知新

1. 谈话引入，思维导图。

师：今天这节课，我们一起来进行运算律的整理与练习。

师：这一单元，我们学习了运算律，回忆一下，我们学习了哪些运算律？

生：加法交换律、加法结合律……

师：根据以往的经验，要把这些知识进行归纳整理，可以怎样做？

生：我是列表的。

生：我用火车，按知识学习的先后顺序进行整理。

生：我用思维导图。

……

---

① 此案例由盐城市第一小学教育集团邓亚萍老师设计。

下面我们就以小组为单位，合作整理。在活动之前，先看一看活动要求。（教师读活动要求）听明白了吗？好，开始吧！

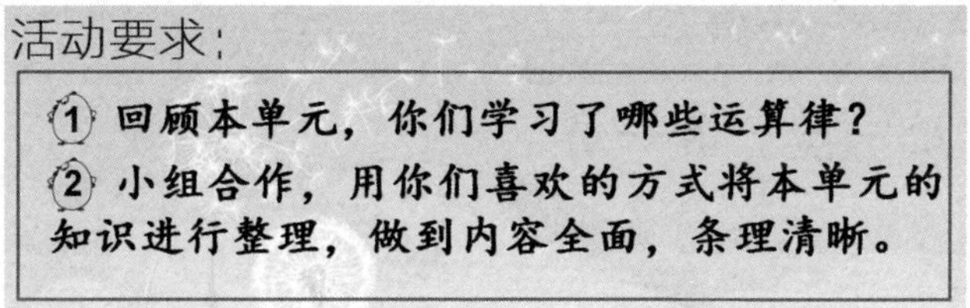

学生活动，教师巡视。

2. 逐个汇报，梳理过程。

教师将完成好的知识整理收上来。

汇报导学单（学生按小组有序汇报）。

师：我们一起来欣赏大家的作品。这是哪个小组的？请小组长到前面来介绍一下你们是怎么整理的。

生：我们是用表格整理的，这个单元学习的运算律有加法交换律、加法结合律……用字母表示是……

师：用表格整理知识条厘清楚。（整理复习第1题）

生：火车形（按顺序列举所学的知识）。这个单元我们依次学习了加法交换律、加法结合律、乘法交换律、乘法结合律、乘法分配律，以及简便计算。

师：你们是按知识学习的先后顺序整理的。你的这列火车装满了知识，提示我们永远不要停下学习的脚步。

生：大树形，灯笼，思维导图。这个单元我们学习了加法的运算律、乘法的运算律，还有运算律的应用……

师：不仅整理了知识，还对知识进行了分类。这样整理便于比较！

师：我们来看加法运算律，它们有什么相同点？不同点？乘法运算律呢？应用加法交换律和乘法交换律可以进行验算。应用这些运算律可以进行简便计算，解决实际问题。这样我们就整理出了这个单元的知识网络图。（边说边画箭头，出示完整的思维导图）（这些整理的方法清晰地呈现了整理知识的思维过程，一般把这样的知识网络叫思维导图）

设计意图 在学生理解了运算律的意义、初步感知了应用运算律可以进行简便计算和解决实际问题的基础上，学生通过自主思考，归纳和整理单元中的知识点，再次加深对运算律的理解，有效地调动了学生学习的主观能动性。

二、分层练习，合作交流

师：咱们班的同学运算律学得特别棒，今日一见，果然名不虚传！同学们学到一身的本领，想不想挑战一下自己？

出示 176＋52＋________

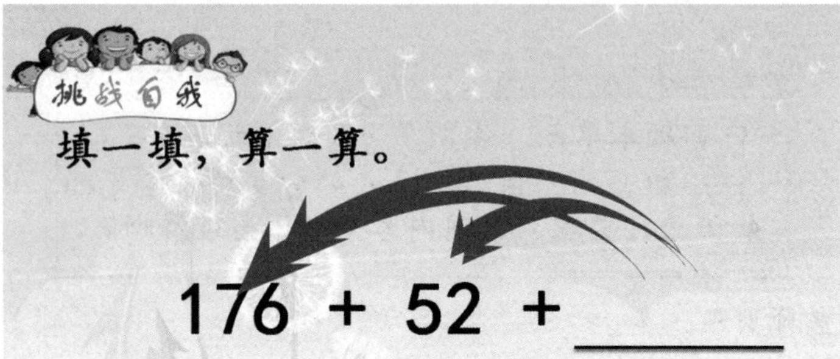

师：横线上填哪些数，可以直接口算出得数？你是怎样想的？计算时运用了什么运算律？

生：填 48，和 52 凑成 100。

师：除了可以填 48，你还想到哪些数？

生：148、248……

师：还有不同的填法吗？

生：填 24，24 和 176 凑成 200。

生：124、224、……

师：还有不同的想法吗？

生：填 12。

师：你是怎么想的？这里运用了什么运算律？（加法交换律和结合律）

生：12 可以分成 4 和 8，176＋4＝180，52＋8＝60，180＋60＝240。

师：他说得怎么样？把掌声送给他！

师小结：只要填的数能与前面的数凑成整十、整百、整千数……都能很快算出结果。凑整能使我们的计算简便！（板书：凑整）凑整时我们要观察数的特点，看到 176 找好朋友 24，看到 52 找好朋友 48。

出示 25×（40○4）

师：圆圈内可以填什么运算符号？

生：＋、－、×、÷。

师：请选择一种符号填一填，出示四个算式。

25×(40＋4)　　　　25×(40－4)

25×(40×4)　　　　25×(40÷4)

师：仔细观察，这里的哪道算式你算得最快？除法！生口算。这道题直接按运算的顺序就能口算出得数。

师：这三道题让你选，哪一道可以口算？

学生口答：乘法。

师：剩下这两道题，可简便计算。男生这一道，女生这一道，在学习单上完成，开始吧！

师：写好了吗？

学生汇报。

师：还有不同的方法吗？

计算时应用了什么运算律？

做完这几题有什么需要提醒大家的？

生：不要多0，少0。

师：是的，计算要细心，还有吗？

生：加号减号，观察要仔细。

师：在计算时，我们要仔细观察数的特点，看清运算符号，做乘法时看到25就要想到好朋友4，看到125就想到好朋友8，然后再选择合适的运算律进行简便计算。

设计意图　在自主学习中，发现问题，寻求解决问题的方法，探索规律，举一反三，用不同的方法解决问题，培养学生思维的灵活性和数感。

三、活学活用，共享成果

师：看得出来，我们班的同学学习能力真强！其实灵活运用运算律可以让我们更轻松地解决生活中的一些实际问题。

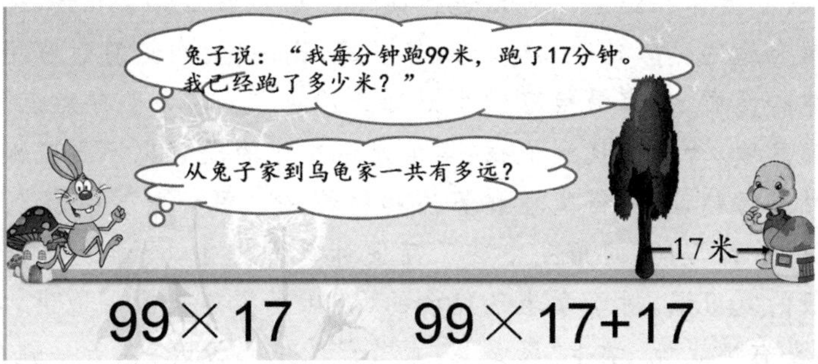

师：同学们，你们还记得龟兔赛跑的故事吗？自从上次比赛后，它们就成了好朋友。瞧，它来了！这一天，乌龟邀请兔子到它家做客(出现兔子)。兔子出发啦！

师：兔子每分钟跑99米，跑了17分钟，来到大树下。兔子：我已经跑了多少米？

师：这个问题你会解决吗？谁来列式？出示算式99×17。

师：兔子抬头一看，乌龟家就在不远处。(图中出示大树到乌龟家17米)

兔子：我家到乌龟家一共有多远？

师：你会列式吗？生答，出示99×17+17。

大屏幕上有：99×17　99×17+17

请你们在学习单上写一写，算一算。

师：同学们算好了吗？谁愿意和大家分享？

设计意图　通过创设故事情境，突破教学难点，让学生在具体形象的生活场景中，理解99×17和99×17+17在进行简便计算时的区别和联系。

【总体评析】

本节课教学过程包含下面三个环节。

1. 以思维导图为蓝本，"理"知识点。

复习课的特点主要是知识的再现与梳理。本节课开始，教师直奔主题"我们进行运算律的整理"，紧接着放手让学生用自己喜欢的方式，小组合作对单元知识进行整理，形成知识网，这个知识网是学生自主构建的，体现了学生的主体地位，这样获取的知识是牢固的、稳定的。另外，根据学生的整理和汇报，教师在黑板上呈现出思维导图，让学生耳目一新、印象深刻。课前用思维导图的形式整理单元知识点，汇报交流时引导学生比较交换律和结合律的异同，重视学生探索知识的过程，培养学生整理复习的意识。

2. 以典型题目为载体，"辨"重难点。

本节课最大的特点就是开放性。练习中出示176+52+____，让学生在横线上填合适的数，能直接口算出结果，通过不同的填法让学生理解只要能凑整就可以直接口算出得数，运用加法交换律和结合律可以进行简便计算。练习时又出示25×(40○4)，让学生在圆圈内填合适的运算符号，选一选，算一算，比一比，在计算过程中必然会应用到相关的运算定律和性质，很容易唤醒学生对知识的回忆，调动已有知识经验进行复习，放手让学生探究算理，为算法找到依据，学生对运算律的理解也不再空洞、抽象，可以用已经完成的题目进行验证，使得算理和算法和谐统一。另外学生一提到计算就望而却步，这一组题目的设计，从不同角度渗透了简便计算的思想，使学生思维的灵活性得到充分锻炼。一般的复习课，对于学生已经会的，教师还在翻来覆去地讲，学生"厌听"；重复的题目太多，没有挑战性，学生"厌做"。本节课的练习设计，在于一题多变，精选复习的素材，开展针对性的练习，让学生在变与不变中理解、掌握运算律。既达到了整理复习的目的，又提高了学生合理、灵活选择运算律进行简便计算的能力，较好地突破了教学的重难点。

3. 以情境创设为铺垫，“明”异同点。

45×99+45 和 45×99，36×101−36 和 36×101 这一组题目是学生进行简便计算的难点，在计算时学生容易混淆、出错。数学来源于生活，同时又服务于生活。教师在教学时通过创设龟兔赛跑的故事情境，降低了教学难度，让学生在具体形象的生活场景中，理解 99×17 和 99×17+17 在进行简便计算时的区别和联系。

复习课要真正上好、上出实效并不容易。教师在教学实践中需要不断摸索，从学生的实际情况出发，灵活选用教法，激发学生的学习兴趣，使学生在复习中主动回忆，认真总结，自觉反思，灵活运用，不断提高。本节课的教学尝试，取得了较好的教学效果。

第四节 评价反思课

评价反思课主要是针对一阶段学习进行反思或对一些练习、检测的讲评以及学生室外数学活动的评价、总结、交流、讲评等。在这种课型中，学生是行在前，在行的过程中会产生一系列的问题，这一系列的问题就会促进学生去思考。初步形成如图所示的主要教学流程。

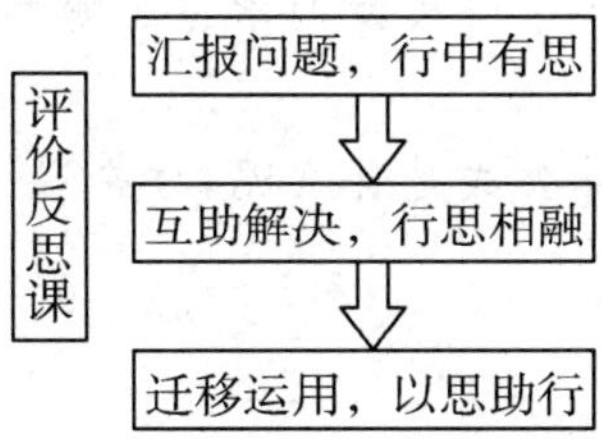

案例 1.《平面图形的面积》教学设计[①]

【教学内容】苏教版《数学》六年级下册第 89～90 页。

【教学目标】

1. 回忆整理已学过的平面图形的面积公式及推导过程，并能熟练应用公式解决问题。

① 此案例由盐城市第一小学教育集团张静老师设计。

2. 探索知识间的相互联系，构建知识网络，形成体系，并从中学习整理知识、领会学习方法。

3. 渗透“事物之间是相互联系的”辩证唯物主义观点及“转化”等数学思想方法，体验数学与生活的联系。

【教学过程】

一、创设情境，激趣导入

在上课前，我们先来猜一个谜语，看着这个画面，请你打一个字？

生：温。

师：祝贺你，猜中了！

师：用这个字请你组个词？提高要求，跟学习有关的——温故而知新。

师：是啊，大教育家孔子曾说过：温故而知新。这是一个重要的学习方法，今天这节课，我们就用这个方法来整理与复习平面图形的面积。（板书揭示课题）

设计意图 兴趣是最好的老师。由于复习课中复习的内容学生早已学过，相比之下，学生不会像新授课那样积极踊跃，课堂氛围会比较沉闷，如何避免这一尴尬现象发生呢？课中巧妙设计了“猜谜语”这一活动，意在激起学生的学习热情，同时强调了本课的学习方法——温故而知新，可谓一石二鸟。

二、汇报交流，行中有思

1. 集中呈现面积计算公式。

师：请同学们回忆一下，在小学阶段我们学习了哪些基本的平面图形？

（随机将平面图贴在黑板上）

这 6 种平面图形的面积计算公式是什么呢，谁来说一说？

点名回答，课件逐一呈现。

2. 逐个梳理推导过程。

(1)小组活动。

师：面积公式同学们掌握得不错，还记得这些平面图形的面积公式是怎样推导的吗？下面请小组合作，每人选 1～2 个图形说一说该图形的推导过程。

教师巡视了解情况。

(2) 全班交流。

让学生任意说说图形面积公式的推导过程。（课件演示）

生：推导平行四边形面积公式时，把平行四边形切拼成学过的长方形，把平行四边形面积转化成求长方形的面积。

生：学习三角形面积的时候，通过平移和旋转，将两个完全一样的三角形拼成一个熟悉的平行四边形，将求三角形面积的问题转化成求平行四边形的面积。

师：还有哪个图形面积推导和三角形一样？

生：推导圆的面积公式时，把圆通过切拼转化成近似的长方形。

……

3. 整理完善知识结构。

师：刚才我们回顾了平面图形面积公式的推导过程。同学们，在小学阶段，我们首先学习的是长方形的面积，再学了其他图形的面积，知道这是为什么吗？

生：长方形的面积是基础，它是图形之间转化的根。

师：是啊，正如同学们所说的，它们之间是有联系的。现在请同学们根据它们推导的过程，将6种平面图形的关系用老师发给你的图片摆一摆。（请拿出信封里的图片，摆一摆）

学生整理，展示，交流。

师：谁愿意上黑板来摆一摆？

（1）摆成一行，请说说你的想法。

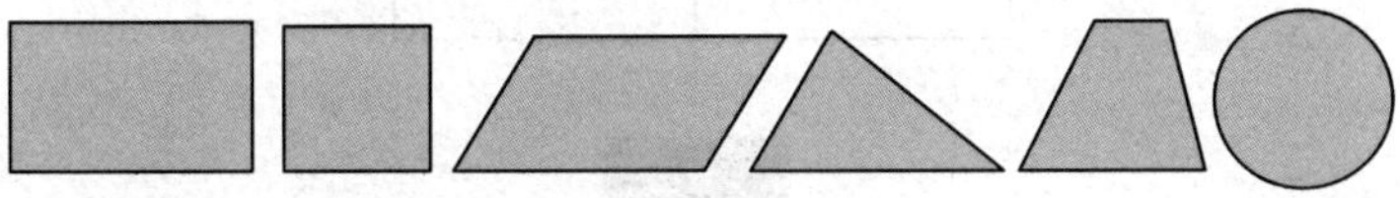

师：谁和他摆法的不一样？说说理由。

（2）摆成网络状。

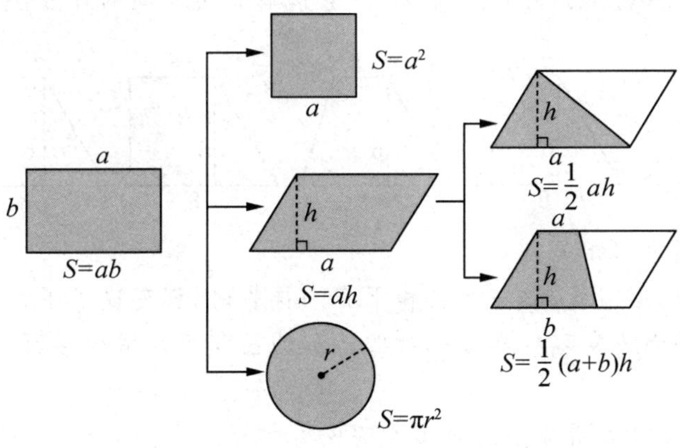

师：请把你的摆法跟大家交流一下。（生到展台前）

师随机引导，并建议加上框架线。

师：从左往右看，看出了什么？

从左往右看，由长方形的面积公式推导出其他5个图形的面积公式。其实图形之间是有联系的。

从右往左看,又发现了什么?

从右往左看,我们在研究新的面积公式时,都把它们转化成前面已经学过的图形。在这里都运用了一个重要的数学思想方法——转化。(板书:转化)在转化过程中运用了旋转、平移、化曲为直等重要的方法。

三、互助解决,行思相融

(课件出示另一种网络图。把这幅图旋转一下,从另一个角度观察)

师:看,像什么?(大树)长方形的面积像什么?(树根)

长方形面积是基础,是啊,基础很重要,根深才能叶茂。

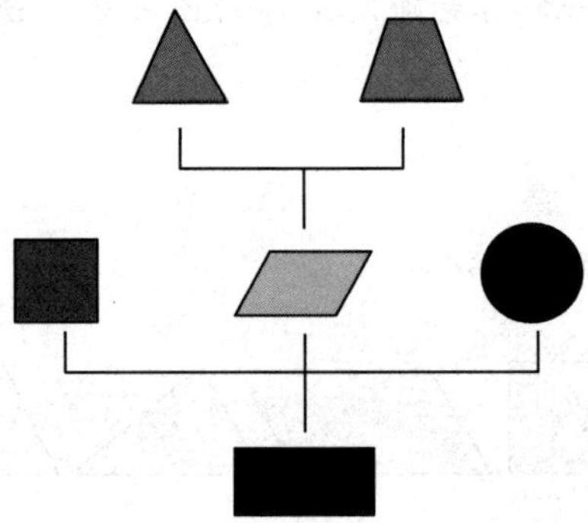

1. 统一计算公式。

师:其实图形之间不仅在面积的推导方面存在联系,在计算方法上也有联系。

学生独立计算后,质疑:发现了什么?(它们有什么相同的地方,有什么不同)

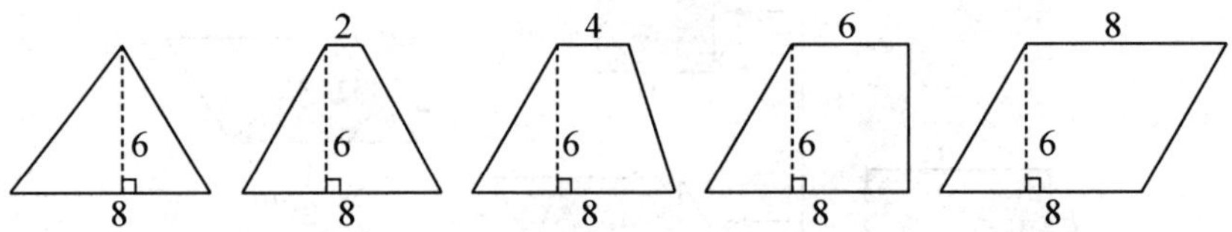

生:高相等,底也都相等。

生:梯形的上底逐渐变大,当上底和下底一样长时,就变成了平行四边形。

师:了不起,伟大的发现!那么平行四边形的面积可以用梯形面积的计算方法进行计算吗?

师:那三角形又可以看成上底是多少呢?

师:好,我们一起来看一下同学们的伟大发现。(课件动态演示)

总结:当上底趋向0时,梯形就变成了三角形,当上底与下底一样长时,梯形就变成了平行四边形。其实,我们所学的几个平面图形的面积都可以用梯形的面积计算。

2. 练习:下面每一小方格表示1平方厘米,请在下面的方格纸中分别画出面积是

12平方厘米的平行四边形、三角形和梯形。想一想，怎样画得又对又快。

及时反馈、交流画法。

质疑：如果高相等，假设都是3或者都是4，那么这三个图形的底有什么关系呢？

设计意图 本课想极力呈现知识梳理中的沟通与联系，将复习课定位于整体知识的架构。有了这样的设想，教师从学生的立场出发，以学定教，以生为本。对知识的梳理，能够让学生自主地回忆复习、梳理知识，通过小组合作交流，让学生去厘清知识之间纵向和横向的内在联系，体会知识的形成过程，使学生了解知识点间的相互联系，构建全面的知识网络，这是复习课的重要任务之一。学生在获得系统知识的同时，学会了整理、归纳的方法，构建了完善的认知结构，有效提高了数学素养。

四、迁移运用，以思助行

师：下面我们轻松一下，听一个故事。

“老人分地”的故事：

“老人分家产。他拿出六根绳子，每根绳长都是120米，让每人到园子里去圈地，谁圈到多大一块地，这块地就属于谁，圈剩下来的地就还留给老人种。”

如果你是老人的孩子，会怎样做呢？

师：为什么选圆呢？如果大家都选圆，想一想，剩下来的地会是什么样的？

师：如果重新读一读这个故事，也许你的选择会有所改变？

师：是呀，学数学会让我们学会从不同的角度去思考问题，如果知道周长相等，圆的面积最大，那么你拥有了聪明。如果明知道圆的面积最大，你却选择了正方形，那么你拥有了智慧。

设计意图 人本主义教育理论认为：“学生是涌动着无限活力的生命体，是教育的起点和归宿。”数学是人类活动的结果，因而是一种文化现象。因此，每一个数学知识的背后自然都有丰富的数学文化，每一个知识内容的背后都有一段动人的数学故事。本节课用数学故事结尾，阐释数学与人生的哲理，细细品味，发人深省。

【总体评析】

“平面图形的面积”一课，主要通过反思平面图形的面积计算公式及推导过程，深入理解各个公式的内涵，探究每个图形的面积之间的关系，评价学生掌握面积计算公式的效果。这是一节很朴实的数学课，由于教师精心设计，层次清晰，扎实有效，既彰显了数学课的学科特质，又不失对学生的人文教育，让人感觉既有深度，又有温度。

1. 反思——前期引领，自主梳理。

斯霞老师曾说：“让儿童课前注重学习，比课后打题海战役来得先进。”因此，本课将复习活动前移，课前指导学生再次阅读教材，并提供学习单，引导帮助学生形成复习的一般思路。课中，让学生回忆“小学阶段我们学习了哪些平面图形”，“说一说各个平面图形的面积公式及推导过程”，“能根据它们公式推导之间的联系，试着将它们整理吗”。学生在独立梳理中一定会对平面图形的面积公式及推导过程进行复习，并自主梳理。教师不仅让学生学会自主整理，还介绍、推荐整理的方法——思维导图法。

2. 建构——整体评价，突显体系。

实践证明，复习课型教学中问题设计的聚焦决定着学生思维的引向。核心问题越精确，越切合于问题核心，学生思维内容的整体架构也就更为合理与完善。

本课进行了两次建构：

(1) 抓核心，推动横向比较。

复习中先让学生对平面图形面积公式进行梳理，围绕以下几个问题进行交流与反思。

①这些平面图形的面积怎样计算？公式是什么？

②平面图形的面积又是怎样推导的？在推导过程中运用了哪些策略？

(平移、旋转、化曲为直等转化策略)

③为什么将这些平面图形这样来安排层次，它们之间有哪些联系？哪个图形最关键？

④在本节课中，你最大的收获是什么？

让学生小组合作，自主整理，初步形成网络架构。这是第一次建构，以长方形的面积为中心，通过独立思考、小组学习、全班交流，让学生厘清知识之间纵向和横向的内在联系，体会知识的结构沟通过程，使学生了解各个平面图形面积推导公式之间的相互联系，构建全面的知识网络。学生在获得系统知识的同时，学会了整理、归纳的方法，构建了完善的认知结构。

(2) 借聚类，启发纵向同质迁移。

在结构关联中，通常会关注到知识点或技能间的显性横向联系，其实这还不够，梳理还处于一种横向平面化的线性网络，如果能纵向类比，提升聚类变化，就有可能实现更高质量的结构方法理解与迁移。因此，本课设计了这样一组练习，让学生在梯形的变化过程中，体会到平面图形面积公式是有联系的，它们是相互转化的，它们的面积计算方法其实是相通的，都可以统一用梯形的面积计算。这是本课第二次呈现网络结构，以梯形的面积计算为中心，成聚拢状结构。

3. 应用——且行且思，提升素养。

让学生画出面积是12平方厘米的平行四边形、三角形、梯形，再次渗透当面积相等、高相等，底之间的关系，并且能用今天所学的知识，总结出画得又快又对的好方法。这个环节是对本节课所学知识进行综合运用，最后环节以故事结尾，每一个数学知识的背后自然都有一个丰富的数学文化，每一个知识内容的背后都有一段动人的数学故事。结尾不仅渗透了周长相等，圆的面积最大，还阐释了数学与人生的哲理，细细品味，发人深省。

复习课给学生带来什么？无论是整理、建构，还是应用环节，教师都着力教给学生学习的方法、解决问题的方法。所以，复习不仅仅是再一次的知识梳理，更多的是对原有素材的再次加工、再次提炼。沟通点状知识之间的内在联系，使之连成体系、形成结构，在对知识进行整体认知架构的过程中，帮助学生形成自主复习整理的方式与能力，提升其综合应用的思维水平。

案例2.《"包含与排除"问题》教学设计①

【教学内容】苏教版《数学》六年级下册第83页。

【教学目标】

1. 能画图表示事物中的数量关系，能解决一些特殊的数学问题。

2. 掌握用不同的图分析问题，感受用图分析问题和解决问题的魅力，让学生根据实际情况选择合适的图解决问题。

3. 体验用图描述事物的直观性，鼓励学生在合作交流中培养问题意识和探究能力。

【教学重难点】

能画图表示事物中的数量关系，能解决一些特殊的数学问题。

【教学过程】

一、建立模型，行中有思

1. 活动引入，形象感知。

(1) 无重复情况。

师：谁来告诉老师咱们班男生有多少人？女生有多少人？

师：如果要算咱们班男生和女生一共有多少人，你准备怎样列式？

(学生说，老师板书算式)

(2)有重复情况。

师：是的，这里算总数，我们只要把两部分合起来就可以了。

师：那谁能告诉老师咱们班学号是6的倍数有多少人？学号是8的倍数的有多少人？

① 此案例由盐城市第一小学教育集团赵小明老师设计。

生：学号是6的倍数的有10人。

生：学号是8的倍数的有7人。

师：那么学号是6和8的倍数的同学一共有多少人？你准备怎样来列式计算？

生：用10+7=17(人)。

生：不能直接相加，因为里面有6和8的公倍数。

师：同学们，实践是检验真理的唯一标准，下面老师先跟大家一起做个游戏。

师：现在请学号是6的倍数同学站到老师的右边。

师：学号是8的倍数同学站到老师左边。（有2人不知站哪，跑来问老师）

师：同学们觉得他们站哪最合适？

生：站中间最合适。

师：好的，老师把舞台交给你们。

师：现在我们请6的倍数的同学举右手，8的倍数的同学举左手。

师：你们为什么两只手都举起来了？

生：我们既是6的倍数也是8的倍数。

师：谁来说一说只举右手的同学表示什么？

生：他们学号只是6的倍数。

师：只举左手的同学又表示什么？

生：他们的学号只是8的倍数。

2. 独立画图，全班交流。

师：同学们，能用自己喜欢的图直观、形象地表示它们之间的关系吗？

生：（学生汇报）

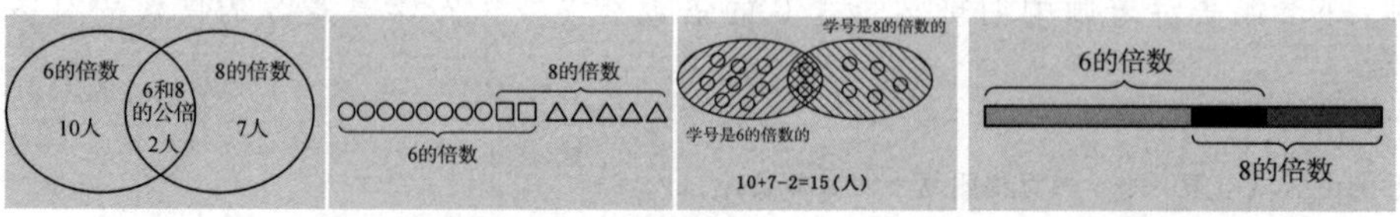

师：老师这也有两根小棒，如果一根表示学号是 6 的倍数，还有一根表示学号是 8 的倍数，你能用它们反映两组数量之间的关系吗？

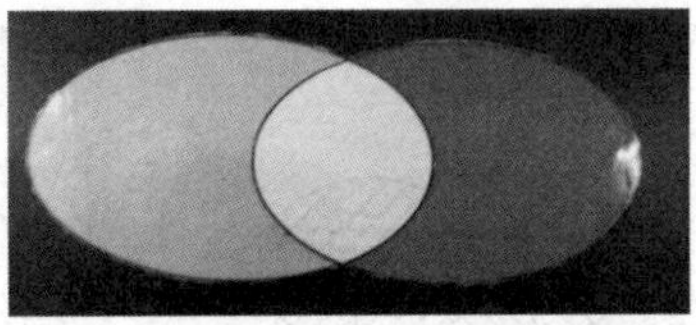

师：学号 6 的倍数和 8 的倍数的同学一共有多少人？求的是哪一段？

（学生争着介绍自己的图，全班同学互动）

学生介绍集合图时，教师课件介绍韦恩图。

师：同学们，你们的图都能直观、形象地反映两组数量之间的关系。

3. 解决问题，思维碰撞。

师：同学们，你们能结合图列出不同的综合算式来解决这个问题吗？

师：写好的同学可以组内交流自己的思考过程。

10＋7－2　　10＋(7－2)　　7＋(10－2)　　(7－2)＋2＋(10－2)

（学生主动到台前讲解不同的算式）

师：同学们巧用“图示”解决了问题（板书），你们觉得这样的图有什么好处？

生：不仅直观而且形象。

师：还有助于我们更深入地分析一些复杂问题。

设计意图　学生总是带着已有的生活经验走进课堂，后续学习内容总是先前学习内容的进一步发展和提升。课始，教师开门见山地从班级男、女生的人数入手，并以开放的姿态引导学生真思考、真交流、真研讨。教师把舞台交给学生，让学生在汇报问题的过程中建立模型，做到行中有思，真正体会到巧用“图示”解决问题不仅直观而且形象，还有助于更深入地分析一些复杂问题。

二、行思相融，解决问题

师：同学们，让我们带着刚才的收获一起来看一看数学书上第 83 页的思考题。

> 六年级一班有 48 人，其中 $\frac{2}{3}$ 喜欢跳舞，$\frac{3}{4}$ 喜欢唱歌，没有人既不喜欢跳舞又不喜欢唱歌。既喜欢跳舞又喜欢唱歌的有多少人？

师：同学们，读完之后有没有疑问？或要提醒大家特别注意的地方？

生：没有人既不喜欢跳舞又不喜欢唱歌是什么意思？

生：每人都有自己喜欢的项目。

生：没有人每一项都不喜欢。

生：有的人可能喜欢的还不止一样。

师：题目都读懂了吗？请你用你喜欢的图来表示其中的数量关系。

师：请同桌相互交流，你是怎样用图来表示它们之间的数量关系的？

师：交流好了吗？请你根据自己所画的图列出算式。

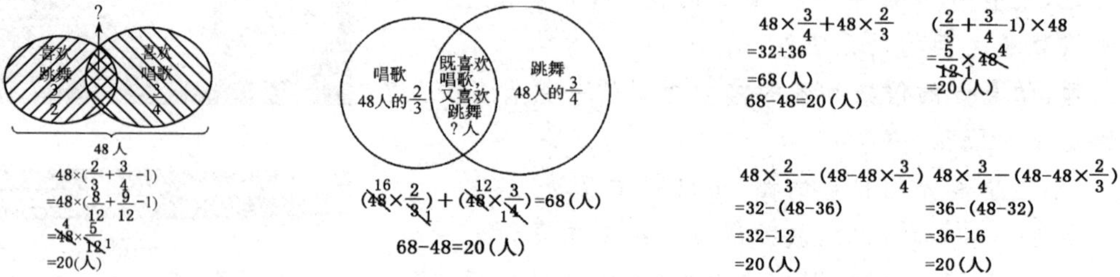

$$48\times\left(\frac{2}{3}+\frac{3}{4}-1\right)$$

结合课件，让学生直观地理解为什么。最终让学生感受到其实我们把它变一变就是线段图。

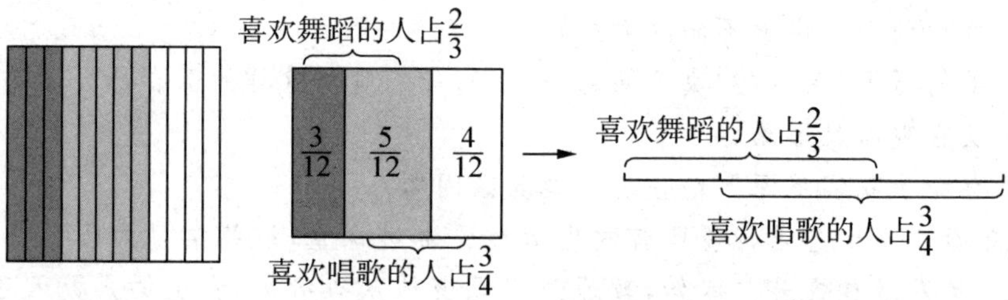

师：回顾刚才的学习，看来呀，这一类题我们借助这样的图来解决都是可以的。

设计意图 动手实践、自主探索、合作交流是学习数学的重要方式。在上一环节，教师给学生充分的时间与空间。这个环节根据学生前面的探索与收获，让学生自主探索数学书上第 83 页的思考题，能力强的学生可以汇报多种解决方法，能力较弱的学生可以借助模型说说自己与正确方法的差距。通过组内、全班交流互助解决问题，做到行思相融。

三、迁移运用，以思助行

1. 比赛问题。

(1) 出示问题。

在春季运动会上，六(1)班同学参加了两项比赛。有 18 人参加田径比赛，参加篮球比赛的人数是参加田径比赛的$\frac{5}{6}$。其中，同时参加这两项比赛的有 8 人。六(1)班共有多少人参加运动会？

(2) 说一说：同时参加这两项比赛比赛的有 8 人是什么意思？

(3) 用集合表示题中各数量之间的关系。

(4) 学生从不同角度列式解答并交流。

(5) 总结：关于两种情况互相包含的这一类题，用求出两个量的和再减去相同部分的方法解决。

2. 活动问题。

(1) 出示问题。

学校组织六年级学生参加周末活动,有45人参加周六的活动,有67人参加周日的活动。其中有22人同时参加这两天的活动,38人什么活动都没参加。六年级一共有多少名学生?

(2) 学生画图并仔细,列式解答。

(3) 全班交流。

(4) 总结:此类题目画图理解,方法容易掌握。

设计意图　通过这样的练习设计,再次让学生体会到巧用"图示"解决问题的好处,建立数学模型,迁移运用,通过分析、比较,更好地运用"图示"解决问题,在探索问题的过程中,逐步实现以思助行。

四、全课总结,且行且思

今天我们一起从不同角度解决了包含与排除的问题,一起感受了图的魅力,其实它是我们很多时候学习数学、解决问题的"拐杖"。在以后学习中能够灵活选择合适的图去解决问题,将为今后的学习打下坚实的基础。

设计意图　通过总结梳理,进行纵向和横向比较,培养学生思维的灵活性,在学习中感悟数学的思想和方法,从而深刻地认识到数学的价值,且行且思。

【总体评析】

本次教学是以数学书上的思考题为媒介设计的一节评价反思的课,教学中教师让学生充分操作解决问题,通过实践走出传统的思考题教学模式,在教学中让学生做到行中有思、行思相融、以思助行、且行且思。

1. 让行思结合,引自主探究。

波普尔曾说:"正是问题激发我们去学习,去实验,去观察,去发现知识。"在数学教学中,教师要重视数学问题的引发、学生思维的激发。本节课开始,教师由"男生和女生一共有多少人"到"学号是6和8的倍数的同学一共有多少人",将生活中的素材问题融入教学中,从而使学生轻松理解相应内容,并且通过学生自己的探索与交流,解决问题,思维碰撞。这样教学,让学生做到行与思结合,在自主探究过程中充分经历建构知识的认知加工过程,在交流活动中分享探究成果,学习效果更好。

2. 让解决问题,引行思相融。

在数学课堂中,对于书上的思考题,教师让学生进行自主探究、合作交流、互助解决,这其中既有外显的行为操作活动,也有思维层面的操作活动。从中,学生能获得融直接经验与间接经验为一体的数学活动经验。在运用前面探究出的解决问题策略的基础上,学生通过合作交流、说理总结等方式进一步体会到巧用"图示"解决问题不仅直观而且形象,还有助于更深入地分析一些复杂问题。这个环节的探究活动直接指向问题的解决,而非获取第一手直观体验,学生不仅在活动中有体验,而且在活动前、活动中、活动后都经历着数学思考,这不正是行思相融吗!

3. 让以思助行,引灵活运用。

由于学生自身认知能力等方面的情况,数学建模实践过程中需要对各类典型的问题进行全面的接触,从解决"比赛问题"和"活动问题"等典型问题的过程中,更好地理解学习过程中的所得。此外,让策略解决不同类型的问题,既是对学生学习心理的顺应与尊重,也有利于学生更好地体验以思助行解决问题的过程。同时,经历自主探索的过程,不但可以进一步加深学生对巧用"图示"解决问题的认识和体验,而且可以在解决问题过程中感受学生撇开策略背后所体现的不同思维层次,更好地提高学生灵活运用策略解决问题的能力。

在数学教学中,教师还关注学生的个体差异,在自主学习的基础上,让学生彼此展开互动合作,引发学生的数学反思,促进学生主体间的学习共享。让学生真正体会到巧用"图示"解决问题不仅直观而且形象,还有助于更深入地分析一些复杂问题。

案例3.《毕业班总复习试卷》教学设计[①]

一、课前准备:梳理问题,行中有思

1. 教师方面。

在严格组织考试以及阅卷工作的基础之上,进行试卷统计、分析是课前准备的第一个环节,主要是:

(1) 计算全班学生及格率、优秀率、平均分,全面分析全班学生的成败得失,进行纵向与横向比较。

(2) 统计各种题型的错误率及错误的原因,同时集中收集易错主观题以及思维难题,为开展试卷讲评课提供题目来源。

(3) 对试卷中的相关知识点进行整合,增强知识点之间的联系,便于学生系统理解,形成知识网络,同时对于需要集中讲评的题目,要设计好讲评策略、巩固练习、拓展提升三方面的内容,并制作相关的课件。

(4) 对学生进行合理分组,以便在课程中高效地开展"生生互动,小组合作交流"。

2. 学生方面。

在评讲试卷的前一天,把试卷发给学生(如果在时间上不允许,那么至少要在评讲前给学生预留一些时间),让学生分析自己的试卷,并完成以下两件事:

(1) 错题的登记与分析。让学生在自我分析诊断表(下表)中(表格由教师准备),填写自己的错题,并分析错题的主要原因是什么。为了便于统计和整理,告诉学生,错

① 此案例由盐城市第一小学教育集团戚洪祥老师设计。

误原因主要填会但是出错、概念或算法模糊导致出错、不会导致出错三种。

内容／题型／状况	填空	判断	选择	计算	应用题	其他
错题(写题号)						
错误原因						

(2) 上课前，将自我分析诊断表交给小组长，备用。

二、课堂程序：解决问题，行思相融

1. 测试总体情况概述(3 分钟左右)。

由教师简短地概述此次考试的情况，进行横向和纵向比较，表扬学有进步的学生，指出一些智力或非智力因素中“共性”的错误，一般指事先统计的“元知识性问题”“方法性问题”或正确率低于 60% 的题目。

设计意图　提供一些具体的数据，让学生在自我分析的基础上，更好地在集体中认清自己，为学生指明方向，让每个学生明确自己在本节课中的学习重点。

2. 集中讲评阶段(15～20 分钟)。

对前面指出的“共性”错误，用课件的方法呈现。

(1) 第一步进行集中讲评，讲评的方法可以有以下两种：

①集体讲评法。教师集中讲解，过程中主要进行师生互动交流。

②学生讲评法。由个别同学做主讲人，教师辅助点拨，过程中主要进行生生互动交流。

(2) 第二步进行巩固练习，练习的方法主要采用：全班独立完成，个别同学板演，然后进行集体订正交流。

(3) 第三步进行拓展提升，由教师预设相关的拓展题，让学生先尝试解决，然后再集中讲评。

设计意图　集中讲评阶段的三个步骤中，集中讲评主要帮助学生解决知识性难点和方法性困惑；巩固练习主要在学生理解的基础上，尝试练习，在练习的过程中加深理解；拓展提升则是让所有的学生在数学上得到不同的发展。三个层次的设置既有效地澄清学生的错误，又加深了学生对知识的理解，突出了在知识性传授方面教师的主导作用。

3. 生生互动阶段(8～10 分钟)。

(1)分组策略：将学生进行合理的分组，是小组合作学习是否成功的首要环节。在进行分组之前，作为教师，要熟悉每个学生本次检测的情况、平时数学学习情况、语言表达能力等，然后将学生分成 A、B、C、D 四等，其中人数比大约为 3∶3∶3∶1；在分组时，每组6人较为适宜,A等中表达能力特强的同学,与D等中的同学进行搭配,每组可以加一个B或C等的同学,此类小组为第一类小组;B等的同学和C等的同学搭配,然后每个组再加一个A等的同学,此类小组为第二类小组。

(2) 互动策略:根据课前每个同学整理的"自我分析诊断表",有序地交流解决学生的"习惯性问题"(会但出错类和部分概念或算法模糊导致出错类),先向学生提出合作要求,学生互动期间,教师巡回指导,并参与个别小组的交流活动,解决学生的个别问题。

设计意图 当学生开始小组合作时,B等和C等的同学较多的第二类小组,因为每位同学能力相当,错题量和难度相差不多,更利于同学之间的交流,而且在短短的课堂内,学生会有一定的交流成果,便于后期汇报。而在第一类小组中,由于A等和D等的同学在一起交流时,正好利用A等同学的错题较少、能力强的优势,让他们一对一或一对多地帮助D等的同学解决难题,在解决难题的过程中,他们要通过语言讲解、画图分析、列式说明等方法,在这一过程中,让A等同学有成就感,对知识理解更深入,而学困生则能通过朋友式平等的交流方式去理解问题,使每个学生都得到不同的发展。

4. 汇报小组合作学习情况(5分钟左右)。

(1) 小组长汇报错题解决情况。

(2) 教师抽检部分题目的解决质量,由原来错题的学生讲解解题的方法。

(3) 在小组汇报的基础上,对各小组的合作学习情况进行评价,既要评"亮点",又要评"进步"。如果有个别同学未能解决所有的题目,教师应该鼓励这个小组将刚才的交流活动延伸到课外,或由教师在课外个别辅导。

设计意图 以小组为单位展开讨论、交流合作,从而共同完成学习任务。每个学生都能全身心地投入学习中,增强了与同学进行合作的能力;在团队活动中更好地发挥个人的作用。学生的积极性较高,充分地挖掘和调动学生的潜能,突出了学生在教学中的主体地位。

5. 全课总结,布置作业阶段(2分钟左右)。

(1) 对学生提问"本节课,你收获了什么",来进行全课总结。

(2) 布置作业的形式和内容有多种,常见的有:订正错题,将错题整理到错题集上;写试卷分析等等。

设计意图

1. 全课总结时,再次把主动权还给学生,既培养学生的综合概括能力和口头表达能力,又能让学生对于本节课的成功之处进行梳理。

2. 订正错题时,将错题整理到错题集中是为了学生更好地掌握知识,提高解决问题的能力,避免以后再出错;而写试卷分析,则可以把自己成绩的好坏与自己的平时学习情况联系起来,甚至对于教师什么地方教得好,教学中还存在什么问题,学生会根据自己的实际情况说得真实而具体,无疑也会促进教师的教学。

三、课外延伸：迁移运用，以思助行

1. 利用课余时间，将小组中D等同学未能解决的一些题目，由小组中的A等同学继续将它解决，或由教师进行个别辅导。

2. 试卷讲评课结束后继续观察，在课外，学生是否将错题订正，同时进行分析整理错题集；订正的错题是否正确，有些同学是否需要二次订正。

设计意图　任何一个群体中，都会有差异，应该承认差异的存在，而且将这种差异当作一种资源。在课堂的有限时间内，不可能将所有同学的错题全部处理掉，对于A、B、C三等的同学而言，通过集体讨论讲评易错题，小组交流合作学习简单题，可能已经将错题全部解决。但是对于能力较弱、错题相对较多的个别D等的同学而言，虽然有表达能力较强的A等同学进行一对一或者几对一的讲解，但是在生生讨论、合作交流这一环节，还是不能将所有的错题解决，这时，不妨将这种生生交流式的小组合作学习延伸到课外，让学有余力的A等同学帮助D等同学解决其课堂中未能解决的题目。如果碰到一些方法性问题，教师也可以进行课外的一对一帮辅。对于D等同学而言，这样的学习方式不受课堂的时间和空间限制，也不会一味追求课堂内解决的题量而忽视了质量。

【总体评析】

对于试卷讲评课，教师习惯的程序是从第一道题讲到最后一道题或从第一道错题讲到最后一道错题，学生听到自己的错题就认真听一下，将教师讲的正确答案改正到题目的旁边。绝大部分教师在试卷讲评课上经常发火，将它上成了“秋后算账课”，搞得师生双方“生气”。怎样才能将试卷讲评课上得高效？教师从毕业班这一特殊的年级入手，对总复习阶段的试卷讲评进行深入分析，构建了一般的教学模式。具体操作时，主要有以下几点值得学习和借鉴的地方。

1. 充分尊重学生，彰显学生的主体地位。

在试卷讲评的过程中，教师要充分尊重学生，了解学生的学情，然后尽可能多地让学生在小组交流、全班分享中始终处于主体地位。同时，在试卷讲评的内容选择上，要提前做好相应的准备，尽可能让学生自己去总结归纳出错题、难题和好题。在讲评的方式方法上，要重点关注课前、课中、课后三个环节，通过任务驱动、问题引领，为学生创造更多的学习与交流的机会，在此过程中提升学生的学习素养，达成试卷讲评课的目的。

2. 关注过程评价，激发学生学习潜能。

试卷讲评课不仅要完成“错题分析”“疑难互助”“综合应用”等显性任务，还要关注学生的身心发展，要在试卷讲评过程中，不断鼓励学生，维护学生的自尊心和自信心，遇到有创新的学生及时肯定，积极点燃学生的智慧火花。对于成绩不太理想的学生，尽可能多地挖掘其闪光点，加以赞赏，予以鼓励。在教学中，要更多地关注学生的学习过程，

进行学习过程的及时评价，注意把过程性评价和终端评价结合起来，客观、积极地去评价学生的学习行为、学习水平和学习态度，激发学生的学习动力与活力。

3. 强化能力提升，让不同的学生得到不同的发展。

在进行试卷讲评时切忌就题论题，要通过师生互评、生生互评的评析方法，提高学生的数学水平和能力；在“错题分析”中，要重点关注错误形成的原因，帮助学生明确概念、掌握方法、形成技能；在“疑难互助”中，要突显学生的主体地位，重点帮助学生寻找问题思考的途径和方法，让互助双方都有收获；在“综合应用”中，要重点帮助学生拓宽思路，优化问题解决的策略，找准新题与原题之间的联系，在差异辨析中，进一步提升自身能力。

当然，要想上好试卷讲评课，教师要注意讲评课存在的问题，立足数据做好课前分析，尊重学生做好课中交流，关注迁移做好课后延伸，只有这样才能提高课堂教学质量。

第五节　实践应用课

实践应用课，亦可称活动课、实践活动课，它是主要针对数学课程标准中“综合与实践”板块相应的学习内容和形式提出的一种课型，其目的是让学生经历实践与研究的历程，使学生形成对数学的正确态度，发展学生应用数学的能力。初步形成如图所示的主要教学流程。

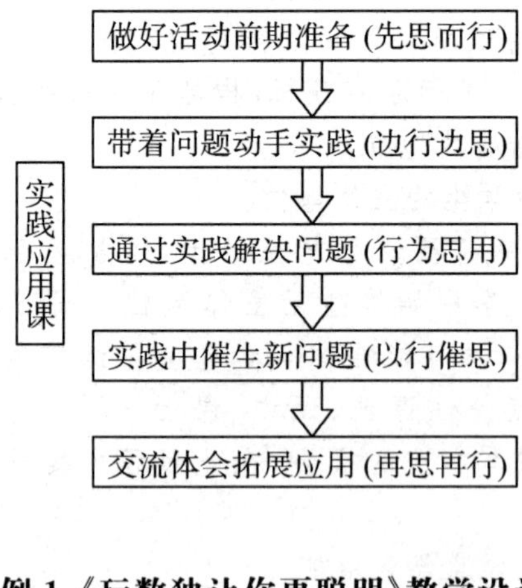

案例 1.《玩数独让你更聪明》教学设计①

【教学内容】四宫数独、简单六宫数独。

① 此案例由盐城市第一小学教育集团苏宗成老师设计。

【教学目标】

1. 了解数独，对横行、竖行和宫的概念要熟知，能填写四宫数独、简单的六宫数独。

2. 培养学生用“唯一法”和“排除法”思考，学会独立做四宫数独和简单的六宫数独，增强对数字的敏感度。

3. 培养学生的观察、分析推理能力。让学生既在同伴之间的交流与团结协作中获得肯定，又在独立思考后获得成就感。

【教学重点】用“排除法”和“唯一法”独立完成数独，培养学生的观察和推理能力。

【学具教具】课件、数独游戏纸。

【教学内容】

一、材料呈现，先思而行

师：同学们，上课前我们来看一段视频……他们玩的是聪明人才会玩的填数字游戏，你们想玩吗？今天这节课我们就一起来学习怎样玩这个叫做“数独”的游戏（板书）。

设计意图　以一段自录小朋友玩数独的视频揭示本节课的内容，吸引学生的注意力。通过言语“聪明人才会玩的”激发学生的学习兴趣。

二、动手操作，边行边思

4	3	1	2
1	2	4	3
2	1	3	4
3	4	2	1

师：这就是刚刚那两位小朋友填写的数独，它的名字叫做四宫数独。观察它，你有什么发现呢？（小组讨论）

生：只能填1、2、3、4。

生：横着看每一行数字都不能重复。

师：好，我们一起来验证一下同学们的发现。在数学上横着的一行叫做行，这个就叫它第一行；这个呢？有几行？几列？还有什么发现？

生：竖着看每一行的数字都不能重复。

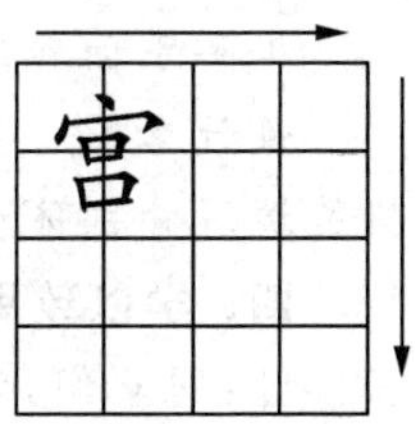

师：（手势带着学生一起验证）竖着的一行叫做列，第一列是？这是？（指在第二列，学生集体回答）这是？这是？像这样的四个方格我们把它叫做宫，这是第一宫，这是？这是？这是？观察每个宫里面有没有重复的数字？（没有）

设计意图　通过小组讨论，学生自己发现四宫数独的填写规则：只能填1、2、3、4；横行、竖行中不能有重复的数字，在验证学生的发现时，介绍行、列、宫的概念，同时增加规则：宫里面也不可以有重复的数字。学习了基本的概念和规则后，描述数独中数字的具体位置，为填写数独铺垫。

师：每位同学都有自己的位置，数独中的数字也有哦，比如这里的数字3，它在数独中的位置，可以是第一行的第2格，也可以是第二列的第1格，或者第一宫的第2格。谁能像老师这样来介绍数字3的位置。

生：第一行的第2格，也可以是第二列的第1格，或者第一宫的第2格。（回答不全，则多个同学补充）

师：请同学们拿出学习单，看第一题，同桌之间互相说一说□中的数字在四宫格中的位置。

4	3	1	2
1	2	4	3
2	1	3	4
3	4	2	1

生回答。

设计意图 先让学生照着教师的样子描述数字的位置，再放手同桌之间互相说一说，有收有放，体现综合实践课的活动特点。

三、独立运用，且行且思

师：看来大家对四宫数独了解得很透彻了，我们一起来填一填吧！你能一下子填出哪一格？

	3	1	
1			3
2		3	4
	4	2	

生回答三种里的任意一种。

师：你是怎么想的呢？

生：这一横行有了2、3、4，所以只能填1。

师：嗯，理由很充分。是啊，当我们找到了三个数，就可以填出第四个数，这种方法叫做唯一法。（板书：唯一法）用唯一法要先找到？

生齐答：找出三个数。（板书：3个数）

师：还有哪一格可以用唯一法填出来？

生回答第二种情况。（列）

师：有没有不同的想法？

生说出第三种。（宫）

师：同学们用唯一法解决了这三格。（多媒体出示三格的答案）还有几格用唯一法怎么填呢？

生举手回答。（说清每一步的理由）

设计意图 将学生的方法总结，介绍唯一法：找到三个数可以填出第四个数。前三格的填写分别体现了从横行、竖行、宫中使用唯一法。

四、学以致用，实践反思

师：同学们，四宫数独好玩吗？想不想继续玩？那我们一起去闯闯关吧？请看第一关。（在作业纸上独立完成第一题）

3		1	
	1		3
	3	4	
1	4		2

师：完成好了吗？这一格填？这一格呢？

生回答。

多媒体出示答案。

师：对照一下，你的答案和老师的一样吗？

师：同学们真厉害，轻轻松松地完成了第一关，我们一起去第二关看看。哪位同学可以直接上来挑战？（生出现填写困难）

师：×××同学遇到困难了，你为什么不填了？

生：我找不到3个数了……

2	1		3
4		1	2
3	4		
1	2	3	

师：嗯，能填出这么多，你已经很厉害了，请回座位。找不到3个数了，怎么办呢？小组讨论。

生：……（随机，教学机智）

师：真聪明，这就是老师要介绍的第2种填写方法，叫排除法。

设计意图　在做题中探寻新的填写方法：排除法。加深印象，更灵活地运用排除法。

师：在第二关我们又学到了新的方法：排除法，来填写数独。让我们带着这两种方法一起走进第三关。哪几位选手愿意上来填一填？谁会是我们1班的最强大脑呢？（播放背景音乐）

2			
3		1	2
	3		
1		4	

1			3
	2		
		3	
4	3	1	

分两轮进行，每一轮请四名同学上来。（贴的形式）

师：紧张而又刺激的比赛结束了，恭喜×××同学，成为我们班的最强大脑！掌声送给他！

设计意图　紧张的活动环境，有利于调动学生的参与积极性，让练习活起来。

师：这是？（六宫数独）同学们见的世面真广！你能把六宫数独和四宫数独进行比较，找出它们之间有什么相同点和不同点吗？

生：六宫数独可以填1～6，四宫数独填1～4。

6	1	3	2	5	4
2	4	5	1	3	6
1	2	4	5	6	3
5	3	6	4	1	2
4	6	1	3	2	5
3	5	2	6	4	1

生：六宫数独有6行、6列。

生：它们都有行和列，还有宫。

师：请你上来指一指，它的六宫分别在哪些位置。生板演。追问：仔细观察每一个宫，你有什么发现？

生：1～6的数字不能重复。

师：在六宫数独中还有哪的填写规则也是这样？（行和列）

总结：六宫数独和四宫数独形式上一个是6×6，一个是4×4，所以六宫数独填写的数字是1～6，有6个宫。但是他们填写的规则是一样的，每一行、列、宫的数字不能有重复。所以在填写六宫数独时，我们也可以运用填写四宫数独的方法，是哪两种方法呢？

生：唯一法、排除法。

师：你可以用这两种方法，把这个六宫数独填写完整吗？

生独立完成。

5	6	3	1		4
2				5	6
3	2		4		1
	1	6		3	
1	5		6		3
6		4		1	2

师：刚刚得到老师奖励的数字卡片的同学，请高举你们的小手，请你们来到黑板上，把你的卡片填到你认为合适的位置。

师：（多媒体出示答案）仔细对照，大家一起完成的六宫数独正确吗？（正确）给自己一点掌声吧！

设计意图　通过四宫数独和六宫数独的比较，让学生自己去发现它们的相同点和不同点。并揭示填写数独的方法都是通用的，排除法和唯一法也适用于简单的六宫数独的填写。

五、交流体会，拓展运用

1. 师：好，同学们平复一下激动的心情。仔细地想一想本节课学到了什么？

2. 你知道吗？

数独最早起源于18世纪瑞士科学家欧拉等人研究的拉丁方阵。后来一位美国的建筑师格昂斯根据拉丁方阵发明了一种趣味的填数游戏，这就是早期的数独。数独发展到现在，出现了越来越多的变形……中国数独第一人是陈岑，他是北京大学的毕业生，国际排名第七名、中国排名第一。

设计意图　了解一些数独小知识，让学生体会到数独的多样性，调动学生自己探索数独世界的积极性，课上学习、课后深入研究，这才是这一节思维训练课的意义所在。

3. 课后思考。

	6	1		3			2	
	5				8	1		7
					7		3	4
		9			6		7	8
		3	2		9	5		
5	7		3			9		
1	9		7					
8		2	4				6	
	4			1		2	5	

师：运用今天所学，课后有兴趣的同学可以尝试完成。

【总体评析】

《玩数独让你更聪明》这节课是一节实践应用课。让学生了解数独,对行、列和宫的概念要熟知,能填写四宫数独、简单的六宫数独。培养学生用"唯一法"和"排除法"思考,学会独立做四宫数独和简单的六宫数独,增强对数字的敏感度。

从观看一段游戏视频引入,激发学生的学习兴趣。学生在观察讨论中发现四宫数独的特点,在学生充分汇报的基础上,教师进行一些概念的传授,比如:行、列、宫。根据数独的特点:每一行、每一列、每一宫里都不能出现重复的数字,提炼出两种填写数独的方法:唯一法和排除法。学生掌握了这些基本的方法之后,运用各种形式练习,让学生完全掌握方法。四宫数独和六宫数独出现的顺序是一前一后,有梯度的教学内容将学生的兴趣点一次又一次地激发,完全掌握了四宫数独填写方法之后,六宫数独的填写放手让学生自己去解决,把课堂还给爱思考的学生,同时也留了一道课后思考的题目——九宫数独,再一次把一个新的兴趣点抛出来,把知识延伸到课后,数学知识的学习在课内课外都可以研究探索。

本节课在增强了学生对数字敏感度的基础上,放手让学生去讨论、研究、发现。同桌讨论、小组讨论、闯关练习、组队完成试题等各种形式的学习活动,让学生充分参与课堂,考验学生的观察能力和推理能力,使学生开动脑筋持续思考,在活动中发生思维的碰撞,掌握填写数独的方法。

案例 2.《玩玩三角板》教学设计①

【教学内容】五年级数学综合实践活动课。

【教学目标】

1. 让学生了解一副三角板中边、角的一些奥秘。

2. 引领学生通过画一画、拼一拼、转一转等活动方式赏玩三角板,演绎图形与几何世界中的角、边、面、体的相关知识。

3. 让学生在活动中发展数学思维能力,积累数学活动经验,体会数学文化魅力,发现、领悟和欣赏数学的美,从而产生喜欢数学、热爱数学的积极情感。

【教学过程】

一、情境引入活动主题

师:春天到了,小明和爷爷一起做风筝(出示情境图),需要画出这些角度的图形,你准备用什么学习工具呢?

生:三角板。

师:哦,你是怎么想到三角板的?(生说明理由)

---

① 此案例由盐城市第一小学教育集团刘海萍、王建荣老师设计。

师：看来啊，解决这个问题利用三角板很方便。是的，三角板是重要的学习工具，也是咱们学习的好帮手。

师：三角板对于大家来说太熟悉了，那么你认识三角板吗？

生：认识。

师：老师这儿就有一副三角板教具，谁愿意给大家介绍一下？（生介绍三角板）

师：是的，一副三角板有两把，为了咱们下面研究的方便，把它们分别称为含有30°角的三角板和含有45°角的三角板。你们知道吗，看似普通的三角板，其中还藏着许多奥秘呢，今天这节课我们就一起来玩玩三角板。

（板书课题：玩玩三角板）

设计意图 通过数学情境引出活动主题，产生利用三角板的需要，自然引出课题，也暗含着后面用它画角的思路，显得很有意义。

二、带着问题动手实践

师：回想一下，我们经常用到三角板，那它都能帮我们干些什么呢？

生：可以画线、画平行线、画图形、画角……

师：刚才有同学提到了画角，下面咱们就来画一画。（板书：画一画）

师：用一副三角板能画出哪些确定度数的角呢？

（学生一分钟时间独立画角）

师：谁来说说你都画出了哪些度数的角？

生：我画出了75°的角。

生：我画的是15°的角。

生：我用90°、45°、30°合起来画出了165°的角。

……

师：还能画出哪些度数的角？（生逐一汇报，师完成板书）

师：利用三角板画出来的角有很多，仔细观察这些度数，又有什么新的发现？

（生交流发现）

师：看来，用一副三角板画出来的这些角度都是15的倍数。按照这个规律推理下去，180°以外的一些角也可以用三角板画出来。

设计意图 让学生带着问题动手实践，用三角板画出不同的角，在展示过程中叙述画角的方法，回顾了所学知识，并把这些角放在一起让学生观察思考，让学生透过现象看本质，寻找到其中的一般规律，提升了学生的数学思维水平。

三、通过实践解决问题

师：刚才我们通过画一画得到一些数学发现。同学们，你们平时喜欢拼图吗？下面咱们利用三角板来拼一拼。（板书：拼一拼）

1. 用一副三角板拼图形。

师：请你利用手中的一副三角板拼着玩，看看能拼成什么图形？

生拼图，重点展示交流：怎么拼成四边形的？有什么发现？

生：我是把这两条边重合在一起的，就拼成了四边形。

生：我发现有两条边是一样长的。

生：我发现含30°角三角板的较长直角边和含45°角三角板的斜边相等。

师：同学们，这些发现是对的吗？那你们手中的三角板是不是也有这样的关系吗？找找看，有吗？

师：老师这儿也有一副教具，是不是也有这样的关系呢？我们一起来验证。

（师生共同验证）

师：看来，一副三角板有两条边是相等的，要想拼成熟悉的四边形，就要把这两条相等的边重合，这可是拼图的技巧啊！掌握了拼图的技巧，想不想再拼拼看？

2. 用两副三角板拼图形。

师：下面两人合作，用两把同样的三角板，把相同的边重合来拼图形，找一找有几种不同的拼法呢？（学生合作拼图）

师：拼好了吗？谁来说说你是选用哪种三角板来拼的？

（1）用两把含30°角的三角板拼图形。

学生汇报：3种、4种、6种。

学生上台演示有序地拼。（6种）

师：这位同学在拼的时候，有什么技巧呢？有无重复与遗漏？

生：他拼得非常有顺序。

生：他这样拼是不会重复也不会遗漏的。

生：他把这两条边重合，就得到了一种，如果翻转这块三角板，又得到了一种，一条边重合就会有两种拼法。

师：刚才认为3、4种的同学，现在你认为有几种呢？

生：6种。（声音一致）

师：现在我们知道一共有6种不同的拼法，如果不用拼，你能想到是6种吗？

生：能。

师：说说看？

生：有3组相同的边，每组相同的边有2种拼法，所以就有2×3=6(种)。

追问：3、2表示什么呢？谁再来说说看。

师：说得非常清晰、很有条理。（课件出示有序的6种拼法）

（2）用两把含45°角的三角板拼图形。

师：刚才有同学用两把含30°角的三角板拼在一起，有6种拼法，那用含45°角的两把三角板是不是也能拼出6种呢？谁来猜猜看。（生猜）

师：我们采访一下用含45°角三角板来拼的同学，你们找到了几种不同拼法？

生：3种。（声音一致）

师：同样是两块三角板，为什么它拼出的只有3种呢？把你的想法与同桌交流。

师：有发现了吗？谁来说说看。

生：这两条直角边重合有2种拼法，因为直角边是相等的，所以直角边拼起来的时候只有2种拼法。

生：因为它的两条直角边相等，拼出来的4种有2种重复了，所以就少了2种。

生：斜边拼在一起只有一种，所以就又少了一种。

师：看来，用两把含45°的三角板只有3种拼法。（课件出示3种拼法）

设计意图 拼图让学生经历了两个层次思考，先是利用一副三角板尝试拼图，发现有两条边是相等的，只有将相等的边拼在一起才能拼出熟悉的图形(四边形)，学生在这个环节有了一些拼图技巧和经验；然后通过两人合作，用两把同样的三角板拼图形，两把30°角的三角板拼出了6种不同图形，而两把45°的三角板只能拼3种，引导学生通过实践思考里面隐含的原因，并用语言表达出来，有效引发了数学思考，也形成了数学活动经验，训练了学生的思维能力。

(3) 介绍“你知道吗？”。

师：利用两把相同的三角板能拼出这么多图形，在拼好的这些图形中，其中有正方形、正三角形(课件：9种图形渐渐隐去其他图形，只留下提及的2个)。你们知道吗？三角板的发明跟这两个图形有关呢，下面请欣赏一段资料。(出示：你知道吗？)

(4) 揭秘。

师：现在知道了这把三角板是怎么产生的吧？(含30°的三角板)这把三角板是由什么对半切开的？(生：等边三角形)如果把两把一样的三角板像这样拼在一起，就会拼成了什么图形？(生：等边三角形)

师：这样一拼，你能发现这把三角板中两条边的关系吗？(较短直角边和斜边)把你的发现在小组内说一说。(说明理由)

生：我发现斜边的长度是短直角边的2倍。

生：它拼成了一个等边三角形，它的三条边是相等的，而这条边里有两个直角边，所以这条斜边的长度是这条直角边的2倍。

师：你观察得真仔细！谁再来说说看。

师：请拿出这把三角板，同桌互相指一指，哪两条边有这样的关系？

师：我们通过拼一拼发现，这把三角板的斜边是这条短直角边的2倍，没想到吧，就这简单一拼还能发现这么多秘密呢！

设计意图 通过三角板产生的资料的播放，不仅进行了数学文化知识的渗透和学习，还引发了学生思考，引导学生探究三角板中边的奥秘，为今后学习新的知识奠定了一定的基础。

3. 用四副三角板拼图形或图案。

师：刚才我们玩出了两把同样三角板不同的拼法，还发现了三角板中的一些奥秘，想不想继续玩？下面我们用四把同样的三角板来拼一拼，我们首先看一下合作要求。

学生合作拼图，展示作品。（贴在黑板上）

4. 交流汇报。

师：我们一起来看看都拼成了哪些熟悉的图形？

生：长方形、正方形、平行四边形、梯形、三角形、菱形。

师：还有同学拼成了这么多的图案（风车、小船、蝴蝶、糖果……），你认为这么多的图案中，哪两个图案有相似的地方？

生：两个里外是正方形的图案。

师：首先我们来看这个图(1)，有什么特征呢？

生：拼成了一个大正方形，里面空白的地方也是一个正方形。

师：仔细看看，这两个正方形的面积有什么关系呢？把你的想法和同桌交流。

（课件演示翻转过程）

师：我们再来研究这个图(2)（弦图）。这幅图有什么特点？

生：里外也是正方形。

师：你们知道吗？这个图还有个专门的名字呢！叫“弦图”（点击课件出示），它可是我国古代数学家赵爽为了数学研究而绘制的，2002 年国际数学家大会在北京举办的时候，还把这幅图作为大会的会标（图 3）呢！可见这个图在数学史上有着重要的地位和价值。

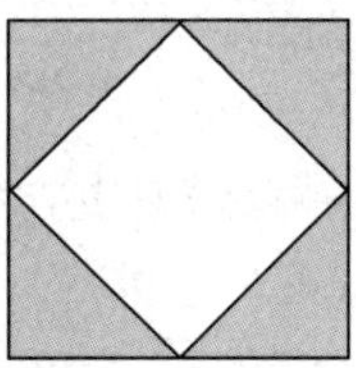
图 1

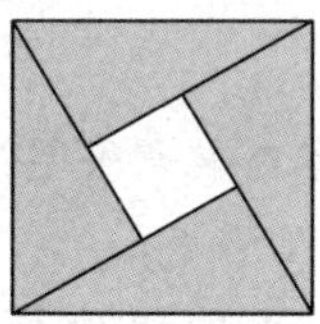
图 2

图 3

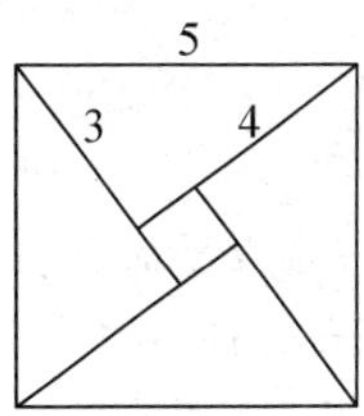

图 4

师：老师也带来了一幅弦图（图 4），它是利用 4 个同样的直角三角形拼成的，如果这个直角三角形的两条直角边分别长 3 厘米和 4 厘米，里面小正方形的边长又是多少呢？你能求出外面正方形的面积吗？动笔算一算，同桌交流并汇报。

生：4－3＝1（厘米）。

生：3×4÷2＝6（平方厘米），6×4＋1＝25（平方厘米）。

师：正方形面积是 25 平方厘米，那正方形边长是多少厘米？

生：5 厘米。

师：你们知道吗？早在1700多年前，数学家赵爽就是利用“弦图”发现了一个重要的数学知识，有兴趣的同学课后可以查查资料，进一步了解它。

设计意图 再次让学生用四把同样的纸质三角板拼图，激发学生的动手能力和创新意识，领悟数学的美，并重点解决一些实际问题，同时通过弦图等知识学习，进一步加深学生对数学文化的了解，还为今后学习勾股定理埋下伏笔，打好基础。

四、实践中催生新问题

师：刚才我们进行了画一画、拼一拼，其实啊，三角板不仅可以拼着玩，还可以把它转着玩呢。（板书：转一转）

师：如果围着三角板的直角边旋转，在脑海里想一想，会形成怎样的立体图形呢？可以同桌合作把直角边插在塑料管上转转、玩玩。

师：现在你们谁来说说，这样旋转在脑海里会留下怎样的立体图形？

生：感觉像沙堆，有个角。

生：像个金字塔，尖尖的。

生：像把撑开的雨伞。

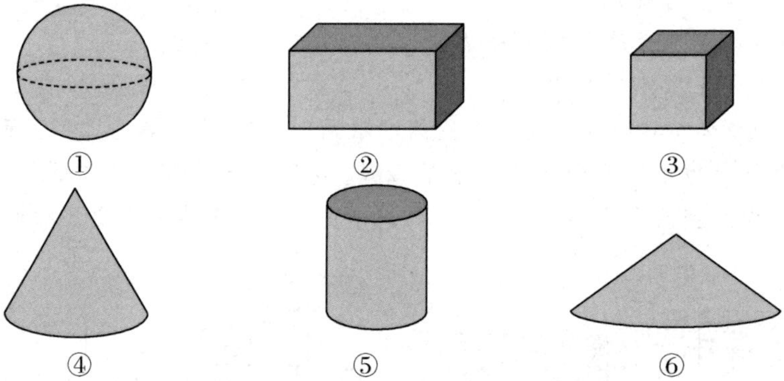

师：为了帮助同学们更好地想象，老师这儿有个转得更快的，快速旋转，想象一下旋转形成怎样的立体图形？能感觉得到吗？

师：这里有几个立体图形，你想象中的会是下面的哪种图形呢？

生：④和⑥。

师：这两种图形在数学上我们把它叫做圆锥体，我们在六年级的时候才会学习研究。

设计意图 在实践中催生出新的问题，三角板不仅可以画一画、拼一拼，还可以转一转。让学生转一转、玩一玩，体现了数学实践活动课的特点；另一方面，由边到面再到体，不断丰富学生的数学认识，有利于发展学生的空间观念，激活学生的思维通路，提升学生的想象力。

五、交流体会拓展应用

师：今天这节课，大家玩得真不错。看来，利用三角板画一画、拼一拼、转一转，还能玩出一片新天地，经常用这样的方法玩玩想想，同学们会变得更聪明。

【总体评析】

本课是一节数学实践应用课，是围绕学生日常学习生活中常用的学习工具——三角板进行挖掘和开发的教学内容。让学生通过画一画、拼一拼、转一转等回顾再现已掌握的几何形体知识构架，了解三角板的自身特点和数学史话，竭力挖掘玩三角板中的有关数学思考的内容，提高学生的学习能力和思维水平。同时体现数学课程标准的精神，着力让学生感悟数学思想，形成数学活动经验和感悟数学的美，让学生体会到身边处处有数学，从而产生喜欢数学、热爱数学的积极情感。

1. 教学思路的安排：从关注数学知识的复习到关注数学思考。

数学课程标准指出：数学教学活动，特别是课堂教学应激发学生兴趣，调动学生积极性，引发学生数学思考，鼓励学生的创造性思维。这节课的关注点在于如何引发学生的数学思考。本课的重点环节"拼一拼"，三次拼图，拾级而上，目标不同，方法不同，要求不同，但都能引起学生进行数学思考，有效锻炼了学生的思维能力，让学生在轻松的玩一玩中，学会了知识，学会了合作，学会了思考。这样做突显了"过程与方法"层面的目标达成，使原本单薄和狭窄的数学教学有了一定的宽度和厚度。

2. 教学素材的选择：既"有意思"又"有意义"。

数学实践活动中，教学素材的选择应该具有现实性和趣味性，还要具有一定的数学价值。正如苏联教育家斯托亚认为：在教学的每一步，要估计学生的思维的水平、思维的发展，才可能进行有效的学习。因此，教学素材选择要力求让学生感兴趣，同时能考虑学科的特点，做到既"有意思"，又"有意义"。比如"转一转"环节，是根据问题进行想象性思考，待学生"口欲言而未能"时，辅助以特别研发的用塑料管转动三角板的学具，让学生实际操作，再接着出示一组立体图形让学生辨别，最后用小电机快速转动三角板的教具进行演示验证。整个教学环节，思、想、做、选、看有机结合，既用"有意思"适应了学生的年龄特征，又用"有意义"提升了学生的想象能力，发展了学生的空间观念，为六年级学习圆锥体的知识积累了一定的经验。

3. 教学着力点的把握：从熟练解题技能到渗透数学文化。

郑毓信教授认为：数学教学不能只停留在知识层面上，要能够体现数学思维的训练，并能对学生进行无形的数学文化熏陶。对于学生来说，甚至对于大多数教师来说，对三角板的产生背景基本没有做过相关的调查和关注。设计中的"你知道吗?"，用课件动态、形象、浓缩地展现了三角板的产生历史，进行数学文化知识的渗透和学习。在了解三角板的产生背景后，还放大它的使用效应，继续组织讨论：含30°的三角板既然是由等边三角板形对半切割形成的，那么能通过这个过程发现斜边和其中一条直角边之间的关系吗？这个知识点虽然要到初中才真正学习到，但利用这个活动进行渗透，引发一些数学思考，得到新的发现，从教学实际来看，是完全可行的。再如“弦图”的教学，着力点调整到数学文化知识的渗透上，同时也有机安排了一些简单的计算，引发学生进行一些数学思考，取得了很好的教学效果。

这一教学内容虽然看上去简单，但经过深入思考和挖掘，将许多知识点有机串联了起来，使之成为内涵丰富、数学味浓、实践性强、学生喜欢、体现数学新课标精神的一节数学实践活动课。

案例3.《钉子板上的多边形》教学设计①

【教学内容】苏教版《数学》五年级下册《钉子板上的多边形》。

【教学目标】

1. 经历画图、填表、分析数据、探索规律的过程，发现皮克定理。

2. 初步感悟通过固定某些变量的值来探求其余变量的变化规律的科学思维方法。

3. 获得由简单到复杂的探究问题方法和经验。

4. 能类比迁移探求问题的方法，尝试拓展研究同类新问题。

【教学重点】

发现、得出多边形的面积与边上钉子数和多边形内部钉子数之间的规律。

【教学难点】

类比推导出一般规律。

【教学准备】

方格纸，多媒体课件。

【教学过程】

一、探究准备，先思而行

活动要求：在钉子板上任意围一个图形，利用自己的方法得出图形的面积。

学生展示自己围的图形，并汇报计算面积的方法：数方格，公式计算。

老师任意展示几个同学所围的图形，要求学生观察：这些图形有什么特点？这些图形面积的大小与什么有关？

师生讨论交流得到：所有的图形顶点都在钉子上，我们把这样的图形称为钉子板上的多边形（板书课题：钉子板上的多边形）。多边形的面积与内部钉子数和边上钉子数有关（板书：面积，内部钉子数，边上钉子数）

师：在数学研究中，要想研究三个数量之间的关系，我们一般要先确定其中的一个数量的大小，再去研究其余两个数量的关系。比如，同学们围的这些图形中，有许多的图形内部钉子数都为1，那么我们就先从内部只有一个钉子的图形开始研究。

---

① 此案例由盐城市第一小学教育集团戚洪祥老师设计。

设计意图　在学生围的过程中，体会面积的计算以及相关概念的界定，在对图形的观察中，逐一理解每个专有名词的内涵，为接下来的探究做好充分准备。

二、初步实践，边思边行

活动要求：

1. 小组成员独自在钉子板上任意围一个多边形，使得这个多边形的内部只有一个钉子。

2. 数一数，这个多边形边上有多少个钉子。

3. 计算这个图形的面积。

4. 把结果汇总到组长的统计表中。

成员编号	多边形的面积	多边形边上的钉子数

5. 小组合作，观察表内的数据，发现了什么？把自己的发现在小组内说一说。

每个小组合作探究，并相互交流。

汇报各小组的探究情况，并得出：当内部钉子数为1的时候，面积＝边上的钉子数÷2，或者说边上的钉子数＝面积×2。

师：如果我们用字母S表示面积，n表示边上的钉子数，a表示内部的钉子数，它们的关系可以表示为：当$a=1$时，$S=n\div 2$。

设计意图　从最简单的图形开始，让规律的探究体现从易到难、从一般到特殊。同时让学生初步体会图形的面积与点子数之间的关系。这一环节既培养了学生的观察能力，同时还为接下来的探究打下基础。

三、深入实践，行为思用

师：刚才我们研究了内部钉子数不变，边上钉子数各不相同时，面积与边上钉子数之间的关系。如果在刚才的研究基础上，让边上钉子数不变，内部的钉子数在原来1个的基础上发生变化，又会怎么样呢？

师：请同学们观察刚才围的图形，思考这样的一个问题：如何在原有的图形基础上，保证边上钉子数不发生变化的基础上，快速地让内部钉子数由1变成2？

生独立操作，并相互交流，得出：将某一边向外拉动即可。

师：请同学们带着这样的发现，继续下面的探究活动。

活动要求：

1. 小组成员独自将原来围的图形进行变化，确保边上钉子数不发生变化，所得到的图形内部有 2 个钉子。

2. 观察得到的图形，想一想现在的面积是多少？比原来多了多少？

3. 把自己的发现在小组内说一说。

生汇报：面积比原来多 1。

师小结：当内部钉子数 $a=2$ 时，面积 S 在原来的基础上多了 1，也就是 $S=n\div2+1$。

设计意图 内部钉子数由 1 到 2，虽说只是增加了 1，但却是一种思维方式的转换，是一种基于前期准备、初步探究基础上的深度学习。学生通过探究，结合内部钉子数为 1 时的经验，重构了初步感知的规律。

四、拓展延伸，以行催思

师：那么当内部钉子数为 3、4 或者更多的时候，面积 S 在最初的基础上又会发生怎样的变化呢？请同学们继续研究。

活动要求：

1. 小组成员在确保边上钉子数不发生变化的基础上，将图形内部钉子数变为 3、4 或者更多，将得到的面积与内部为一个钉子数时的面积进行比较。

2. 把自己的发现有序地汇总到组长的表格中。

3. 观察表格中的数据，发现了什么？

内部钉子数 a	面积与“$n\div2$”相比增加了	面积 S

生汇报，投影展示表格中的数据。

内部钉子数 a	面积与“$n\div2$”相比增加了	面积 S
3	2	$S=n\div2+2$
4	3	$S=n\div2+3$
5	4	$S=n\div2+4$
6	5	$S=n\div2+5$

师生交流得出：$S=n\div2+a-1$。

设计意图　如何由一般到特殊，再由大量的感性操作、理性分析回归到一般规律的得出，这个过程既是本课探究的重点、难点，更是学生感悟探究规律的一般化思想，为学生在以后面对规律探究问题时，提供了一种全新的思维方式。

五、交流总结，再思再行

师：对于这样的发现，是不是对所有的钉子板上的多边形都有用呢？请同学们自己独立操作，在钉子板上任意围一个多边形，并把相关数据填写在小组的表格中，验证这个规律是否正确。

成员编号	边上钉子数 n	内部钉子数 a	面积 S	是否符合规律

生汇报验证结果。并交流 $a=0$，即内部没有钉子数的情况。

师：今天这节课，老师和同学们一起研究了“钉子板上的多边形面积”（补充板书：面积）。我们通过从特殊到一般的方法，发现了规律，并验证了规律的正确性。这正是许多数学家们在研究数学时所用的方法。今天的这个发现，就是数学上著名的皮克定理，它是由奥地利数学家皮克发现的，《格点与面积》这本书就是专门介绍这一知识的，有兴趣的同学可以在网络上或书籍中了解皮克定理。

设计意图　皮克定理的一般规律、一般模型建成之后，其是否正确需要进行验证，此时选择小学生更易接受的实例验证法，让学生在验证中提升规律的应用能力，进一步加深对规律内涵的把握。

【总体评析】

2013 年新修订的苏教版《数学》五年级下册《钉子板上的多边形》，属于教材设置的一个专题活动。教材的编写意图是让学生在一系列探索过程中，通过观察、比较、猜想、验证等方法，得出格点多边形的面积与格点之间的关系。其数学本质是：奥地利数学家皮克发现的一个计算点阵中顶点在格点上的多边形面积公式：$S=a+n\div2-1$，其中 a 表示多边形内部的点数，n 表示多边形边界上的点数，S 表示多边形的面积。这一发现，在数学界又称皮克定理。

如何利用这一载体，让学生在有限的课堂中，经历一次规律的从无到有、从有到优的过程，经历一次数学发现的完整过程。本课中不断让学生进行操作实践，不断通过问题引发学生思考，具体体现在以下三个方面。

1. 高频操作，提高专题教学的活动性。

皮克定理的专题教学与许多专题教学有类似之处：旨在探索一些数学规律，其数学思维性较强，操作机会与数学活动课相比较少。如何让学生拥有更多的操作机会，让学生在动手又动脑的过程中发现规律，是备课时的较大难题。在第一次教学尝试之后，发现学生动手不够，立即将教学的第一着眼点放到：高频、有序的操作活动。尝试建构了“五次动手操作”，让高频率的动手操作贯穿整个教学过程，让学生的智慧在其指尖跳跃。

2. 问题驱动，体现探究过程的思维性。

规律性知识的本身是静态的，只有其探究过程的思维性才能赋予它灵魂，如果在教学中只是将结论呈现给学生，侧重于对结论的应用，会导致学生的思维仅停留在简单的模仿阶段。教学的第二着眼点在于：知识发现、获取的过程。通过每个“活动要求”中问题的精心设计，通过问题驱动整个探究过程，让探究过程时刻闪现思维的火花。

3. 步步为营，彰显数学发现的层次性。

著名数学家波利亚说过：“学习任何知识的最佳途径是学生自己去发现，因为这种发现理解最深，也最容易掌握其中的内在规律和联系。”如何让皮克定理的发现过程彰显层次性，让学生在一步一步的探索活动中，逐渐接近数学本质，是本课的另一着眼点。在教学中，通过层次鲜明的五次探究活动，从表及里，从特殊到一般，从固定到任意，让学生充分感受到数学发现的层次性、逻辑性，感受数学的严谨。

在数学发展的历史长河中，任何一个定理、公式的发现或发明都会经历反复的过程。其中有许多都是通过不完全归纳法进行大量的事实验证，再通过严格的数学证明确认其正确性。在小学数学中，许多数学结论虽不需要严格地证明，但也需要让学生经历“初步构建—发现不足—继承完善—再次构建—验证结论”的完整过程，以此培养的严谨的求知习惯对学生来说是终身受益的。

第五章　行思数学教学的评价

评价是教育过程中教师、教育管理人员经常进行的一种活动，是学校教育活动的基本环节，也是保证学校教育活动沿着正确的方向向前发展的重要手段。著名教育评价专家斯塔佛尔姆强调：评价不在于证明，而在于改进。对教师的课堂教学进行信息反馈评价，其价值在于促进教师专业发展和提高课堂教学效率。在数学课堂教学的每一个环节，充分发挥评价的优势，对学生所反馈的信息，及时、准确、有效地进行评价，让学生在充满信心、享受快乐的数学课堂中学习，真正体会到学习数学的乐趣。行思数学课堂在实践中不断完善教学信息反馈制度，通过激励性评价、肯定性评价、发展性评价等方式帮助学生树立自信、认识自我、提升自我。

第一节　教学评价的视角

针对我国传统课堂教学评价局限，新课程已经把教学评价观的转变作为课程改革向纵深推进的重要内容。近年来，行思数学积极探索课堂教学评价新视角，注重课堂教学信息评估，将教学评价作为师生交流的一种及时、有效的方式而贯穿于课堂教学的始终，对促进学生自我认知、建立师生教学自信发挥着积极作用，行思数学课堂教学评价的视角发生了根本性转换，主要表现在三个方面。

一、从重视教学预设到关注目标生成的视角

作为课堂教学过程中预期要实现的结果，教学目标是一堂课的任务，对课堂教学评价具有很强的指向性。然而，实践中我们经常发现，课堂教学是一个由多因素构成的动态变化过程，教学评价功能的发挥也具有境域性和条件性，课堂的师生互动、学生的大胆质疑和交流的结果有时会偏离甚至违背预期的教学目标。因此，行思数学强调教师要善于驾驭课堂，能敏锐地捕捉到学生的不同见解，因势利导，不断拓展和生成新的课堂教学评价目标，以这个新的评价目标引导学生在解决问题的过程中学会发现新问题，并从中获得思考的机遇和成长的快乐。

生成是师生的思维碰撞，需要把握稍纵即逝的时机，共同完成创造。为此，预设要有弹性和开放性，给生成腾出时间和空间。在传统教学中，教师习惯于把课堂上的一切

都算计在内，把“意外”“节外”都视为课堂异端而加以排除，生成自然无不自然。教师要确立生成的意识，要深入思考课堂教学的总体方向、主要环节和关键内容，把控课堂教学的整体思路和目标定位，为学生的自主活动提供必要的时间。比如在算法多样化的探索上，一年级的“十几减 9”，教师不急于教学生方法，而是提供小棒、盒装小球等学具，让学生自行解决 12－9，然后在学生的算法中提炼、总结并最终确认一两种方法。有教师对实施这种教学的班做过后测，学生能从不同角度解决退位减法，而在教师带着学习的班级，学生解决问题的方法相对单一。

心理学研究表明，人在轻松的时候，大脑皮层的神经单元才会形成兴奋中心，也只有在宽松的环境下，学生才能加快思维进程，才能激发课堂动态生成。课堂上有宽松学习氛围的一种良好体现就是学生之间的互动，简称“生生互动”。以往的教学都是师生之间的互动，是问答式的，教师是课堂的主体，学生配合教师进行教学。而在宽松的学习氛围中，学生之间会产生思维的碰撞，也有交流的平台，敢于有个性化理解、敢质疑，并自由表达自己的观点和见解，教师是在聆听学生之间的交流后给予适时的指导，进一步引领学生解决问题。

随着学生生活经验的丰富和宽松、民主课堂氛围的创设，学生将会越来越多地生成有价值的问题和活动。作为教师，应越来越关注学生的生成。课堂上，教师不仅要想办法给学生的生成创造条件，还要运用策略将有利于实现教学目标的生成放大并转化成亮点。以下是一些常用策略。

（一）欲擒故纵

学生的经验和能力存在一定的差别，对不同问题的敏感程度也不一样。所以在课堂上，经常会有这样的现象，教师刚提出话题，就有学生生成一些简单但又急需解决的问题。面对这种情况，教师不能直接告诉每个人答案，而是充当能力较弱的学生，把已生成的有意义的问题再次提出来，引起大家的注意，引发共同讨论，引导寻找答案。

（二）将错就错

当学生出现错误的时候，教师应该以敏锐的思维分析错误，快速判断错误的可利用价值，在尊重学生的同时，巧妙地利用错误，智慧地将错误化为资源。生成的错误，不仅为教师教学提供了宝贵的资源，而且为教师教学技能的提升创造了机会。因此教师不仅要学会宽容学生，更应学会欣赏学生，挖掘和捕捉学生的智慧，并向学生学习。

（三）延迟判断

许多有价值的生成不一定都要当场应对，可以延迟判断。延迟判断不是回避，而是等时机成熟时，再加以利用。教师的延迟判断能够引发学生的深层思考，延迟不是反应慢，而是给予学生更多的机会，这本身就是一种尊重！

二、从重视教师的教到关注学生的学的视角

传统课堂教学侧重于对教师教的评价，从教师对教学大纲的把握、教学环节的设

计、教学手段的选择到教学目标的完成等都被作为课堂量化的选项。这种评价导致课堂教学模式僵化，学生思维凝固单一。行思数学课堂教学评价已经从教师怎样教转向学生怎样学，以学论教，从学生的学习表现看教师的教学，督促教师教育理念的转变，鼓励、支持学生主动参与，充分发挥评价的新导向作用。

行思数学要求课堂首先要真正做到面向全体学生，让每个学生都在原有基础上获得最大的发展。面向全体学生，就意味着承认差异，因材施教。学生所处的文化环境、家庭背景和自身思维方式制约着学习的结果，由此而产生的差异将导致不同的学生表现出不同的数学学习倾向。承认学生的差异性，并不意味着搞“填平补齐”“削峰填谷”，而是在致力于绝大多数中等水平学生发展的同时，还要使那些在数学方面学有余力的优生脱颖而出，学有困难的学生学有所得，达到基本要求。真正做到面向全体学生，应依据教学内容的特点和班级学生的实际，改变以教师为中心的单一课堂交往模式，形成师生之间、生生之间多向交流、多边互动的立体结构；应有效地采用活动化、探索性的学习方式，采取分层练习，使课堂成为每一个学生充分发挥自己能力的舞台。

学生的数学学习不仅可以接受现成的数学知识，还可以是一个以学生已有的知识和经验为基础的主动建构的过程。教师应十分关注学生的学习过程，引导学生参与概念、法则的形成过程，把学生学习知识的思维过程展示出来。具体而言，教学时从学生的生活经验和已有的知识背景出发，抓住新旧知识的联系，帮助学生获得新知学习的必要经验和预备知识，从而为新知学习提供着力点，应启发学生从原有认知结构中找准新知的生长点，不仅要考虑学生学习新知识所需要的基础，而且要充分考虑学生对将要学习的新知识已了解多少，从而确定新知学习的起点；应突出新旧知识的不同点，在比较中发现矛盾，引发认知冲突，使学生达到最佳的状态，为学习新知创设情境，激发学生学习兴趣，保持学习动机，帮助学生建构当前所学知识的意义。关注学生的学习过程，应向学生提供充分的从事数学活动和交流的机会，帮助学生在自主探索的过程中，真正理解和掌握基本的数学知识和技能、数学思想和方法，在这一过程中，凡是学生自己能学会的，让学生去亲自体验，教师决不教；凡是学生自己能做的，让学生亲自动手，教师决不替代；凡是学生自己能说的，让学生自己动口，教师决不代讲。为学生多创造一点思考的时间，多一些活动的空间，多一点表现自我的机会，多一点体尝成功的愉快，真正做到学生是数学学习的主人，而教师则是数学学习的组织者、引导者与合作者。

在数学课上，学生不仅学习数学知识，发展智能，还与师生相互交往，学生不仅有认知、情意方面的发展，还有行为习惯、集体协作能力等多方面的发展。当然，这些目标不是一节课所能完成的，须通过每节课来实现，渗透在课堂教学的全过程中。在每一节数学课上，每个学生都是把整个生命投入课堂的，教师所进行的都应是“完整的人的教育”。着眼学生的全面发展，应在数学课上营造生动、活泼、民主、和谐的课堂氛围，无论是课堂的引入、新知的展开、结论的获得、技能的形成、情意的发展、个性的展现……课堂的每一分钟都能像磁石一样紧紧地吸引着学生的注意力，应创设一些具有一定思考性、探索性、思想性、趣味性的问题情境与任务目标，让学生主动地从事观察、实验、猜测、验证、推理和交流等数学活动，有效地实现师生、生生之间的互助互动，应充分挖掘数学的形式美与内在美，体现数学的文化价值和育人功能，使学生在学数学的过程中伴有轻松感、快乐感和成功感，让每一个学生都体验学习数学的乐趣，享受成功的快乐。

行思数学的课堂教学，已经进入以培养学生创新意识和实践能力为重要目标的新阶段，通过对目前小学数学课堂教学评价标准的反思，我们认为，一堂好课不同于一台好戏。演戏是按照固定的剧本，依据既定的程序，演绎着不变的情节。而上课面对的是一个个活生生的个体，这些个体有着不同的生活经验和知识背景，有着不同的思维方式和学习习惯，有着不同的学习能力和丰富情感。因此，教师所上的每一课都是唯一的、不可重复的、丰富而具体的综合。课堂不追求讲授技巧的滴水不漏、教学环节的天衣无缝、细枝末节上的精雕细刻，而是在先进的教育理念指导下，面向全体学生，关注学习过程，注重学用结合，着眼全面发展，使学生真正成为学习的主人！因此，以学生在课堂上的学习表现来评价教师教的效果，是课堂教学评价的一个重要视角。

三、从重视单一的量化甄别到关注多元质性评价的视角

传统课堂教学评价主要以纸笔测验为主，评价方法单一。新课程下的多元质性评价是基于学生个体发展的实际需要，通过组织多种形式的课堂讨论和交流活动来充实教学过程，学生是评估主体，同学、教师和家长共同参与教学评价。多元质性评价转变了量化评价所追求的逻辑性和标准化的教学结果，确立了多元评价主体参与的合理性，尊重学生的个性体验，其实质意义在于不仅注重评价对象的行为变化，更注重行为背后的特殊文化意义。

传统的课堂评价方法忽视了学生与学生之间的影响。行思数学让学生与学生之间的互评成为课堂教学评价的常态，最大限度发挥学生与学生之间的有利影响。当学生在课堂学习的过程中遇到一些难题时，教师可以尝试在评价中实施学生互评的方法，当学生提出困惑或解答后，由其余的学生对其进行评价，从而使得所有的学生都能够成为课堂学习的小主人。同时，采用生生互评的方式不但使具有共鸣性的问题能引起学生的思考，而且可以充分调动学生对数学学习的积极性，让学生学会取长补短，实现共同提高。因此，当教师在运用小组合作教学方式时，可以采用这种评价方式让学生交流学习状况、面临的困惑等。

学生若能通过自我评价的方式提升自我，不但能成为其他学生的榜样，还能促进整个评价系统的良性发展。因此，行思数学要求教师在课堂教学中要引导学生学会自我评价，帮助学生加强自我认识、自我监督与自我调节，建立起学生关于数学学习的自我意识。教师可以通过改变在课堂上的提问方式来加强学生的自我评价与反思，例如，现在请你自己来判断一下原来的猜测是正确的吗？如果有所欠缺，你觉得什么地方还可以进一步完善？你觉得自己这种解法能够得到班上同学的赞同吗？如果不能，你如何

说服他？刚刚这位同学为我们介绍了一种解法，还有别的同学和他的想法不一样吗？教师还可以引导学生通过对照数学书上每一单元的整理与练习后面的“评价与反思”表格上的要求，回顾自己在这一单元学习过程中的表现，然后根据自己的学习表现，给自己评上相应的星星数量。当然不是说评上星星就结束了，还要引导学生继续反思，看看自己的不足之处在哪里，为后续的学习提供经验与教训。

第二节　教学评价的要素

教学评价指根据一定的标准或指标体系，运用科学有效的手段和方法，收集教学过程中的相关资料和信息，对教学活动及教学效果进行价值判断，并为教学提供反馈信息的过程。

一、教学目标

教学目标是关于教学将使学生发生何种变化的明确表述，是指在教学活动中所期待得到的学生的学习结果。在教学过程中，教学目标起着十分重要的作用。教学活动以教学目标为导向，且始终围绕实现教学目标而进行。教学目标可以分为三个层次：一是课程目标，二是课堂教学目标，三是教育成才目标。

尽管课程目标的具体内容目前很难统一，但是不管哪门课程，其具体目标的陈述方式应该是一致的。一般说来，数学课程目标的陈述应该注意下列方面的技术因素。

（一）教学目标陈述的基本方式

1. 结果性目标的方式

结果性目标的方式即明确学生的学习结果是什么，所采用的行为动词要求明确、可测量、可评价。这种方式指向可以结果化的课程目标，主要应用于“知识与技能”领域，如“能在校园里找到大队部的位置”“能在地图上识别不同的地形”“举例说明支持某一观点的证据或事实”“说出自己喜欢或不喜欢的解题方法”等。

2. 体验性或表现性目标的方式

体验性或表现性目标的方式即描述学生自己的心理感受、体验或明确安排学生表现的机会，所采用的行为动词往往是体验性的、过程性的，这种方式指向无需结果化的或难以结果化的课程目标，主要应用于“过程与方法”“情感与态度”领域，如“阅读自己喜欢的作品”“收藏自己喜欢的书籍资料”等。

（二）教学目标陈述的基本要素

一般认为，目标陈述的基本要素有四个：行为主体，行为动词，行为条件，表现程度。如“在与同学的交往中（条件），学生（主体）能复述（行为动词）他人的主要观点（表现程度)”。然而,并不是所有的目标呈现方式都要包括这四个要素,有时,为了陈述简便,省略了行为主体或(和)行为条件,前提是以不会引起误解或多种解释为标准。

1. 行为主体

行为主体应是学生,而不是教师。由于教学目标的检验是评价学生的结果是否实现,而不是评价教师是否完成了某项工作,因此,教学目标的陈述必须从学生的角度出发,说明行为结果的典型特征,行为的主体必须是学生,而不是教师。

2. 行为动词

行为动词必须是具体而明确的,可测量、可评价,否则就无法评价。所谓行为动词明确、可测,是指这一动词所对应的行为或动作是可观察、可测量的。像“学习”“了解”“理解”“掌握”等抽象动词,由于每个人的理解不同,教学要求不同,自然教学效果不同,将会给教学带来随意性,给评价带来困难,应尽量避免使用。

3. 行为条件

行为条件是指影响学生产生学习结果的特定的限制或范围。对条件的表述有四种类型:一是关于使用手册与辅助手段,如“可以携带计算器”或“允许查阅资料”;二是提供信息或提示,如“在中国行政区划图中,能……”;三是时间的限制,如“在10分钟内,能……”;四是完成行为的情景,如“在课堂讨论时,能叙述……要点”。

4. 表现程度

表现程度要有具体性。课程标准所指的表现程度通常是指学生在一段时间的学习后所产生的行为变化的最低表现水准或学习水平,用于评价学习表现或学习结果所达到的程度。因此除了行为动词上体现程度的差异之外,还可以用其他的方式表明所有学生的共性,比如假设一道题目有五种解题方案,但作为面对全体学生的标准,不能要求所有的学生都能回答五种解题方案,那么就可以这样说,“至少写三种解题方案”“80%学生都能答出五种解题方案”等。

二、教学预设

教学预设是教师在教学前对教学过程中的有关内容、形式、环节、方法、结果等预先的设定和计划,目的是为了更好地提高教学效率,使学生能“更好地学”和“学得更好”。事实上,在日常的课堂教学评价中,很少提及教师的教学预设,一般都是单纯地就课堂行为论高下。行思数学认为,任何一节课的成功与否都离不开课前预设这个重要的要素,教师在备课时要认真研读数学课程标准的要求,理解学科课程的价值,把握教材的特点,了解学生认知水平,在教材处理时,要突出重点,突破难点,抓住关键。评价一节课,既要看教师在知识传授时是否准确科学,更要注意教师在教材处理和教法选择上是否突出了重点,突破了难点,抓住了关键。这样才能使教学预设更精准、更科学,才能使课堂更有序、更高效。正所谓“没有预设的课堂是不负责任的课堂”。所以,在评价课堂教学时,不应该忽略教学预设的评价要素。

备课最重要也是最难的环节不是结合教学目标、重点难点对材料进行加工设计，而是如何根据学生的特点设计教学过程。课堂教学的预设，需明确整堂课的结构，以什么为主线，大致有哪些师生、生生互动，设计什么兴奋点，教师在互动中怎样引导，怎样营造和谐积极的课堂气氛……不断构建、充实一堂课。

苏霍姆林斯基说："一个教师一辈子都在备课。"教学预设是一个创造性的过程，是一个不断探索的过程，是教师自身发展的最佳、最基本的渠道。通过教学理论的学习，可以指导教师找到教学改革的新思路、新视角，我们的课堂教学就会充满和谐、充满生机、充满创造，我们的学生就会想学、善学、乐学。

三、教学程序

(一) 教学思路设计

教学思路是教师上课的脉络和主线，它是根据教学内容和学生水平来设计的。在课堂中直接表现为教学措施怎样编排组合、衔接过渡、讲练详略等。评价教学思路设计要注意以下几个方面：一是要看教学思路设计符不符合教学内容和学生实际；二是要看教学思路设计是不是有一定的独创性，给学生以新鲜的感受；三是要看教学思路的层次、脉络是不是清晰；四是要看教师在课堂上运行的效果。

(二) 课堂结构安排

课堂结构安排是指建立课堂教学过程的各部分，以及它们之间的联系、顺序和时间分配。课堂结构也称为教学环节或步骤。这需要注意以下方面：注意计算教学环节的时间分配，看教学环节时间分配和衔接是否恰当，有无前松后紧或前紧后松现象，看讲与练的时间搭配是否合理等；注意计算教师活动与学生活动时间的分配，看是否与教学目的和要求一致，有无教师占用时间过多、学生活动时间过少现象；注意计算学生的个人活动时间与集体活动时间的分配，看学生个人活动、小组活动和全班活动的时间分配是否合理，有无集体活动过多，学生个人自学、独立思考、独立完成作业时间太少的现象；注意计算优等生和学困生的活动时间，看优等生、中等生、学困生活动时间分配是否合理，有无优等生占用时间过多、学困生占用时间太少的现象；注意计算非教学时间，看教师课堂上有无脱离教学内容，做别的事情浪费宝贵的课堂时间的现象。

四、教学方法和手段

教学方法和手段包括教师教学的活动方式，还包括学生在教师指导下学习的方式，需要量体裁衣，优选活用。一种好的教学方法总是相对而言的，它总是因课程、因学生、因教师自身特点而相应变化的。教学方法具有多样化。教学方法不应单调呆板，教学活动的复杂性也决定了教学方法的多样性，因此，评课既要看教师是否能够面向实际恰当地选择教学方法，同时还要看教师能否在教学方法上有多样性，使课堂教学常教常新，富有艺术性。教学资源的运用。教学资源一般是指各种可利用的条件、教师为了教学的有效开展提供的素材等。在传统教学中，教材已成为学生学习资源的唯一世界，新课改后，倡导世界成为学生的教材，这就要求教师在教学过程中，恰当地利用现代化教学手段，科学有效地指导学生主动利用所有资源来满足学习的欲望。这些资源包括物质条件、自然条件、社会条件、媒体条件以及教师和学生等教学资源，为学生创造更完美的学习环境。所以，评价课堂教学时不应该忽视教师对教学资源的开发与利用。

五、教学基本功

这里主要注意以下几个方面：一是板书。首先，好的板书应该设计得科学合理；其次，言简意赅，有艺术性；再次，条理性强，字迹工整美观，画图娴熟。二是教态。良好的教态应该仪表端庄，举止从容，态度热情，富有感染力，师生有良好的情感交融。三是语言。教师的教学语言应准确流畅，精当简练，生动形象，富有启发性，此外还要注意语调应抑扬顿挫，具有感召力。四是操作。即运用教具，操作多媒体的熟练程度。五是组织。由于自主、合作、探究成了学生的主要学习方式，启发式、探究式、讨论式、参与式成了教师的主要教学方式，课堂教学完全以学生为中心来展开，因此需要教师有较强的课堂教学组织能力。教学机智是教师面临复杂教学情况所表现出的一种敏感、迅速、准确的判断能力，有效的教学机智主要体现在对课堂偶发事件的处理上，常常对教学起到烘托、补充和增效的作用。

六、教学效果

目前，大多数中小学主要是以学生集体考试的成绩为依据对教师的教学效果进行静态评价，评价的主要指标有：平均分——反映学生学习的总体水平；及格率——反映达到合格水平学生的比例；优秀率——反映达到优秀水平学生的比例；均差数——反映评价对象（某班）某一学科与全校本学科平均水平的差异。因为分班时不同班级同一学科之间的教学起点存在一定的差距，同一班级不同学科的教学起点也不完全一样，同一次考试不同学科的试题难度也会有所不同，可以说是无可比性。因此，仅凭平均分、优秀率、及格率、均差数的高低，既不能把同一学科内部不同教师之间的教学效果进行横向比较，也不能把不同学科之间不同教师的教学效果进行横向比较。对那些在基础较差的班级从事教学工作的教师而言，用平均分、及格率、优秀率、均差数等指标静态地评价其教学效果是不公平的。鉴于目前教学效果评价标准存在的不足，完善教师教学效果评价标准是行思数学教学团队的必然选择。

我们认为课堂教学效果评价应包括以下几个方面：一是教学效率高，学生思维活跃，气氛热烈；二是学生受益面大，不同程度的学生在原有基础上都有进步，知识、能力、思想情感目标达成；三是有效利用课堂教学时间，学生学得轻松愉快，积极性高，当堂问题当堂解决，学生负担合理。按照“看起点，比变化”的思路，运用平均分的增减值、均差数的增减值、优等生率的增减值、中等生率的增减值、教学效率五项指标来评价教师的教学效果，能使在学习基础不同的班级进行教学的教师获得更合理的评价，这种评价方法不仅有利于引导教师在学校分配教学任务时不择班，在日常教学工作中面向全体学生，努力提高教学水平，而且有利于教学管理者从学生成绩变化中全面准确地分析教师的教学效果，从而有效地指导教师改进教学。

第三节　教学评价的方法

教学评价方法，是指为达到评价目的而采用的手段，其实质是将教学工作的实际表现与其理想目标或预定目标加以比较、判断。要保证教学评价工作的顺利进行，取得良好的效果，必须有科学合理的评价方法。

行思数学从有效教学的需要出发，尝试推行“五活化”评价，即活化检测目标、活化检测内容、活化命题方式、活化检测方式和活化评价方式，全面考查学生的学习状况，激发学生的学习热情，促进学生的全面发展。

一、活化检测目标

检测是为了全面了解学生的学习历程，激励学生的学习和改进教师的教学。而传统的检测只注重结果，仅以一张试卷的分数作为唯一的标准，不能有效地衡量学生是否真正理解知识，体会到知识的形成过程。行思数学本着“使数学教育面向全体学生，适应学生个体发展的需要，人人都能获得良好的数学教育，不同的人在数学上得到不同的发展”的理念，活化检测目标，把考试当作一种教育学生的机会，力求淡化考试的甄别和选拔功能，注意发挥试卷的教育作用，使试卷在形式上能吸引学生，将理性问题感性化，抽象问题具体化，克服形式主义和死记硬背的弊端，遵循小学生的认知规律，调动学生参与检测的积极性，减轻学生对检测的焦虑，让学生一看到考卷就产生一种要完成它的欲望。

要求试卷表达在文字和数字为主的基础上，同时配以漫画、图表、卡通图片，把应用性问题选编成探究故事。在题目名称上做一些文章，比如把“填空题”称为“细心填一填”、把“选择题”称为“精挑细选”、把“计算题”称为“计算小能手”、把“应用题”称为“运用知识解决问题”。在试卷命题中设有“卷首语”“友情提示”——“相信自己，我能行”“细心答题，你会享受成功的喜悦”“可不要小看我”；在题末、中缝等空白处加上激励性语言——“相信你的能力”“找回你的自信”“相信自己，超越自己，战胜自己”等。

二、活化检测内容

内容是试卷的重要组成部分，检测内容要依据数学课程标准的要求，密切联系学生的生活实际，符合学生的年龄特征和认知规律，既面向全体，又关注差异；既落实基本知识和基本技能，又注重基本思想方法和基本活动经验。行思数学活化检测内容选择体现以下几点。

（一）联系生活，体现生活性

"生活化"是数学命题永恒的主题。因为生活是知识的源泉，把数学问题生活化，把生活经验数学化，体现了"数学源于生活、用于生活"的思想。正如数学家华罗庚对数学与生活的精辟描述："宇宙之大，粒子之微，火箭之速，化工之巧，地球之变，日用之繁，无处不用数学。"陶行知先生也说过："没有生活做中心的教育是死教育，没有生活做中心的学校是死学校，没有生活做中心的书本是死书本。"因此，新课程理念下的数学检测内容同样离不开生活，把生活中的题材纳入评价卷中，让学生在卷中看到生活的原型，接触到丰富多彩的现实数学世界。

例 1：自动门是应用（　）的特性，高压电杆拉线是应用了（　）的特性。

例 2：某县公交车计价为 2 千米 3 元（含 2 千米），超出 2 千米每千米 1 元，行 7 千米（　）元，行 n 千米（　）元。

数学检测素材就应该与学生的生活现实接轨，激发学生学习数学的兴趣。

（二）关注差异，体现开放性

数学课程标准强调"人人都能获得良好的数学教育，不同的人在数学上得到不同的发展"，由于学生的年龄、生理、心理不同，家庭背景、生活环境不同，个人的经历、生活经验不同，天赋、知识基础不同，因此差异是客观存在的。教师的数学教育应该是有差异的教育，使不同的学生在原有的基础上得到不同的发展，都能获得良好的数学教育。所以，学生思考问题的角度和解决问题的策略更多地体现多样化与个性化。这就要求教师在命题时要适度地开放，让学生在差异中求得发展，这才是真正地面向学习主体。

例 3：先把算式补充完整［在______上填上适当的数，在（　　）里填上单位］，再根据算式编一道应用题。

200×(1－______%) ＝ ______（　　）

这是一道答案比较开放的编题练习，学生根据自己的已有知识，在括号里填上不同的数就有不同的计算结果，补充不同的内容就有不同内容的问题结构。这样设计题目，不但发散了学生的思维，而且训练了学生的计算技能，达到了一题多练、一题多得的训练目标。

（三）强化操作，体现实践性

数学教学是数学活动的教学，是探索生活中各种活动的教学。所以，在数学教学中，教师要注意培养学生动手操作的实践能力。俗话说："听十遍不如看一遍，看十遍不如动手做一遍。"学生只有在动手操作的过程中，创新意识和实践能力才能得到培养。

例 4：(1) 在方格图中（每个小方格都是边长为 1 厘米的小正方形，图略）画一个周长为 15 厘米的长方形。(2) 计算出所画长方形的面积。

学生在动手画长方形时，不但要了解长方形边的特征，而且要熟记长方形的周长公式和面积计算公式。在学生动手操作的过程中，既有操作技能的训练，又有对平面图形公式的理解和掌握。

（四）注重思维，体现创新性

引导学生经历“观察、实验、猜想、证明”等数学活动过程，并把推理归纳能力的培养有机融合在这样的“过程”之中。要灵活开放，以助于拓展学生的思维空间，便于学生创造性的发挥。

（五）回归实际，体现应用性

数学的应用非常广泛，生活、生产、科学技术等都离不开数学。任何一种科学要达到完美的境界，都需要成功地运用数学，这种广泛的应用就体现了数学的应用价值。这种价值是进行课程、教学设计的灵魂，是课程、教学设计、命题的核心目标。

三、活化命题方式

考试命题直接影响到教师怎样教，学生怎样学。当前小学数学考试命题存在诸多问题：一方面不能客观、公平、公正地评价教学质量；另一方面教学目标混乱不清，让教师不知怎样教，学生不知怎样学。针对现存问题，行思数学提出活化命题方式，在执行数学课程标准前提下，实现科学、灵活地命题。

（一）考查基本知识和基本技能

基本知识和基本技能是进一步学习的基础，对“双基”的掌握情况是衡量学生学习的重要标准，是命题的重要原则。要杜绝偏、难和怪等题目的出现，以体现义务教育的基础性和普及性。对“双基”的考查，要避免单纯的概念、公式、法则及定律等，注重结合有关实际背景和解决问题的过程去认识、理解和掌握相关概念。

（二）考查思维能力

各种试卷都应以改进教学为根本目的，着眼于教学质量的提高和学生身心的全面发展。通过考试，师生应得到鼓励和督促，从而树立信心，并积极致力于下一阶段的教与学中。编写试题应遵循发展性原则，适当选择一些拓展性题目，如：有 100 个自然数，它们的和是 1000，在这些数里，奇数的个数比偶数的个数多，那么其中奇数至少有多少个？在解决这类题时，不需要过多的计算即可得出结果。此类题既考查了学生的知识目标，又考查了学生的思维能力。

（三）考查综合应用

新课程要求在综合应用阶段，学会综合运用所学的知识和方法解决简单的实际问题。综合题的难度太大会挫伤学生学习的积极性，只适合尖子生解的题目最好不要作为考试题目。如果想提高尖子生的兴趣，可以设立拓展题，培养这些学生的兴趣和能力。命题最好涵盖所有新《课程标准》要求掌握的知识点,因此出题的密度要大,尤其是填空题。要注意其他题目的知识点不要与填空题重复,尽量多出一些涵盖多个知识点的题目。试题一般要遵循从易到难的顺序,最好不要难易颠倒,把难题放在前面,这样会严重影响学生的思维,尤其是心理素质差的学生。

(四)语言体现人文性

可以在卷首或卷尾用关爱、鼓励、尊重的语言来感染学生:"——亲爱的同学:一学期即将结束,你一定收获多多,相信你已准备好了! 请认真思考,细心作答,相信你是最棒的!"还可以体现在命题语言的运用上,命题时调整设问方式,力避传统的"填空""判断""选择"等语言,结合学生的年龄心理特点,贴近学生的生活实际,使用充满智慧和人情味的话语,给学生以充分的鼓励,给学生以勇气去面对考试,如"判断"改为"明辨是非""选择"改为"精挑细选"等,让呆板枯燥的试卷充满生机与活力。

四、活化检测方式

纵观传统的检测,方法单一,多以纸笔为主的形式,只看重检测的结果,不能考查学生的学习思维过程,束缚了学生思维的发展;诊断与反馈功能的落后,不利于教学的及时调控;师生教与学的负担重,导致学生厌学。行思数学提出活化检测方式,采取"四个结合"。

(一)口试与笔试相结合

根据检测内容的不同,灵活恰当地选择检测方式。口试的主要内容是说理,即说算理、说解题思路、讲公式的推导过程等。口试与笔试相结合,让每个学生体会到只要自己在某个方面付出了努力就能获得公正的、客观的评价,保护学生的自尊心,树立学生的自信心。

(二)单项与综合相结合

单项测试与综合测试是评价中不可缺少的两种方式,可以把单项测试与综合测试的结果整合后作为学生的综合素质成绩。

(三)理论与操作相结合

既考书本上的知识,又考动手实践的能力,这样改变了过去那种重动脑、轻动手、重学习、轻应用的做法。

(四)平时检测与期末检测相结合

决不凭一次考试、一张试卷来评定学生,平时检测也是为了期末进行综合评定。

五、活化评价方式

评价的主要目的是为了全面了解学生数学学习历程、激励学生的学习热情、促进学生的全面发展，同时也是教师反思和改进教学的有利手段。行思数学改变过去那种只有卷面考试一种形式、只用分数一个尺度评价学生的状况，做到活化评价的手段和方式。

（一）淡化分数

对于试卷的评价淡化分数，注重学生数学能力和创新能力的培养，要通过评价让学生总结出题目考查了哪些数学思想方法，考查了哪些知识点，每个知识点是从哪个角度考查的，本题有哪几种解题方法，哪种方法最恰当。对于自己出现的错误，明确是知识上的错误还是方法上的错误，是解题过程的失误还是心理上的缺陷导致的失误，帮助学生形成良好的认知结构、正确的思维方式以及较好的数学意识，养成解题后反思的良好习惯。通过不断的积累，形成解决问题的能力，切实解决会而不对、对而不全的问题。

（二）关注差异

将过程评价与结果评价相结合，定性与定量相结合，充分关注学生的个性差异，注重学生发展的过程，强调学生个体过去与现在的比较，对同一个问题，给不同层次的学生的解答应有差别的评价，发挥评价的激励作用，保护学生的自尊心和自信心。使学生在教师的评价中体会到数学的无穷魅力，体验到自己的不断进步。

（三）富有个性

采取个别谈话、个别指导、写试卷评语等方式，帮助学生了解与他人在某些方面的差距，认识到自己的潜能，客观对待每次考试、测验的结果，指导学生进行富有个性的学习，培养学生从容、自信、自如、认真对待考试的心态。

活化评价方式，就是要减轻学生不必要的心理压力，多给学生几把尺子，多给学生一些展示自我、体验成功的机会。让学生正确面对自己，发挥出不同的数学潜能，形成对数学学习努力、再努力的兴趣和信心，以一种积极的学习生活态度，步入素质教育的快车道。

第四节 学生学习的评价

新课程改革提出将课程评价作为改革的一个重要内容。以“为了每一个学生的发展”为核心理念，倡导发展性学生评价。要求评价不仅要关注学生的学业成绩，而且要发现和发展学生多方面的潜能，了解学生发展中的需求，帮助学生认识自我、建立自信，发挥评价的教育功能，促进学生在原有水平上发展。因而在小学数学的教学中，应注重培养学生积极的学习态度、创新意识和实践能力以及健康的身心品质等多方面的综合能力，为学生的终身发展奠定基础。因此，进行合理的评价是现代小学数学教学必不可少的教学活动，根据学生学习的过程，学生评价可分为学习过程的评价和学习结果的评价。

一、学习过程的评价

学习过程的评价也叫过程性评价，是对学生的学习过程进行的评价，旨在确认学生的潜力，改进和发展学生的学习方式。其不单纯从评价者的需要出发，而更注重从被评价者的需要出发，重视学习的过程，重视学生在学习中的体验；强调人与人之间的相互作用，强调评价中多种因素的交互作用，强调师生交流。在过程性评价中，教师的职责是确定任务、收集资料、与学生共同讨论，在讨论中渗透教师的指导作用，与学生共同评价。学生对数学学习的兴趣和态度，在学习过程中的参与意识和参与程度，在小组活动中的合作精神，学习中所表现出来的数感、符号感、空间观念、统计观念、应用意识和推理能力等，这些都是学好数学的重要因素，而这些因素是无法通过定量方式测定，也无法在终结性评价中反映。因此，过程性评价的重要性就在于能够让学生认识自我，实现自主学习、自主发展，并能在学习过程中体验成功和收获。

(一) 过程性评价的应用类型

根据数学课程标准提出的要求，对学生的学习评价应有利于学生的进一步学习，不能简单化，更不能不顾学生的情感体验。对数学学习能力不同的学生在评价过程中须作出灵活要求，有时学生对某个问题的回答不尽教师之意，甚至是毫无道理的，作为教师能不能当场批评学生或明确给予否定？当一个个学生由原来的不会，经过努力学会了一些，但与要求还有较大的距离，对于这样的问题，教师如何作出评价等等，我们对此作了研究，对研究探索的结果进行归纳，得出以下几种过程性评价的应用类型：

1. 激励性评价

激励性评价可以激发优生更上一层楼，可以增强学习有困难的学生学好数学的信心。学生学数学是一个由不会到会，由一般理解到能掌握应用的过程，在这个过程中不可避免地会出错。特别是在新课程理念下的数学教学，我们十分希望学生能提出与众不同的看法，探索出别具一格的解决问题的方法，但有的教师在课堂上听不得错误的回答，当听到学生回答错误的时候就迫不及待地予以否定，使学生十分难堪，而当听到满意回答的时候，就满脸笑容，并带领全班学生高喊“你真棒!”，这也会从另一个角度损伤回答错误学生的自尊心，使之无地自容。这将会严重地伤害一颗颗幼稚的心，使学生在课堂中的表现缩手缩脚，如履薄冰。有的学生本来具有与众不同的想法，但怕得不到教师的肯定，索性一言不发，久而久之，学生的创新意识将荡然无存。

行思数学课堂教学中，要求所有教师要多一些宽容，少一些指责，允许学生犯错，在语气上尽量做到平和，诸如：“对于这个问题，你是这样理解的，请听听其他同学的意见好吗?”“你的看法有一定的道理，请想一想，还可以怎样说?”对于学生作业中的错误不是用一个个大叉去打击学生，可以用横线画出，或用“△”标出，或写一句激励性评语，如

“进步真快”“希望更上一层”等，并用画“★”的方法给予鼓励。

2. 延迟评价

延迟评价的目的，一是为学生创造更多的机会，二是让学生在不知道正确结论之前，进一步发挥想象力，得到更多不同的答案，从而培养学生的创新精神。

我们习惯于用一张试卷来考学生，这张考卷的成绩就作为这个学生的最终成绩，但这不能客观地反映一个学生的学习全过程，也不利于学生的发展。在研究的过程中，为了学生的成长，我们没有急于给学生下结论，而给了学生再考一次的机会，甚至再考两次，同时以成绩最好的一次为准，这样评价，学生也高兴。

课堂上，常有这样的情况发生，当教师抛出一个问题时，个别学生会马上举手，并正确地回答问题，而教师也兴奋地及时表扬肯定该学生。如果这样的话，一大批学生也许还没有想好，结果就出来了，此时这些学生的思路会被同化，失去思考的价值。但如果这个学生的回答是错误的，教师又会马上予以否定，如“你错了”“不对”等等，这种武断的否定会挫伤学生的学习积极性，也不利于形成畅所欲言的场面。当然，错的总归是错的，问题是教师的评价不宜太早，要让学生说够说透，哪怕是学生之间争得面红耳赤也别急。在教师没有作出评价之前，每个学生都愿意把自己的想法说出来，甚至千方百计达到与众不同的效果，这对培养学生的创新精神是十分有利的。

3. 自评或互评

对学生学习情况的评价主动权往往在教师手上，教师说谁好谁就好。教师评价学生的学习情况，问题是能否做到真正的客观、科学。因为学习是学生自己的事，在学生的整个学习过程中，真正了解学生学习状况的还是学生自己及同伴。因此，学生自评、互评是十分必要的。注重让学生在教师的引导下开展相互评议，以发展学生的合作精神与竞争意识。如课堂上学生的回答、板演都可以先让学生去评价是对还是错，这样做可以调动全体学生学习的积极性。

4. 分层评价

提倡教师因材施教，以取得最佳效果，评价也是如此。要求全体学生都在原有的基础上有所提高，每个人都得到发展。但学生的基础是有差异的，学习数学的进程也会有差别，这是客观存在的。因此，不能用同一把尺子去量、去要求有差异的学生。过去由于过多地关注学生的分数，用同一个标准去衡量评价学生的学习，制造了许许多多学习的失败者。今天我们关注的是学生的个体发展，不能图省事或一刀切。如对于同样的一个回答，出自学习有困难学生之中与出自优生之中应有不同的评价语言。对前者应多肯定。又如提问题或解决问题，后者提出三个问题才记优，前者能提出两个问题就可记优。课堂上要多创设一些机会，让学习困难的学生有更多的成功机会，这样就会增强学生学好数学的自信心。

（二）过程性评价的方式

对学生的评价手段应是多样化的，既可以用书面考试、口试、活动报告等方式，也可以用课堂观察、课后访谈、作业分析、建立学生成长记录袋等方式。评价的目的只有一个，那就是有利于客观地评价学生，有利于学生的发展。在研究中，我们尝试了多样的评价措施，激励学生的成长。

1. 课堂观察

在新的评价大背景下，小学数学学习的评价不应只看学生在课堂上的学习结果，而应看到学生在课堂上的学习过程，关注学生在课堂上的学习表现。但是，不难发现，每堂课上，总会有一些非常积极的参与者，还会有一些很被动的参与者，或者根本不参与的，这些课堂表现大大影响了课堂效率。因而，教师要特别关注：那些被动参与和没有参与的学生在干什么。他们是在认真地倾听思考，还是神游在外，或是很被动地接受？行思数学通过尝试设计"课堂观察表"评价，来调动更多的学生积极参与到活跃的学习活动中来。

在实施课堂观察表时，教师不仅要关注学生知识、技能的掌握状况，更要关注学生在数学活动中表现出的情感和态度，要力求对知情意行进行综合评价。教师要尽可能地在课堂上营造宽松、和谐、民主、平等的评价氛围，构建师生互评、生生互评、学生自评的多向信息空间，一节课教师可按学号评价 5 名学生，课前将观察表发给被评价的学生。当学生在回答提问或进行练习时，通过课堂观察，教师便能及时地了解学生学习的情况，从而做出积极反馈，正确的给予鼓励、强化，错误的给予指导、矫正。记录时，首先让学生进行自评，除在相应栏中打"√"，还可以在备注栏中填写具体的例子，并且引导学生小结学习收获（这个收获包括知识技能、情感、态度、学习方法等方面），反思存在的问题，然后教师根据实际需要，关注学生突出的一两个方面，写上一两句激励性寄语，最后由学生装入资料袋。

2. 课堂即兴评价

课堂即兴评价是指在课堂教学活动中对学生的各种学习行为、交往行为给予及时、合理、激励的评价。现代心理学表明，当学生某种良好的行为出现之后，如能及时得到相应的认可，就会产生某种心理满足，形成愉悦的心境，并使同类行为继续向更高层次需要做出积极努力。课堂即兴评价要着眼于学生学习的整个过程，多维度地对学生的学习进行评价，以树立学生的学习自信心，激发主动交往，从而真正体现评价的功能。当前，即兴评价已经成为教师教育智慧和能力的一种表现。通过即兴评价的研究，能充分发展教师的教育机智，解决学习多元化的要求，达到激励的功能；清楚地反映学生的学习状态，营造师生欣赏、生生欣赏的美好情景，充分发挥评价促进学生发展的功能。

3. 作业评价

在传统的课程与教学中，作业的评价是结论性和鉴别性的，作业是由教师批改，批改后只有一个分数或等级。这样的作业评价不符合新的评价理念，缺少互动与激励。鉴于这些分析，针对如何有利于学生进一步发展，开展了作业评价改革研究。具体做法有：

(1) 变“×”为“△”

数学教师批改作业习惯于对的打“√”，错的打“×”，学生看多“×”会产生厌烦情绪，因此我们就将“×”变为“△”，将做得好的地方画上“★”，有效地调动学生的作业积极性。

(2) 家庭作业星级制

针对教师布置家庭作业随意性大、机械重复多，学生作业负担重的情况，行思数学尝试推行家庭作业分层布置，推出星级递进作业体系，即根据学生的学习情况和能力倾向，设计出指向学生需要、可供学生自主选择的创新型、实践型作业，分一星级、二星级、三星级评价激励。

(3) 赞赏式评语

最需要表扬的是学困生，最需要体验成功的也是学困生。在鼓励学困生时，教师可以这样进行评价：“你真棒，今天的作业做得比昨天的好，希望明天的作业做得比今天的更好。”“我看到你一天天的进步，真高兴。”等等。这样的评语不仅能拉近师生间的距离，还能调动学生的积极主动性，体验成功的喜悦。

4. 学生快乐成长袋

为了让评价更关注学生的个体差异，重视学生的学习兴趣和学习过程，在促进学生多种智能的发展方面发挥其更大的作用，因此，建立了“快乐成长袋”学生发展性评价制度。让每一个学生都成为“成功者”。在这样一个纸袋中，学生可以放入自己的荣誉证书，自己认为优秀的作业纸，探究活动的小报告、小论文、小制作、小标本，收集来的文献资料、图片、照片、剪报等。它改变了以往“一张考卷，一张成绩单”的单一评价方式，对学生的心理、生理、智力、情感、行为、态度、学习过程和学习方法以及优势和不足等都进行了全面记载，学生可以通过这个“大口袋”看到自己的成长与进步的轨迹，发现自己的特长，从而增强自信心，大大提高学习兴趣。这对学生的学习习惯、意志力的培养，道德情操的形成，人生观、价值观的完善起到了良好的作用。

二、学习结果的评价

学习结果的评价也叫终结性评价，是指在教学结束时进行的教学评价。它的目的是对整个教程或其某个重要部分取得的较大成果进行更为全面的评价，因而它是一种评定分数划分等级的评价。终结性评价还应具有形成性评价的职能。通过终结性测验，有助于学生了解自己的学习情况。

(一) 单元学习评价

传统的单元测试由教师出题，学生处于被动的地位，不易调动学生学习的主动性和积极性；传统的单元测试以片面知识与技能为主，忽视综合与创新。针对以上不足，可以对单元测试形式、手段做一些尝试。

1. 改革考试内容

如五年级在学完《简易方程》这一单元后，组织全体学生进行一次学习总结反思，主要谈谈方程的特点、优越性，自己本单元学习的收获及存在的问题。通过这项学习活动促进学生更加深刻地认识方程，再次回味学习的成功感和价值感，促进学生学习能力的发展。再如五年级在每个单元结束后，组织学生每人出份数学小报或制作统计表图。还有如学习《年、月、日》后，组织学生制订生活作息表。认识了平面图形后，让学生制作某一个平面图形作为考核的内容。

2. 改革考试形式

随着行思数学课堂教学评价研究的深入，师生的评价观有了较大的改善，不再以单纯的结果作为评价的唯一标准，特别是学期考试评价的目的也从结果走向过程，评价的目标也从单一走向多维。

学生数学学习阶段性评价。引进阶段性，旨在更加关注学生的过程性学习，把学生的单元检测、课堂作业、课堂表现结合在一起，教师以操作评语精辟概括学生在某一阶段的学习情况。

学生分项能力等级测试。分项能力等级测试实现评价目标的细化，既要考虑“数学与代数”“空间与图形”“统计与概率”“综合与应用”四大知识板块的权重，又要考察学生的“知识技能”“数学思考”“解决问题”“情感与态度”四个维度的目标。以面对面的具有人情味的互动问答方式取代了传统意义上“纸＋笔”的考试，更好地发挥评价的导向和激励功能。

（二）学生素质发展报告单

以往的学生成绩单过于重视学生的分数，分数加评语就构成了传统的学生期末学业评价，而行思数学要求教师针对每个学生的不同情况打出合适的“星数”，其目的是让每个学生每种智能得到充分的体现，每个学生都能得到客观、公平的评价。让“学生素质发展报告单”成为激励学生成长、进步的一面镜子。

在对数学教学过程的评价中，要重视形成性评价，并适当地辅助于终结性评价，只有将两者结合起来，才能有更实际的价值。学生是学习的主人，把学生放于恰当的位置，可以充分调动学生学习的主动性。因此，教师有义务、有责任把以评价学生学习结果为重点转化为以评价学生学习的过程为重点，在对学生的评价中，少给学生压力，多给一些鼓励和表扬；对学生少一些指责，对自己的教学多一些反思，及时调整自己的教学方案，改进教学方法，研究教学策略，更好地服务教学、服务学生，让评价成为推动学生不断前进的一种有效动力。

第五节 教师教学的评价

教师教学评价是根据教学目标，对教学过程中的诸多因素进行综合的全面的价值判断的过程，其评价要素主要包括教师制订的教学工作计划、备课、上课、作业、测试、辅导、课外活动、教学研究、教学业绩、科研成果、教学反思、教学工作总结等。在长期的教学实践中，已经产生了多种不同的评价标准和评价方法，搞好教师教学工作评价有利于全面贯彻党的教育方针，有利于评价改革目标的实现，有利于素质教育的全面推进，有利于促进教师自身的发展，有利于发挥评价的诊断、导向、鉴定、调控等各项功能，有利于改善学校内部教学管理，调动教师工作的积极性，提高教师教学的成就感，稳步提高教学质量。

一、教师教学评价的原则

（一）方向性原则

对教师教学工作进行评价，必须从贯彻国家的教育方针、满足社会的需要来制订评价的内容和标准。确定正确的方向是教师教学评价工作的重要前提，在评价中，必须对教师的工作态度、业务水平、教学能力、工作业绩等做出公正、准确而又全面的评估。

（二）发展性原则

对教师教学工作进行评价，要以教师发展为本，体现当前教育发展的趋势，注重过程，注重发展。既要看结果，更要看过程，把教师的日常教学工作作为评价的重点，评价要体现层次性，对不同层次的教师要提出相应的要求，使不同层次的教师在原有的基础上都有所发展。

（三）双向性原则

在评价过程中要重视领导与教师、教师与教师、教师与学生、校内与校外之间的沟通，鼓励全体师生、学生家长以及校外有关人员积极参与评价工作，最终达到教师个体与学校整体、少数教师与全体教师双向发展的目标。

（四）激励性原则

人人都是需要激励的，激励能使人一步步走向成功。评价要注重促进，注重激励；改变只注重横向比较的评价方式，要注重教师自身发展的纵向比较，使每位教师在不同的发展阶段都能获取成功的喜悦，形成促进自我发展的动力。

（五）主体性原则

评价要充分尊重教师的主体地位，让教师充分行使自主评价的权利，充分调动每位教师参与评价的主动性、积极性、自觉性。在评价方案的制订、信息的收集、评价结果的使用等过程都应该动员教师参加，听取教师的意见，不断提高教师自我反思、自我完善、自我发展的能力。

二、教师教学评价的内容

(一) 教学计划、备课、上课、作业、辅导、课外活动

教学计划，主要是对教学计划的质量与计划实施的可行性进行评价。

备课，主要是对教案是否规范、目标是否体现新课改的三维目标、是否准确把握教学重难点、学法指导是否恰当，以及学生自主学习、合作探究能力培养等方面进行评价。

上课，主要由教学目标、教学内容、教学方法、教学基本功、目标达成度等评价内容组成。教学目标要符合课程标准的要求，能促进学生综合素质的发展。教学内容能联系学生的生活实际，创设实践情景，让学生积极参与学习实践活动。教学方法能体现新颖的问题设计，启发学生的思维，着力培养学生的创新精神。教学基本功主要看教师能否适时调整教学计划，恰当使用课堂生成的教学资源，采用自主、合作、探究等有效的学习方式，合理使用现代化教学手段。目标达成度主要是检查学生掌握知识、运用知识的能力。

作业，主要从作业设计是否有层次、分量是否适当、批改是否及时、批改符号和格式是否规范、能否培养学生运用所学知识去解决生活实际中的问题等方面进行评价。

辅导，主要是评价教师是否建立不同层次学生的学习档案进行分类辅导，时间是否落实，内容是否具体，能否促使各类学生在学习活动中不断体验学习进步的快乐、不断增强学习的信心和兴趣。

课外活动，主要是对教师是否制订了活动计划，能否按照计划开展活动，学生是否乐于参加，各类活动能否促进学生个性特长的发展等方面进行评价。

在以上几个方面的评价中，一般把课堂教学作为教师教学工作评价的主要内容，在课堂教学评价中应体现有效课堂教学。

1. 教师有效指导

教师首先要有民主平等的态度，把学生看作学习的主体，千万不能有与学生不平等的特权，同时还要避免某些学习好的学生独霸话语权，这里的平等包括师生之间以及生生之间的平等，不仅有人格上的平等，还有行为上的平等。因此，教师需要弄清楚师生关系，要把自己也看成学生，是在与学生一起成长，不怕被学生问住。

教师要努力把握好预设与生成的关系，注意在心中定好能让学生达到的最终的学习目标，但可以允许过程呈现的多样性。这其中重要的前提是：教师要有一定的把握能力，不能被学生牵着跑。因此，教师除了在设计教学预案时充分考虑外，更为重要的是在课堂上灵活运用随机反馈与调控的措施，采取因势利导等科学有效的策略，从而提高

教学的针对性和灵活性。有效的课堂需要民主学习氛围，也需要科学的管理和引导。

2. 学生有效学习

在知识的传授过程中，应该充分关注学生在学习过程中的态度与情绪，对学习的态度是越来越积极还是越来越消极，对学习的信心是越来越强还是越来越弱，而且要把这种关注有机地融入当前正在进行的教学活动中去，才能促进学生在学习中的和谐发展。通过开放性、问题性、挑战性的活动情境，调动学生的已有知识、生活经验，让学生在活动中参与，在活动中体验，在活动中讨论与交流，以丰富学生的直接经验和感性认识，促进学生的身心发展。在当前课程改革中，有相当多的数学学习活动缺乏明确的目的，是散漫的、随意的、肤浅的、表层的活动。课堂上，应当避免动手与动脑相脱节。活动要与体验紧密结合，伴随着需要的满足、心理的平衡、悟性的获得等种种内在精神活动，置身于一定的情境之中去经历、感受、认识、掌握。

思考是数学学习的核心问题，没有思考就没有真正的数学学习。学生从数学现实出发，在教师的帮助下，用观察、模仿、实验、猜想等手段收集材料，获得体验，并作类化、分析、归纳，渐渐达到数学化、严格化和形式化。在这当中，再创造占有十分重要的位置，它是一个直观思维、具体形象思维与抽象逻辑思维三种思维形式的结合。建构是课堂学习中的分享式获得，所以没有活动、体验与思考，就没有建构；没有与他人的合作与交流，建构也是不理想的、不完整的。建构应最终指向学生主体的建构，即让学生作为主体去活动，使学生在活动中实现对象与自我的双向互动交流，进而让学生获得知识的增长、能力的增强以及情感、态度、价值观的改良与自我完善，使之逐步成为自觉学习的主体。

（二）教学成果评价

教学成果评价内容主要由教师的教学业绩、教育科研成果两个方面组成。

教师的教学业绩评价主要通过学生的考试成绩、测试等级，教师及其本人指导的学生在各级各类竞赛中所取得的荣誉来评价。

教育科研成果主要看教师有哪些教学研究的科研成果，如经验介绍，论文获奖或发表、研究课题结题情况、在研究过程中获得的奖励等。

教师教学成果评价的结果是教师实施素质教育教学的成绩、教师教学工作的实际效果以及教师科研成果评价的总和。

三、构建发展性教师评价的机制

评价不但要关注教师今天的成绩，而且要关注教师明天的发展前景，要发现和发展教师多方面的潜能，了解教师发展中的需求，倡导肯定性，帮助教师认识自我、建立自信。因而，用发展的眼光着眼未来，建立发展性教师评价机制是行思数学团队一直研究探索的课题。

(一) 发展性教师评价的定位

发展性教师评价是一种面向未来的教师评价制度,它以学校对教师的期望为参照,不仅注重教师现实的工作表现,而且更加关注教师和学校未来的发展;它根据教师个人发展的需求,通过富有成效的评价,为教师明确今后努力的方向,并为其日后培训或自我发展提供机会,从而提高教师履行工作职责的能力和业务水平,全面提高学校教学质量。这种评价不以奖惩为目的,是一种形成性而非终结性的评价制度;不是凭管理者的主观印象对教师的工作盲目下结论,而是采用以"自我评价"为主体的多元化评价方法;评价报告既不同于判决书,也不是简单地把教师划分不同等级,而是根据评价双方先前商定的目标,如实地反映教师取得的成绩和存在的不足,为其日后的发展提供动力。因此,发展性教师评价不仅有利于发挥评价的诊断、导向、激励功能,而且有利于教师不断提高自身专业素质和业务水平,实现教师和学校的共同发展,达到双赢的目的。由于发展性教师评价理念新、可操作性强,近年来已引起世界各国的普遍关注。在英国,发展性教师评价已成为提高教师专业知识和专业技能的一种手段,成为改进学校状况和提高教育质量的一种措施。在我国,随着基础教育改革步伐的加快和新课程方案的实施,建立科学的、有利于促进教师和学校发展的评价机制,已成为当前学校管理必须深入研究的重大课题。

(二) 发展性教师评价的机制

发展性教师评价不仅是一种全新的管理理论,更是一种全新的教育评价实践。为此,在学校管理中,必须建立一套有效的运作机制,才能使这一先进的理论为实践服务,并在实践中不断丰富、完善。

1. 构建评价体系

(1) 学校要制订一个促进教师发展的五年规划。在认真研究现有师资状况的基础上,通过科学预测,明确师资培养的思路和目标,然后提交教职工代表大会讨论修订,使全校教师普遍认同学校对他们的期望,增强自身发展的紧迫感和使命感。发展规划中,不同年龄段、不同层次的教师要区别对待,不要搞"一刀切",要鼓励中老年教师创优,激励青年教师创新;对于新分配的教师,要督促他们尽快提高教学水平,争取在最短的时间内,成为一名合格教师。

(2) 教师要对照学校发展规划,制订个人近期和远期发展目标。制订目标时,教师要认真分析自身的专业水平和业务能力,树立终身学习的理念,制订个人业务进修计划;同时,还要明确自己在教研、科研上努力的方向,确立主导性研究课题,努力成为专家型、学者型教师。

(3) 要建立一个科学的评价指标体系。教师的劳动具有复杂性和特殊性,既有显性的、可以量化的工作,而更多的是一些隐性的、难以量化的工作,如师德、奉献精神等。因此,在制订发展性教师评价指标体系时,要处理好显性工作和隐性工作的关系,兼顾全面性，体现科学性。一般来说，对于一些容易用数量处理的指标，如工作量、出勤量、作业批改量等，尽量以数量的形式评价，以便于比较分析。但对于隐性工作指标，要多使用描述性语言，表达上要具有可操作性，避免随意性和模糊性，力争使每项指标都具有较大的区分度。评价指标体系建立后，要充分发扬民主精神，广泛征求广大教师的意见，并在实践中不断修订完善，使其更加符合教师和学校的发展需求。

2. 建立动态调控机制

现行的教师评价制度，多以学期或学年为单位，以期末考试成绩的优劣判定教师工作的好坏，不是用动态的、发展的眼光看待教师，忽视了教师教学水平提高的过程，评价严重滞后，不利于学校及时调整工作思路、提高教学质量。发展性教师评价，注重动态监控，既关注教师原有的教学水平，也关注教师教学水平提高的过程，并为教师将来的发展提供针对性指导和帮助。

总之，对教师教学的评价处处体现着学校对教师的人文关怀，服务于教师和学校未来的发展。在学校管理实践中，构建这一科学的教师评价机制，必将优化教师队伍，大大提高教学质量，推动基础教育的改革与发展。

（三）发展性教师评价的方法

1. 自我评价

教师自我评价是教师评价的重要组成部分，是评价对象依据评价原则，对照评价标准，主动对自己的工作表现做出评价的活动。它是一个批判反思的过程，更是一个自我提高的过程。教师的自我评价对提高教师素质、提高教育质量有重要作用，是实施教师终身教育、促进教师专业发展的根本措施之一。

2. 学生评价

学生参与对教师的评价自 20 世纪 70 年代以来一直为世界许多国家所重视。阿里莫里认为：学生是教学过程的主体。学生对教学目标是否达成，师生关系是否良好，都有较深刻的了解，对学习环境的描述与界定也较为客观；学生直接受到教师教学效能因素的影响，学生的观察比其他突然出现的评价人员更为细致周全；学生参与评价教师有利于师生沟通，有助于提高教师教学水平；学生评价教师的结果可作为其他学生选课的参考。

3. 同行评议

同行评议，不仅在形成性评价中有很大的潜在价值，而且对在教师中创造一种专业发展的气氛也有重要意义。使用同行评议这一方法的基本观点是在评价教师能力方面，同行具有较大的发言权，同样，评价者对课堂教学、教材以及对教师的要求都比较熟悉，他们对教师能力的提高及工作的改进都能提出有价值的建议。为提高同行评议的质量，需要在学校中建立经常性的听课与观摩制度。它有助于教师间的取长补短，共同提高，也有助于降低同行评议中的主观臆测成分。

4. 绩效考评

绩效考评包括对教师工作结果的考评和工作表现的考评。对工作结果的考评只需采用量化的手段即可。而对内隐的不易量化的工作表现的考评，通常采用非量化的评价标准，主要依靠评价者的主观判断。相比而言，工作表现的考评比较难以操作，且很难完全做到客观、公正和公平。常用的工作表现的考评有：强制考试式，即依据评价标准强制给出评价结果；计算统计式，即依据评价标准进行打分，经过统计评价结果；民主参与式，即由学校管理者、校外专家、同事、学生、学生家长等共同参与评价，给出评价结果。

第六节　教学评价的体系

有人说：多一把尺子，就会多一批好学生。这句耳熟能详的话语，对于学生数较多的班级授课制而言，只能是教师心中最美好的愿景。行思数学倡导并践行适合每个学生发展、每个教师成长的评价体系。我们尝试构建了基于教师和学生这两个评价主体的，评价方式多元、评价手段多样、评价视角多维的发展性评价体系。

一、学生的发展性评价

（一）评价维度

“行”的维度主要侧重：提出问题的能力，解决问题的能力，动手操作的能力，数与代数运算的能力，信息收集与处理的能力，数学变式的能力，沟通与表达的能力，团队合作的能力……

“思”的维度主要侧重：发现物体相似性的思维能力，发现物体属性的思维能力，发现物体关系的思维能力，概括数学概念的思维能力，数学推理的思维能力，数学转换的思维能力，反思与自我管理的能力……

（二）操作策略

1. 以行为主，结果为辅，实现评价角度多维

在评价操作时，我们有机地将形成性评价和终结性评价结合起来；给予学生多次评价的机会，促使学生的转变和发展；让评价贯穿于日常的数学教学过程中，使评价实施日常化、通俗化。通过用“成长记录袋”，真实全面地记录学生的发展过程；注重“课堂观察”，及时了解学生的学习动态；制订“作业规范”，改变作业形式和评价方式；进行“数学能力检测”，评定学生数学学习的技能水平；开展“数学活动”，评定学生参与数学学习的情感态度；评比“数学之星”和实行“免考”制度，对优秀学生表彰奖励；实行“二次检测”的方法，对“学困生”进行延迟评价。在此基础上，从“行”（问题解决）、“思”（数学思考）

这两个特定视角，进一步完善《盐城市实验小学“行思数学”学生学业评价方案》《盐城市实验小学长假作业套餐》《盐城市实验小学“行思数学”能力检测方案》等一系列规章制度，建立相应的评价指标。

2. “等第＋评语、智慧星＋记录”实现评价方式多样

一直以来，行思数学倡导的学业评价方式，与原有的分数评价形成了较突出的矛盾。在具体的操作过程中，尝试推广：在作业和试卷批阅中体现等第和评语；在课堂教学中提倡多使用有个性与针对性的课堂评语：“你的知识真丰富。”“小朋友，把你不同的看法告诉大家，好吗？相信你能行。”“你的想法很独特，看来你是个爱动脑筋的好孩子！”“你表达得真棒！”等；班级自主设立一些具有促进学生发展性的奖项，如“合作小金星”“智慧星”“进步章”“质疑章”等。与这些举措相应的，建立了《行思数学课堂观察评价表》《行思数学作业批改规范》等一系列制度。同时将信息化手段引入评价机制，完善制度。

3. “自评＋他评”追求评价主体多元

行思数学倡导的发展性学习评价由主观评价和客观评价协同完成。在实践中通过课本中的自我评价表、学习小日记(周记)等载体，努力构建学生自评、同伴互评、家长参评、教师综合评定的民主、开放、网状结构评价体系。

4. “数学嘉年华”追求评价形式多样

随着时代的进步，学校的发展，2014 年学校班级数突破 100 个，在校学生突破 6 000 人，此时，行思数学团队对学生的学业评价进行了再思考，提出了在低年级尝试进行学业评定嘉年华的活动。2015 年 6 月，经过多方征求意见，开展了为期一周的二年级数学嘉年华学业评价活动。首次嘉年华活动共设计了 12 项检测内容，这些内容涵盖了学生数学学习的四大领域，以动手、动口、动脑为主要考查形式，邀请百余名家长担任考核导师，在家长和学生中引起了强烈的反响。比如：事先准备好一串彩色的珠子，分别是一红两白一红两白……让学生先观察，再自己动手，利用针和线串起同样的珠子，完成即可获得一枚印章。12 项内容，学生自己选择项目，获得 6 枚印章即为合格，8 枚为良好，10 枚为优秀。在一周的过程中，许多学生都获得了 12 枚印章，许多家长和其他年级的教师也都自发加入其中，享受其中的乐趣。当然，这只是行思数学在学业评价上迈出的第一步，接下来的研究中，我们将在此基础上，进一步做细、做实、做大、做强这一活动，进一步完善学业评定嘉年华的内容与相关细则，并推广至其他年级，辐射至集团其他成员单位，乃至其他学校。

二、教师的信息化评价

(一) 评价维度

“行”的维度主要侧重：课堂教学能力，活动设计能力，学生活动组织与指导能力，沟通与语言表达能力，对学生学业进行评价的能力……

“思”的维度主要侧重：参与活动的态度，资源开发的拓展性思维能力，团队合作的意识，继续教育的意识，个人反思的能力……

（二）操作策略

1. 课堂教学评价

“十一五”“十二五”期间，我对《有效教学的标准及课堂教学有效性评价研究》《百节课堂教学全息观察范式研究》等有效教学重大课题进行了研究，并取得成果顺利结题，所建立的《课堂教学评价标准》被推广至盐城市区广泛使用。自开展“行思数学”课程的研究以来，以江苏省E学习试点校为契机，行思数学团队敏锐地捕捉到了新的视角：课堂教学评价与E环境相结合。以“行思数学”课堂教学观察、评价为视角，编制电脑软件，将课堂教学评价从纸质走向E时代。

2. 其他方面评价

利用校园网上已经建成的“一库四室”（资源库以及电子备课室、特色项目、名师讲堂、互动论坛），提高其利用率，培养教师的教学研究能力，并利用网络记录教师成长历程，形成网络成长记录袋。根据教师网络成长记录袋，对全校教师进行横向、纵向比较，帮助教师发现不足，快速成长。

第六章　行思数学教学的延展

基础教育信息化建设正从普及期走向整合期，如何将日益广泛存在的硬件设施、海量的数字化资源、各种有效的信息化教学模式整合和应用到广大一线教师的日常教学行为中，从信息技术和教育教学系统耦合的整体要素来看，支持教师的有效教学、促进教师的专业发展正成为深化信息技术有效应用的重要突破口。云计算在教育领域中的迁移称之为“教育云”，是未来教育信息化的基础架构，包括了教育信息化所必须的一切硬件计算资源，这些资源经虚拟化之后，可以向教师和学生提供一个良好的教学平台。有了这样的平台，思资源的开发、行环境的优化、学习方式的变革、学科之间的整合将带来全新的革命。

第一节　思资源的开发

开发思资源，首先要建设真正的教学资源库。教学资源建设是利用信息科技手段，对教育教学资源进行整合，最终要建成互动化、多媒体化的共享式资源库。这里所指的教育资源主要是指数字教育资源。数字教育资源不仅包括传统教育资源（如书、杂志）的数字化，还包括中小学校教育、教学活动中涉及的所有资源的数字化，而且还应包括新的数字化数据：超文本；对资源的整理和组织方法：分类、索引和摘要、动态搜索；资料查找、使用工具：全文检索，分类索引，针对声音和图像进行的内容的搜索及各种应用平台。

从这个角度来看，行思数学资源主要包括信息资源、教学资源、教育管理资源、服务资源等。信息资源有：教育新闻信息库、教育法律法规库、招生考试库、教育产品信息库、教育机构库等各类教育统计数据，辅助教育教学信息，进修、培训信息资源等；教学资源有：教材配套教学资源库、教研论文库、学科教案库、题卷库、各学科多媒体教学课件资源、学生学习指导类、常规教育类、网上课程、教学软件、数字化卫星电视教学片、基本功系列培训资料（如书法、普通话等）、教科研培训资料、现代教育技术系列培训资料等；教育管理资源有：校长办公系统信息资源，师资管理，学籍管理，教育、教学质量管理等；服务资源有：各类游戏资源、娱乐音像资源、图片素材库、动画素材库、音效素材库、百科知识库等。

一、开发教学资源

资源建设是教育的基础设施及表现形式，是教育发展和创新的基础。广义的教学资源还应该包括教师和学生本身。因此，从本质上讲，整合教学资源的过程可以看作是师生间的对话交流和互动匹配的过程。

教师对教学资源的整合实际上是对教学资源的正确解读、理解课程意义的过程。教师既要解读《课程标准》，了解教学资源预设的目的和功能，又要根据自己的经验、认识以及具体的教学情境对资源进行选择和调整。教材不是绝对的权威，教师也不是被动的传授者，学生更不是被动接受知识的容器。学生是凭借已有的知识和经验走进课堂的，教师要善于接纳来自学生的不同见解，倾听学生的不同声音。这样，学生才能在课程实施中完善个人的理解，建构自己的知识。

（一）内容是资源建设的核心

这里的内容不是信息垃圾，它必须经过专业人士过滤、加工，使之具备教学能力。资源管理平台实现了教师与教师间教育资源的共享，教师与学生之间资源的推送和学习，使得学校资源可以优势互补，更具有动态交流性。让资源从个别、局部的资源，转变为全部的资源，整个学校的教师可以实时交流资源，充分利用资源，使现有资源最大限度、最大范围地被使用和再创造。

通过资源汇聚、共享、生成的形式，构建开放的课程学习空间，实现不受时间、空间、学校限制的开放式学习。教学资源管理平台的课程资源构建要符合课程改革的要求，课程构建严格遵循现行教材版本目录体系，确保课程资源与课堂教学紧密契合，同时针对不同层次学生，实现分层建课授课，满足不同层次、类型学生学习的需求。通过资源制作的激励体制，结合学生、教师、教研人员的三重评价体系，确保课程资源优质性，实现资源良性循环与再生。

（二）软件是资源建设的灵魂

人类社会所特有的技术结构包括两方面：外在于人的工具系统和人使用工具的技能。计算机的一个重要特征是工具中出现了软件。软件是知识形态的技术，是人类思维程序的外化，其功能在于大大增强了人类对信息的加工能力，减轻了脑力劳动的负担，根据一定的教育模式对资源进行整合，在特定教育需求下符合教育学、心理学规律的教育软件是资源建设的灵魂。

（三）应用是资源建设的关键

只有应用才能突显教育资源的价值。教育资源涉及高质量的教育、教学内涵，有特色的、能够形成教学能力的多媒体专业资源；资源组织、管理、检索系统；使用这些教育资源的工具、平台；健全的资源更新发展机制；教育资源种类的发展和完善。常用的数字备课室的架构及应用主要体现在以下几方面。

1. 个人备课

采用学校部署应用，学校注重教师的教学应用，通过系统实现常规备课工作，同时将备课所涉及的素材和课件进行定位到课时的统一管理，对于优秀的教案和资源可以在学校内共享，形成校级的优秀教案资源库，从面上减轻教师的工作量，提高教师教学水平，促进学校教学的均衡发展。教师可以从共享教案中收藏优质教案，并可以修改，进行二次备课并上传；在上传过后会显示原作者和修改人，保留修改痕迹。

2. 集体备课

新建教案进行在线编辑；通过检索，可查看由同年级同学科的教师发起的集体备课，经过各位教师的集体修改后，由教案审核人关闭权限，这样集体备课的教案教师可以收藏使用；相关教师可查看所有集体备课教案的设计以及教案修改记录。具体为学校教研组组织备课活动，根据年级、学科，确定主备教师、审核教师、参备教师、参评教师，由主备教师发起教案，其他参备教师可以参与进行编辑修改。通过网络集体备课的方式可以避免时间和空间上的影响，多位教师综合各自的教学经验，最终形成优秀的教案，并可以将教案通过共享与系统中其他教师分享。

3. 在线教研

在线教研包括组建个人备课库，将素材、习题定位到每一个课时，与教案紧密结合，通过每位教师的素材添加，形成校内的共享素材库。教师可通过系统发起针对所带学科的在线教研主题，可跨区域、学校、学科、年级进行学术探讨，交流经验。

4. 教案检查评比

学校教研管理人员可以根据学校需求，随时新建检查，并安排检查人员，检查人员在登录系统后，可在检查中查看对应学科与年级的教师教案，并进行点评，检查公布后，教师可查看教案检查结果。根据系统的部署方式，可通过系统实施学校教学案例评估，从而带动教师备课积极性，促进教师备课的主动性，并提高教案质量。要随时按科目、年级分类进行统计，进行检查、点评与打分，当事人能及时查看自己的检查结果。

5. 互动平台建设

通过特色项目室、名师讲课室、互动论坛室等互动平台的创建，发挥名师的作用，创新教学的手段，拓展教学的空间。引导学生自主、合作地学，使学生会学。实现从“要我学”到“我要学”、“教我学”到“我会学”的转变。通过家校互动学习平台的创建，最终实现科学地教、主动地学，提升师生在辅助教学活动中的积极性、有效性，提高家长参与学校教育教学活动的主动性、积极性，达到教师、学生、家长三位一体，共同提高教育教学的质量。

二、设计学习环境

（一）物理学习环境设计

物理学习环境是以硬件设施为基础的学习环境，结合课程目标以调动学生的学习情绪、引导学生的学习动机为目的，建设主题式体验馆和物联网3D体验中心，让学生不仅可以通过现实的场景体验，还可以通过物联网虚拟空间进行感知，促进有意义学习经历的初步获得。

VR/AR的应用。VR：Virtual Reality 虚拟现实；AR：Augmented Reality 增强现实。VR虚拟学习情境所提供的大量建构工具体系和表现区域，加以学习者的主观能动性，与皮亚杰"把实验室搬到课堂中去"的构想与实践，以及"学习是一种真实情境的体验"的建构主义观是相符合的。AR与全虚拟的VR技术相比，不仅可以将学习对象及时仿真呈现，更可以有效地将它们置于真实环境中，并可对模型进行操纵，能让学生以一种自然的交互手段进行自主探索，获得认知。它的优点在于能呈现真实环境中难以表现的信息，并将这种信息与真实环境无缝融合，让学生学习互动就像在现实中互动那样自然。这对于抽象内容教学、提升学习兴趣非常有意义。

（二）资源学习环境设计

建设校内资源库。通过校园网络平台，建设校内资源库，以不同媒体、格式存储和呈现教材、教案、参考资料、书籍、网络资源等，优化和整合信息资源，增加其易用性和共享性，并围绕学生的需要来合理组织信息资源，保证资源、信息的及时供给。

利用社区资源。充分利用周边的社区资源，通过挂牌实践基地的形式，开放学生的体验空间，丰富体验场所类型，让学生能够在真实的环境体验中了解知识的本原，建构自己的知识体系。

（三）情感学习环境设计

1. 营造平等对话的人际交互环境

在体验式课程学习中，倡导教学民主、人人平等，尊重学生的独立人格和个性。营造轻松欢快的课堂氛围，有助于学生畅所欲言，敢于表达自己的观点，让学生获得融入社会所需的沟通与交流能力。

2. 完善教与学的策略

教学策略和学习策略直接影响着学生的学习效果，因此，教师必须改变传统的讲授策略，变革学生的接受式学习策略，让学生能够认真学习、主动体验、积极探究。

3. 建立有效的奖励机制

通过对学生体验过程中的表现做出及时评价，建立等第及实物奖励等多种评价机制，激发学生的学习热情，引导学习需求，加强自主学习意识，培养良好的学习习惯。

第二节　行环境的优化

冰心老人说过："只拣儿童多处行。"立足儿童、为了儿童、发展儿童，是我们教育的起点、长远目标，也是终极追求。以此为目标，“行思数学”研究的每一步都是坚实的，不仅思有长远，而且行也指向未来，环境也不断丰富和优化。

一、构建“行思数学”的校本内容模块

(一) 实践运用——校本内容的基石，让“行思”走出课堂

在严格执行国家课程计划、省有关规定的基础上，行思数学团队深入研究行思数学视角下的数学课程体系，充分整合教育资源，以数学拓展课程为载体，丰富校本课程文化，开设了两大类数学校本课程。一类是以学科实践活动为主线的校本课程，这类实践活动主要依托苏教版数学教材中实践与应用板块的内容，比如：《小小商店》《有趣的拼搭》《大树有多高》等等；另一类是以课外实践活动为主线、以走课跑班为运行方式，每个年级每周用半天的时间开设校本课程，这类实践活动课程的开设主要依据学校教师个人在数学专业上的特长，比如：《魔方达人》《智力七巧板》《我是速算王》《魅力数独》《数学家的故事》等课程。这些课程的开设，让课程走出教材，提高了学生积极性，学生根据自己的喜好选择课程，真正做到了以生为本。

(二) 品牌活动——校本内容的支撑，让“行思”形成序列

行思数学关注每个学生的个性、志趣和愿望，注重学生自主体验，积极搭建适合学生个性发展的活动平台，力求让每一个学生都能自由成长、自由发展。在这一理念的指引下，依托我校智慧树小数网、智慧树数学俱乐部、数学节等载体，广泛开展数学课外活动。在校本教材《我们的节日》基础上，对我校的数学课外活动课程与内容进行高位设置，让课外活动课程达到精品化、序列化。比如，品牌活动“数学节”中的常规项目“动手做、动手画”这个栏目，我们设置主题为“一笔一画・梦想开花”，具体内容分年级设置为：一年级——数字幻想画；二年级——七巧板拼画；三年级——趣味钟面画；四年级——数学诗配画；五年级——图形组合画；六年级——数学报创编。

(三) 校园环境——校本内容的伴侣，让“行思”无处不在

对学校环境进行系统而有目的的布置，不仅能够给人耳目一新的感觉，更能给人鲜明持久的熏陶，以及富有个性的启迪，让环境成为“行思数学”校本课程建设中最直接、最显性、最有视觉冲击的部分。因此，校内许多的基础设施得到重新完善。为此，我们设计了 6 种适合不同年级同学参与的数学问题标牌（以 6 种水果造型来呈现），利用校园环境，充实校本课程，让师生熟悉的校园变成数学乐园，让师生熟悉的环境变成校本课程重要的补充。比如，在校园栏杆上选择一个菱形，将它涂上黄色，并挂上红色苹果提示牌，上面写上“这个图形每个角是多少度？内角和是多少度？你是怎么知道的?”；在六年级同学喜爱的小篮球场上，设置黄色香蕉提示牌，上面写着“你能量出每个篮球场的长和宽吗？篮球架离地面的高度是多少米？你是怎么量的?”。

这样的多彩课程得到了师生的喜爱、家长的赞许、媒体的关注。《盐城晚报》记者全

程跟踪、深度了解我校的数学文化周活动之后，利用 3 个通版进行了专题报道，并给出了这样的评价：短短的一周时间，孩子们收获满满，热情高涨。校园里随处可见低头沉思的孩子、合作有序的团队、专注一隅的身影；广场上的"一笔一画 · 梦想开花"创意设计展让孩子们流连忘返、让家长们啧啧称赞、让老师们惊叹不已；教室里疑惑的眼神、惊叹的表情、涨红的小脸、激烈的争辩、由衷的掌声……更是自然流露，数不胜数。此情此景，正是盐城市实验小学课程改革的真实写照，是构建"行思数学"课程之路上结出的又一硕果。

二、开辟区域学科中心组协作路径

随着校园环境的改变，现代教育云平台的投入运行，教师的课堂教学研究、协作方式也在悄然改变。在此背景下，组建全区九大学科中心开展省"十三五"规划课题《信息化背景下区域学科中心组协作的路径研究》。以大数据产业园为依托，以智慧教育为引领，以"现代教育云""三通两平台"建设与应用为核心，以提升教师信息技术应用能力为抓手，促进教育信息化和教育教学深度融合，助推区域教育优质发展。

夯实智慧教育基础，强化智慧校园硬件支撑。构筑"现代教育云"，推动全区教育优质均衡发展。"现代教育云"第一批应用系统已经上线，其中智慧课堂、云办公、智慧校园管理等 6 大系统逐步投入运行，实现了"教、学、管、评、用"等教育教学应用智慧化和智能化。

推进智慧教学改革，深化优质教育高位发展。加强教育教学资源库建设，初步建成全区小学语文、数学、英语等学科备课资源库，截至 2018 年底数据库已上传优秀教案近万篇，实现了全区优质教学资源"人人共享"。教学视频录播系统全面投入使用，教学管理部门可实时进行"网络巡课"，为教师把握课改方向提供支持。

提高智慧应用水平，优化智慧校园品质内涵。借助市智慧云、英语人人通等平台载体，为全区学生分配学习账号，实现学生"时时、处处"自主学习，学生课后学习成效提升明显。充分发挥智慧校园优势，推进白板、微课等"互联网＋课堂"在教育教学中的应用与实践，多名教师获盐城市信息化优质课比赛一等奖。

（一）以信息化教研平台为依托，促进学科团队的互动合作

信息化在改变师生教与学的方式的同时，也深刻地影响着教研方式的变革。依托现代信息技术实现教研方式的变革，以行动研究促进学科教师之间的互动合作，提升教师专业化水平，这是走向有效教研的关键。

1. 网络教研成为教研信息化的闪亮点

网络教研是现代教研的有效方式之一，我们在教研信息化的实践中采用了两种网络教研模式。

（1）架构网络教研

学校在全区教育信息中心的技术协助下，以学科为组织单位，通过远程互动平台，进行常态的、多形式的网络教研活动。如同一学科的系列主题式网络教研，两所小学联合上海市实验小学成功开展了英语学科的主题教研活动，通过网络云课堂，将盐城、上海两地三所学校的教师、学生，通过网络连接在了一起，突破了区域的限制。同时也开展同一主题的不同学科网络教研尝试。如围绕音乐、美术、语文、数学等多学科开展以有效教研为主题的网络研讨。虽然每次网络教研都有多个会场同时进行，但是通过数字化教室的音频、视频同步传播产生零距离的感觉，不仅可以节省教师许多来回路途的时间，还促进了学校之间在教学上的深层互动，充分、合理、有效地利用各校的优质资源，让各校教师分享教学智慧，达到共赢的效果，优化教研效果。

(2)开通学科教研博客

工作室博客作为日常网络教研的平台，开设了名家说教、课件荟萃、经典设计、教学随笔、论文精选等专栏，并建立论坛进行互动，旨在丰富研究内涵，拓展研究外延，开阔研究胸襟，增强引领功效，构建学校之间联片教研群体，促进校际间的优质均衡发展。

2. 学科教学资源库成为教研信息化的积聚点

随着网络的普及，各类教学资源铺天盖地地袭来，造成资源的杂乱无章、利用率低。我们根据教学的实际需要，倡导学科团队共同建设优质的校本学科教学资源库。如优质教案的形成采用一人精心准备、多人推敲的集体备课模式。形式上，有纸化转向无纸化，粗线条型转向细致化、个性化；方式上，由孤军奋战转向集众家之长。如校本作业习题库的形成采用任务驱动、分层合作、分管审核的程序，达到减负增效的效果。教师在共建共享的过程中，不仅丰富和积淀了学科的有效资源，提升了教师对资源的合理处理能力，同时也促进了教师的和谐人际关系的建立。

3. 学科网络平台成为教研信息化的传播点

(1) 学科主题网站

学科团队以课程建设为指导，以学生主体活动为基础，以切实提高学生自主应用为目标，积极投入学科主题网站的建设中，使其成为学科教研、教学活动的一部分。比如，依托智慧树小数网、智慧树数学俱乐部、数学节等载体，广泛开展数学课外活动。在校本教材《我们的节日》基础上，对我校的数学课外活动课程的内容进行高位设置，让课外活动课程达到精品化、序列化，符合每个年龄段学生的身心发展规律。

(2) 互动论坛室

通过互动论坛室，形成了区际、校际、校内多形式的学科共同体，如伙伴合作共同体、星火项目共同体等，在互动论坛室上传名师、骨干的优秀课堂教学实录以及教师自己的课堂实录，通过对比学会反思与重建，通过互评学会聆听与取舍。互动论坛室通过学习共同体联盟，以信息化手段传播优质的学科资源。

(3) 微课和翻转课堂

微课是根据新课程标准、教材内容、教学目标的要求，以教学视频为主要载体，反映教师针对某个知识点或教学环节开展的教学活动，具有主题突出、重点明确、短小精悍、实景再现、灵活机动等特点。翻转课堂是在信息化背景下，教师提供教学视频等教学资源，学生在课前进行自主学习，课堂上师生一起答疑解惑、互动交流、协作探究、反馈评价的活动。微课和翻转课堂是教学实践的改革与创新，可以有效地克服传统课堂冗长枯燥的不足，极大地提高学生的学习效率，真正做到有教无类、因材施教。

(二) 以信息化项目实施为引领，提升学科团队的专业能力

实践是建设学科团队的有效手段之一，从教育信息化应用项目着手，整合课程建设，落实和推进学科团队建设。项目是学科团队建设中的有效载体，运用一个载体，激活一门学科，带动一个团队。

例如，项目案例之数学学科交互式电子白板课堂教学实践项目。交互式电子白板以其独特的交互功能给课堂教学开辟了一个新的实践领域。依托这一新平台，数学学科以团队齐学共进的教研策略，开展了电子白板技术应用的培训、课件设计比赛、全员实录课展示、微格教研等活动。实践项目不仅实现了数学课堂中学生整体思维含量的考量、个性思维角度的提炼、即时生成资源的呈现、初始资源的再现等因素的突破，同时也在学习和运用电子白板教学的时候，提升了教师个人综合教学素质，促进了整个团队教学研究能力的提高。

信息化教研团队的建设必须依托于教师信息化素养的飞速提高，在加大整体教师信息技术能力培训的同时，在策略上采取“三鼓励”的方针：鼓励教师参与更高层次的信息技术专业考试，鼓励教师课堂教学尝试采用最新信息教学技术与手段，鼓励教师参与层次不同的信息教学技术的比赛。可以说，信息素养的有力提升让教师的学科素养发挥到了较好的状态，充分地展现了两者相融互进的作用，形成了和谐的学科团队建设氛围。学科团队建设不仅提高了个人和团队的工作效能，更促进了团队成员之间和谐的人际关系。这样的团队特征正是现代学校所应该具备的：高效、健康、向上、和谐。学科团队的生命价值不仅体现在提升教师个体的生命价值上，更体现在促进学生发展的素质教育上，这是学科团队建设的真正内涵。

第三节　学习方式的变革

在“行思数学”研究中，提倡和发展多样化的学习方式，倡导基于合作的学习、基于问题的学习、基于实践的学习、基于探究的学习和基于网络的学习等方式，要求站在儿童的立场上，倾听童声，透视童心，放飞童真。改变以前单一的以接受学习为主导的缺乏探究发现的学习方式，引导学生“思”，指导学生“行”，让学生真经历、真思考、真探究、真实践、真反思，教师不越俎代庖、包办代替，做到教是为了不教，构建生命化的活力课堂，促进学生自主建构，提升学习能力。引导学生改变学习方式，并非简单地追求学习方式、形式上的变革，重要的是在于把握学习方式及学习方式变革的实质。

一、课前，让学生学会前置性学习，做到学思先行

前置性学习就是在正式课堂教学之前所进行的目标明确的自主性学习，通过学习要初步了解新课的基本内容，找出自己的疑难点，并且准备好课堂学习中要用的一些学具以及所需资料的收集等。教师要指导学生学会前置性学习，让学生知道课前该做哪些、怎么做。前置性学习的内容是多元的。

（一）让学生学会课前操作，做玩学具，为课堂交流带来源泉

比如，要学习“时、分、秒”这节内容前，布置学生课前玩一玩小闹钟，看看钟面上有什么；和爸爸妈妈一起拨时间，认一认，并为自己设计闹铃，自己起床，做时间的主人。学生在玩弄闹钟时，不知不觉地积累了时、分、秒方面的生活经验，为课堂学习交流打下了基础。学生通过课前操作获得了一定的现实感受，这些零散的、浅显的、鲜活的经验感受为课堂学习交流提供了源头活水。

（二）让学生学会课前调查，收集信息，为课堂交流带来资源

比如，学习“升和毫升”时，提前布置学生在家里或到超市里观察以“升和毫升”作单位的商品，至少 5 种，记下它们的容量，并带 1 至 2 个饮料瓶到校作为学具，最后用一句话说说调查感想。有的学生说原来有这么多的商品是用毫升和升做单位；有的说用升和毫升做单位的都是液体；有的说大瓶子用升做单位，小瓶子用毫升做单位；有的说升和毫升相差很大，1 升＝1 000 毫升……这课内容，如果学生没有先前的观察调查，获得一定的认识，课堂上就会缺乏具体表象，而布置预习可以让学生积累丰富的生活经验，增强感知认识，容易帮助学生建立容量概念，这样的准备让课堂交流更具实际意义，而不是纸上谈兵。

（三）让学生学会阅读教材，心中有底，为有效课堂打好铺垫

阅读教材预习时要指导学生。读，要从上往下、逐字逐句读，看看哪里有些难，多读一读；思，对于卡通教师提出的问题要思考，说出自己的想法；画，重要的地方要画一画，圈一圈；标，不懂的地方标个记号，教师讲到这儿要特别注意听；练，预习的最高层次是练习，动笔做几道习题；讲，说一说、讲一讲自己的预习收获；问，预习完后，要回头望，看有什么问题及新的想法，以便带着目标听课。

（四）提供前置性学习单，设定目标，增强前置性学习效果

前置性学习单包括课前的学具准备、调查、操作、阅读教材等，给学生以预习的

“指向标”，前置性学习单可以引导学生学会如何预习，也有利于检查预习情况，增强预习效果。前置性学习单的设计要注意简约性、适度性，要考虑不同年龄段学生的心理特点，低中年级应侧重培养学生的预习兴趣和预习习惯，高年级重在训练学生的数学思维，培养学生掌握数学学习的方法。实践中，我们可以根据需要设计不同形式的学习单（如图）。

<table>
<tr><td>班级</td><td></td><td>姓名</td><td></td><td>预习时间</td><td></td></tr>
<tr><td>预习内容</td><td colspan="5">用字母表示数（P99-100）</td></tr>
<tr><td rowspan="2">预习新知</td><td colspan="5">知识点 1：用含有字母的式子表示数量及数量关系。
问题：如果剩下的红包是你的，你希望 m 大一点，还是小一点？
探究：已知红包总金额 200 元，红包个数为 2 个。(1) 如果已经抢了 50 元，剩下的钱数是（　）；(2) 如果已经抢了 120 元，剩下的钱数是（　）-（　）；(3) 如果已经抢了 m 元，剩下的钱数是（　）-（　）。
这里的 m 可以表示哪些数？________________
如果剩下的红包是你的，你希望 m 大一点，还是小一点？为什么？</td></tr>
<tr><td colspan="5">知识点 2：含有字母的乘法算式的简写。
问题：怎么简写含有字母的乘法算式？
探究：1. 字母和数相乘，乘号可以省略为“___”或________，但通常把______写在字母前面。如：___________；2. 字母和字母相乘，乘号可以省略为“____”，也可以___________。如：__________；两个相同字母相乘，如 b×b 可以写成_______；3. 字母与 1 相乘，1 可以省略不写。如：___________</td></tr>
<tr><td>预习检测</td><td colspan="5">1. a表示 1 支钢笔的价格，a×4 就表示__________________，还可以写成________。
2.5+m 可以写成 5m，对吗？（　）　a×a写成 2a对吗？（　）
3.小红今年 x 岁，弟弟比她小 4 岁，弟弟今年______岁；如果小红今年 23 岁，弟弟____岁。</td></tr>
<tr><td>我的疑惑</td><td colspan="5">预习后，我的疑惑是：________________________</td></tr>
</table>

四年级数学下册“平行四边形和梯形”预习单

班级__________ 姓名__________日期________

1. 阅读课本第 45 页至 50 页，多读几遍，试着回答课本上提出的问题，看看是否理解，把你认为重要的语句用直线画下来，把不懂的地方标上问号。

2. 找一找身边的平行四边形和梯形，利用平行四边形纸和梯形纸折一折、量一量、比一比，看看有什么发现记下来。

3. 第 49 页的“做一做”你会吗？请试着做一做。

4. 回顾预习内容，你还有什么想法？写下来。

自我评价________教师评价__________

（五）重视指导评价，促使学生养成良好习惯

前置性学习习惯的培养不能仅仅靠教师的一个要求，要通过布置、检查、评价、训练促使学生真预习。预习要想有实效，要作为一项作业布置，开始布置预习作业时，要以具体的内容为例进行指导，必要时也可以开设指导课，选取有代表性的内容进行指导评价，可以展示好的前置性学习单和不足的学习单，一步一步地指导，让学生取长补短，汲取经验教训，掌握预习方法。要持之以恒、由扶到放地训练，促使学生形成自觉，养成习惯，提升自主学习能力。

二、课堂，让学生探索交流，做到学思结合

课堂是主阵地，知识的完善、方法的掌握、经验的积累、思维的训练、思想的感悟、能力的提升等，都要通过课堂引领，走向明朗，走向深刻。

（一）创设数学问题情境，激趣引思

数学课程标准指出：数学教学活动，特别是课堂教学应激发学生兴趣，调动学生积极性，引发学生的数学思考，鼓励学生的创造性思维。教师应根据学生年龄特点创设情境，把数学问题基于相应的情境中，以境生情，以情促智，达到情智交融，

和谐共生。情境创设既要体现趣味性、生活化，更要体现数学味。

教学中，创设情境让学生始终保持学习的热情。比如，教学“认识分米和毫米”时，开始创设孙悟空神奇金箍棒的情境，复习米、厘米以及 1 米＝100 厘米，然后由金箍棒能伸能缩变化逐层引入 1 分米、1 毫米、1 米；把 1 米平均分成 10 份，缩短到其中的 1 份，长是——1 分米；把 1 分米平均分成 10 份，缩短到其中的一份，长是——1 厘米；把 1 厘米平均分成 10 份，缩短到其中的一份，长是——1 毫米。随着生产技术的需要、高科技的发展，需要更精确的长度单位，还可以把 1 毫米继续平均 10 份 10 份地分下去，从“你知道吗”中认识 1 微米、1 纳米。通过金箍棒变变变平均分下去的情境，沟通了四个长度单位间的联系，渗透了数学文化知识，还体现了极限的数学思想。

这样的设计，具备了情境的现实性、思考性、适度性，尊重了学生的已有经验，能调动学生积极性。首尾呼应，为学生提供了广阔的思考空间，真正达到了情境设置为教学服务的目的。

（二）经历知识建构过程，让学引思

数学课程标准指出：学生获得知识，必须建立在自己思考的基础上。学生在获得知识技能的过程中，只有亲身参与教师精心设计的教学活动，才能在数学思考、问题解决和情感态度方面得到发展。教师应让学生在观察、实验、猜测、计算、推理、概括、验证等活动过程中，学会建构知识，总结经验。教师在课堂上，要巧让妙引，让学生真正成为学习的主人，成为会学习的人。

1. 提出问题

爱因斯坦说过：“提出一个问题往往比解决一个问题更重要。因为解决问题也许仅是一个数学上或实验上的技能而已，而提出新的问题，却需要有创造性的想象力，而且标志着科学的真正进步。”比如，教学三年级的“认识小数”时，出示一份体检报告单，让学生观察发现：除了以前学过的整数，还有什么数？引入小数：关于小数，你想研究它的什么问题？学生有的说：“小数怎么读、怎么写？”有的说：“学习小数有哪些作用？”“小数是什么意义？”“为什么要学习小数？”“为什么叫小数？”让学生自主思考、交流和提问，可以培养学生发现问题、提出问题和解决问题的能力。

2. 说出思路

让学生说思路，可以促进学生知其然，更知所以然，促使学生内化知识，形成一定的逻辑思维能力，增强语言表达能力。比如，四年级的“连除法实际问题”：每个书架有 4 层，2 个书架共放了 224 本书，平均每个书架每层放了多少本书？让学生独立思考，然后指名学生回答，学生直接列出了算式，此时追问：“先求什么？再求什么？”促使学生从数量关系上深刻理解解题思路。学生回答出：“先求每个书架有多少本书，再求平均每个书架每层放了多少本书。”还可以怎么解决呢？学生经过思考后，发现还可以先求出 2 个书架一共的层数，再用总本数÷一共的层数＝平均每个书架每层放的本数。让学生从不同角度思考，灵活解决问题，明白要把相关联的条件联系起来思考，才能正确解决问题。

3. 展出活动

皮亚杰说："活动是智慧的源泉。"活动是学生的经验建构方式，让学生经历合作、探究、实践、体验等数学活动，这样获得的知识才是活的知识、有用的知识。比如，学习了"轴对称图形"后，让学生用彩纸通过折、撕、剪、涂、画等活动，创造出心中的轴对称图形。学生经过思考、想象最终制作好后，让学生把作品贴到黑板上，组合成一幅漂亮的组合画，让学生感受：轴对称图形真美呀！课件出示一个大大的"美"，动态对折、展开，显示出对称轴，让学生在动画效果中再次体验美感，深化认知。

4. 找出规律

比如，在教学四年级的"四舍法调商"时，课的开始，让学生口算后从上往下观察：你们发现了什么？学生发现被除数不变，除数越小，商越大。教师及时评价："好神奇的一组算式，简单的口算背后藏着不简单的规律，数学真有意思！"复习中渗透这个规律，有助于学生理解四舍法调商的算理。

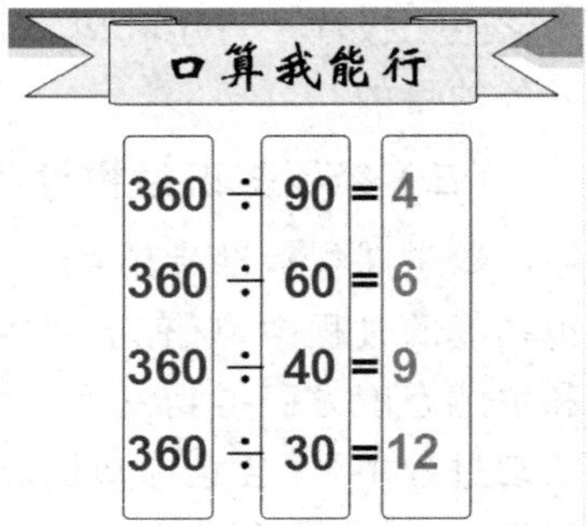

教学中，教师应设计一些找规律的题，引导学生观察、比较，从简单的事实背后寻找隐藏的规律，丰富学生的认知。让学生不但学会观察现象，更学会探寻本质，提高学生的观察比较能力、抽象概括能力。

5. 得出结论

比如，教学四年级的"四舍法调商"时，前一天晚上布置学生预习第 18 页的内容，并尝试完成书后的"练一练"。上课时，出示 4 道四舍法试商的复习题，让学生估商，说一说估算的方法，点击课件，出示答案核对。其中，最后一道题设计认知冲突，让学生发现问题，感到初试的商不符合了，再让学生根据预习时所获得的方法，独立挑战，自主解决问题，完成后教师指名学生说计算过程；接着请学生讲书中例题的计算过程，教师随机板书；然后让学生口答书后"练一练"中的 4 道题，并说出想法。在此基础上，让学生思考：这一类题目在计算方法上有什么共同的地方？

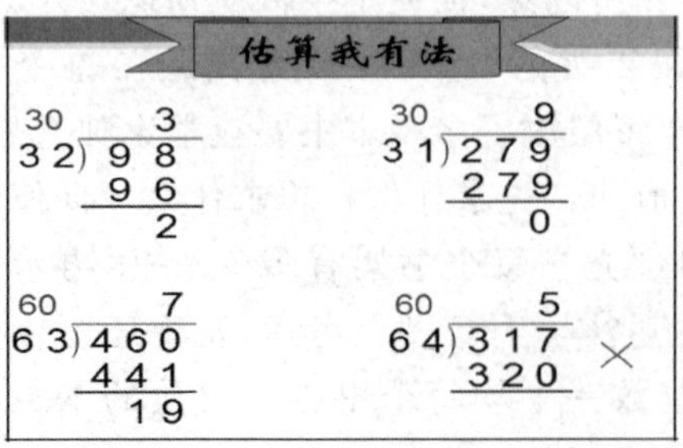

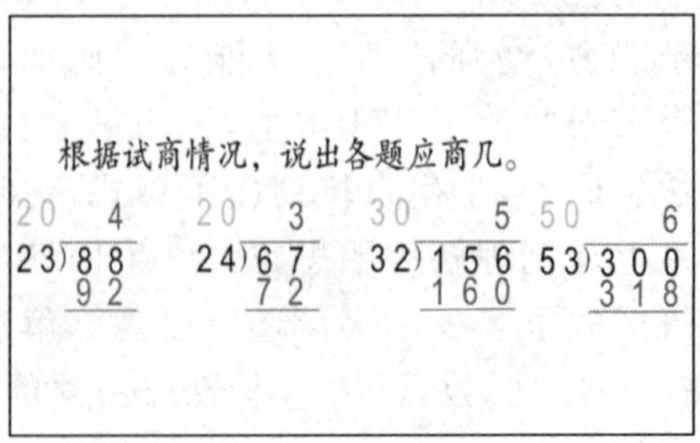

有学生发现:这类题目都是用四舍法试商,都把除数看成比它小的整十数,开始试的商偏大了,要调小。教师相机板书:四舍法→把除数看小→初商可能偏大→要调小,让学生根据板书完整说一说结论。这样,学生在发现问题和自主解决问题的过程中积淀了一定的感性认识,再上升到理性总结就水到渠成了。

6. 理出错误

郑毓信教授说过:"学生的错误不可能单纯依靠正面的示范和反复练习得到纠正,而必须经过一个自我否定的过程。"在班级授课中,学生认识不同,接受能力也不一样,有人出错是正常的,教师要抓住契机,适时发挥调控和导向作用,引导学生辩起来,能促使学生抓住知识的本质,促进深刻理解。比如,在教学三年级下册"认识几分之一"时,出示"把4个桃平均分成2份,每份是它的几分之几?"一问,有学生说是1/2,有学生说是2/4。教师引导学生进行辩论,各自说理,让学生在辩论中统一认识,建立分数的正确概念。

7. 分出收获

教学中,善于引导学生回顾学习过程,让学生讲收获,有助于深化知识,提炼方法,积累经验。可以让学生在一个新的知识点学完后回顾小结,讲收获;可以在练习中,从解题方法经验的角度,讲收获;可以在课尾回顾全课,讲收获。比如,学习四年级的"乘法分配律"时,新知学完后,引导学生回顾探索过程,是怎么得出乘法分配律的,从而总结出探索规律的一般方法。在做完"练一练"第1题后,让学生说一说从这道题中,有什么新的发现。引导学生总结出乘法分配律公式可以正着用,也可以反过来用。在课结束时,让学生说说这节课有哪些收获和体会。及时回顾,有助于培养学生梳理、概括、反思、表达的能力,有利于学生积累学习经验,促进后续学习。

在课堂上,教师可以有意识地"懒"起来,让学生动起来;假装"糊涂"起来,让学生思考起来;"无为"起来,让学生睿智起来。要从"为促进学生的发展而教",到"为促进师生发展而行思",学会机智引领,教法上做到"让学引思",学法上让学生"思形结合",教师要以改课推进课改,真正在改变中和学生共成长。

三、课后,让学生实践体验,做到知行合一

数学课程标准指出,在整个数学教育的过程中都应该培养学生的应用意识。课后实践为培养学生的应用意识提供了广阔的大舞台,教师应注重设计课后实践作业,让学生在课后实践中运用知识,体验生活,增强数学的应用意识,提高解决实际问题的能力。

(一) 指导学生做一做实践性作业,体会数学的应用价值

比如,学习了"长度单位"后,布置学生在家中先估一估一些物体边的长度,再量一量,至少记录10个数据。第二天反馈交流时,请几个学生说说自己量的是什么,动手比划出长度,这有助于学生建立长度观念。比如,学习了"长方体和正方体的认识"后,让

学生用卡纸做一个长方体、正方体模型，既巩固了对长方体和正方体的特征的认识，也为学习表面积提供了帮助。学习了“圆柱体”后，让学生做笔筒，并进行装饰美化，写上数学名言。学习了“轴对称图形”后，让学生做轴对称图形组合画。“学生的思维就在指尖上。”让学生动手操作，既能巩固知识，又能提高应用能力。

（二）指导学生做一做“每日一题”，提高数学思维能力

针对学生的知识储备，低年级可以定期设计“每日一题”，在开学的一个月后开始做，可以一下子设计好一周的题目，通过校信通定时发送，也可以发送到班级 QQ 群，让家长抄下来给学生做，随后发送答案，以利于家长检查。高年级，也可以在黑板的一角开辟一块空间，每天一换，利用辅导时间讲一讲解题思路方法，让学有余力的学生得到发展。

（三）指导学生讲一讲错题原因，内化解题的思路方法

让学生积累错题，回家给家长讲错题的解题思路和方法，促使学生内化知识、掌握方法。如果学生讲得好，家长就在这一题的题号旁签“讲得好☆”；如果学生讲得一般，或者还要家长帮助的，就签“讲过了”。

（四）指导学生读一读数学杂志，丰富数学文化知识

让学生课后读一读《小学生数学报》《时代数学报》等报纸杂志，或者上网搜索数学故事、数学名言等，了解数学文化史，丰富知识面。可以定期举行“我喜爱的数学故事”演讲比赛，给学生表现的机会，帮助学生增强进一步学好数学的信心。

（五）指导学生绘一绘数学手抄报，增强综合应用能力

每个月，让学生做一次数学手抄报，时间不具体定，内容可以是学过的公式、概念，可以是数学小故事、数学名言，也可以是提高题，但要在版块的其他地方注明答案。整体设计要布局合理，配上插图，美观大方，设计数学手抄报可以让学生的综合能力得到培养。一个月结束时，选取好的小报张贴在班级里，供大家欣赏。

（六）指导学生写一写数学日记，提升学生数学素养

让学有余力的学生撰写数学日记或数学小论文，在有些课的最后，可以提出要求，并作简单指导。比如，学习了“升和毫升”后要求学生写数学观察日记，让学生走进生活，真活动，真体验。

课后实践，是由课堂走向课后的延续，教师要把学生引向独立、引向自主，有的作业要求统一完成，有的作业可以弹性处理，让学有余力、富有兴趣的学生得到充分地发展，但都要反馈了解，对学生做出积极恰当的评价。

“行思数学”要求在课前、课堂、课后，都要把学生往前推一推，学生能做的事情就要大胆地留给学生去做，让学生在丰富的阅历中学会思考，掌握学习方法，提升自主学习能力，让学生拿到打开知识宝库的金钥匙，自己去学习和探索。

第四节　学科之间的整合

一、跨学科课程整合的意义

课程整合是20世纪80年代以来课程设计领域出现的新趋势。课程整合是一种组织课程内容的方法,也是一种课程设计的理论。

现代科学技术的一个重要特征是多种学科在思想、理论、方法乃至工具上的互相渗透和影响。美国于2011年颁布的《K12科学教育的框架:实践,跨学科概念与核心概念》中提出6个跨学科概念,分别是模式、原因和结果(机制和解释)、尺度及比例和数量、系统和系统模型、能量和物质(流动、循环和守恒)、结构和功能,并详细阐述了其价值和应用。在这种形势下,基础教育阶段的课程教学要采用多学科课程整合的视角,让学生感受科学是一个整体,要了解和探索自然界中多学科之间的互相融合,但传统的课程体系是以学科为中心的,各学科的基础知识和基本技能是按其自身的逻辑结构形成分科课程的。通过分科课程的学习,学生可以夯实学科基础知识,但由于各学科之间比较孤立分化,学生接受的是一个个封闭的学科体系教学,不利于知识的相互贯通,容易使知识变得僵化,教学方式越来越远离社会发展、学生生活和已有经验,在应用中难以融会贯通,严重限制了学生的视野,阻碍了学生创新精神、实践能力乃至人格的发展。

《基础教育课程改革纲要(试行)》中提出:"改变课程结构过于注重学科本位、科目过多和缺乏整合的现状,整体设置九年一贯的课程门类和课时比例,并设置综合课程,以适应不同地区和学生发展的需求,体现课程结构的均衡性、综合性和选择性。"基础教育课程改革确立课程整合的理念,将课程结构综合化作为改革的重要目标。为此,很多中小学开展了多种形式课程整合的设计与实施的课程改革试验。包括基于课程内容知识的多学科教学的整合、基于以专题内容为中心的多课程教学活动的整合和基于真实情境主题以问题为中心的跨学科的课程整合等多种形式。

二、以数学课程为核心进行课程整合

课程整合既是一种组织课程内容的方法,又是一种课程设计的理论以及与其相关的学校教育理念。课程整合没有固定的形式,既可以是多学科课程整合,也可以是科际课程整合,还可以是跨学科课程整合。这样的课程整合,对教师、学生、教学本身都提出了更高的综合性要求,这种要求并非面向知识,而是强调把知识作为一种工具、媒介和方法,融入教学的各个层面中,培养学生的学习观念和综合实践能力,以思促行,以行引思。在教学中,将各学科与数学学科有机整合起来,行思合一,不仅能使得课程融入现代社会发展中，增强学生对生活实际的联系，而且还能在整合实践过程中，培养学生的收集能力、分析能力、解决能力以及合作能力。

（一）与科学活动相结合，增强数学学习的应用感

数学是一切科学的基础，科学创造离不开数学研究。《义务教育科学（3～6 年级）课程标准（实验稿）》指出：科学是一门综合性很强的课程，科学教学试图超越学科界限，注意不同学科领域知识、技能之间的融通与连接。将数学教学与科学活动相结合，使学生在操作的过程中体会数学与科学的联系，感受数学是科学的基础和保证，科学是数学的体现和运用。

在教学《升与毫升》时，让学生用废旧塑料瓶自制雨量器，并且运用自制雨量器测量降水量。在《认识负数》的教学中，让学生测量温度，学会使用温度计的同时，了解各种温度，形成正负数和 0 的概念。在教学《统计》的时候，实际测量一天或一月的气温，制成统计图，了解某一地区某一时间段的气温状况。学习“长度单位”后，量一量物体影子的长度，然后推算太阳的位置，并学会确定方向。在教学《神奇的莫比乌斯圈》，探索莫比乌斯圈有几个面的时候，可以借助科学的方法和技术展开研究，用小汽车或小火车代替手指在莫比乌斯圈的轨道上行走，感受它只有一个面的神奇现象，并且理解过山车轨道的设计原理。

（二）与体育活动相结合，增强数学学习的实践感

数学与体育活动的课程整合可以改变小学数学教学中的枯燥问题。数学与体育活动的课程整合需要制订相关的教学目标，并要围绕这个目标进行教学整合。数学与体育活动课程整合，就是利用学生好动、爱玩的心理进行课堂教学活动的一个整合。数学课程标准指出：“课程内容的选择要贴近学生的实际，有利于学生体验与理解、思索与探索。”体育是学生所喜爱的课程之一，在数学课堂中有了体育活动的融入，可以激发学生学习数学的兴趣，在活动中加深对知识的理解，增强学生学好数学的自信心。

比如，在《千米的认识》一课中，要学生建立 1 千米长度的概念，利用体育活动课，带领学生围绕操场走 1 千米或慢跑 1 千米，对于在课堂上枯燥而乏味的讲解，学生既会感到厌倦，也不容易理解，如果将体育活动课中的跑 1 千米加入课程中，学生不但产生了兴趣，同时也发挥了想象，亲身感受到了 1 千米的实际长度，还知道了走 1 千米所需要的时间。在数学教学过程中，应关注体育活动及游戏活动等各种教学手段，这种寓教于乐的教学形式更贴近学生爱学习的心，让学生在玩游戏的过程中对数学产生浓厚的兴趣，进一步引导学生在数学这个广阔的空间中去探索、发现、思考和实践。

（三）与美术活动相结合，激发数学学习的形象感

儿童是以形象思维为主的，美术可以刺激儿童的感官，唤醒儿童的表达欲望。在数学教学中，以美术的形式引导学生对数学教学内容主动探索、发现及思考，从而提高学生的学习效率及学习趣味。在数学课堂上，让学生动手画一画，看似在不经意地涂画，却能激发学生主动的学习、发现和探索的动机。

在教学《轴对称图形》一课中，教材中不仅出示了生活中常见的对称图片，还让学生通过动手折一折、画一画、剪一剪，剪出轴对称图形。接着，教师再展示一些生活中常见的轴对称图形——文字、字母及剪纸等。剪纸是我国一种历史悠久的民间艺术，不仅是一项古老的技艺，还有美的熏陶，让学生感受对称美、欣赏对称美。再通过设计对称图案，充分发挥学生的创造力和想象力。学生操作的过程中不仅提高了动手能力、观察能力，还培养了创造能力。数学与美术课程的课程整合，巧妙地将美术元素运用在数学课堂上，使数学的学习方法不拘于形式，灵活多变，给学生提供了广阔的平台，使学生有更多的展示机会。

（四）与信息技术结合，创造数学学习的情境感

数学课程标准在课程基本理念中指出："信息技术的发展对数学教育的价值、目标、内容以及教学方式产生了很大的影响。数学课程的设计与实施应根据实际情况合理地运用现代信息技术，要注意信息技术与课程内容的整合。"由此可见，信息技术与数学课程整合已迫在眉睫，要利用信息技术的图文并茂、形象直观的特点与数学课堂有机结合。通过整合，利用信息技术，创造各种不同的教学情境，激发学生的学习兴趣，突破教学的重难点。

在教学《圆的面积》一课中，通过动手操作、讨论等探索圆的面积公式的过程中，为了让学生更好地了解圆面积的计算方法，理解化曲为直的思想，教师利用多媒体课件演示，先把一个圆平均分成 16 等份，拼成一个近似的长方形。此时学生不理解：边是弯的，怎么就是长方形了？再用多媒体课件把圆平均分成 32、64、128、256 等份进行重拼，发现平均分的等份越多，每份小扇形就越接近小三角形，拼成的图形就越接近长方形。运用信息技术制作课件，将枯燥、难懂、抽象的数学教学内容，通过生动、直观的画面呈现在学生面前，创设有利于激起学生求知欲的情境，既突破了教学难点，又向学生渗透了极限思想。

在空间与图形学习中，常常会有计算堆砌的长方体或正方体暴露的面的个数的题目。传统的教学方法一般是教师把堆砌的图形画在黑板上，让学生一起观察所暴露的正方体或长方体面，但是黑板上的图形不能把所有的面都展现出来，对于空间意识和空间观念比较差的学生而言不易理解。应用多媒体教学把堆砌的图形进行旋转，数每一面暴露的小正方体或长方体的面，在这一过程中引导学生自己去分析问题，发现其中的规律，这样不仅减轻了教师的负担，还能够培养学生的空间意识。信息技术与数学课程的整合，凭借有利的技术条件，能够创设出更具有启发性的教学情境，能最大限度地设计出让学生参加数学实验的环节，激发出学生自我发现和探究的思维，比起传统的教学模式更能优化数学课堂教学。

将各学科合理地整合能使得教学内容得到更大的精简和优化，使学科之间相互促进、相互影响,学生的负担能得到较大地减轻,教学效率能得到较大的提高,从而使数学教学的质量能得到较大地提升。

三、STEAM 理念下开展小学数学特色活动课程

课程整合是指将两种或两种以上的学科融入课程整体中去,改变课程内容和结构,变革整个课程体系,创立综合性课程文化。针对教育领域中各学科课程存在的割裂和对立问题,通过多种学科的知识互动、综合能力培养,促进师生合作,实现以人为本的新型课程发展。课程整合涉及课程结构、课程内容、课程资源以及课程实施等各个方面,从而促进课程整体的变革,STEAM 教育就这样应运而生。

(一) STEAM 教育基本理念

STEAM 是科学(Science)、技术(Technology)、工程(Engineering)、艺术(Art)、数学(Mathematics)的英文首字母缩写。STEM 教育起源于美国。美国国家科学基金会最早提出 STEM 教育,后来加入艺术(Art)教育,变成了 STEAM 教育。2016 年 6 月,教育部颁布的《教育信息化“十三五”规划》中明确指出,“积极探索信息技术在众创空间、跨学科学习(STEAM 教育)、创客教育等新的教育模式中的应用,着力提升学生的信息素养、创新意识和创新能力”。这个纲领性的文件,标志着我国正式踏入 STEAM 教育改革的队伍。STEAM 教育作为今后发展的大趋势,对于我国教育教学方式的革新有着更加重要的价值和意义。

综合国内外研究成果,对 STEAM 教育有两种含义:STEAM 教育作为一种课程,是一种学习方式和教学策略。无论作为课程还是学习方式或教学策略,都有一个共同的指向,即科学、技术、工程、艺术和数学学科之间相互融合成为有机的整体。它强调学科的有机融合,而不是几门功课的简单叠加,是让学生面对真实情境中的问题,通过将科学探究、工程设计、艺术感染、数学方法和技术制作有机统一,运用跨学科的知识和方法来解决实际问题。学生通过行与思,学会应用跨学科的知识和方法,提升学生的创新意识和创新能力,是跨学科课程整合促进学生全面发展的一种教育方式。

(二) 开发特色活动课程

基于项目的跨学科整合学习就是根据明确的学习目标,将学习任务置于丰富的主题情境下,学生自主设计方案,小组讨论,解决问题,最后通过学生完整的作品展示学习成果的一种学习方式。例如开展数学文化节,以“与数学同行,与快乐同步”“展思维风采,享数学魅力”为目标,制订让学生体验“学数学,其乐无穷;用数学,无处不在;爱数学,受益终身”的活动方案,构建了“创意设计篇”“数学文化篇”“头脑风暴篇”“竞速达人篇”“动手实践篇”等多元课程体系。历时一周的数学节活动,让学生收获满满。校园里随处可见低头沉思的学生、合作有序的团队、专注一隅的身影。广场上的“一笔一画·梦想开花”创意设计展让学生流连忘返,“小魔方·大世界”竞速达人赛让教师惊叹不已。教室

里疑惑的眼神、惊叹的表情、激烈的争辩……更是自然流露，数不胜数。

（三）开展特色数学学科活动

例如，围绕“魅力数学”的主题，开展“神奇数独”“树叶中的比”“数学趣题”“创意钟面”等数学拓展课教学，将STEAM理念与数学课堂教学有机融合，培养学生的动手能力和创新思维。

基于STEAM的教育理念，“树叶中的比”将多学科知识与素养有机地整合在一起。整节课以各种树叶为素材，用数学知识解释树叶的比，整合科学的知识和素养；使用各种工具设计和创作树叶画，整合了工程和技术的知识和素养；在制作和展示树叶画成果中，整合艺术的知识和素养。

通过“测量树叶的长与宽—计算比较—探究树叶中的比—设计树叶画—展示作品”等学习活动，在实践操作、主动探究、合作交流中，综合运用小学阶段所学的几何图形及其变换的知识，解决实际问题，制作个性作品，培养空间想象力、创新能力和综合素养，提高审美情趣，获得成功的体验。

STEAM教育重视的是模糊的任务和明确的结果，其中明确的结果一方面指课程的目标和学科的教学期望，另一方面是指综合性学习的成果，即学习产品，如实验报告、实践产品、创造发明等。教师要鼓励学生以多媒体来优化操作、展示自己的产品，通过学生自评和互评，以评价促进学生勤于反思、自我管理、批判质疑、勇于探究等素养的提高。

通过特色活动基于项目的整合学习，超越了学科的界限，以有趣的问题融入学生学科知识的运用，通过学生自主发现问题、提出问题、设计方案、解决问题、展示成果的学习过程，不断提高综合素养，积累活动经验，培养学生的问题解决能力和创新能力。

基于STEAM理念下的小学数学特色活动课教学，就是让学生积极展开思考，动手完成自己感兴趣的、与生活密切相关的问题和项目，在探究式的学习过程中，习得知识和技能，提高能力和素养，积累活动经验。

参考文献

[1] G. 波利亚. 怎样解题——数学思维的新方法[M]. 涂泓,冯承天,译. 上海:上海科技教育出版社,2011.

[2] 中华人民共和国教育部. 义务教育数学课程标准(2011年版)[M]. 北京:北京师范大学出版社,2012.

[3] 肖君,方萍. 课堂教学的100个关键问题[M]. 南京:南京大学出版社,2012.

[4] 陶行知. 陶行知教育文选[M]. 北京:教育科学出版社,1981.

[5] 马克思. 1844年经济学哲学手稿[M]. 北京:人民出版社,1985.

[6] 马克思. 马克思恩格斯全集[M]. 北京:人民出版社,1972(23).

[7] 恩格斯. 马克思恩格斯全集[M]. 北京:人民出版社,1972(3).

[8] 约翰·杜威. 学校与社会·明日之学校[M]. 赵祥麟,等译. 北京:人民教育出版社,2005.

[9] 单中惠. "从做中学"新论[J]. 华东师范大学学报(教育科学版),2002,20(3).

[10] 高瑜. 解读杜威教育思想——兼谈对大学教学的启示[D]. 南京:南京理工大学,2007.

[11] 载吕达,刘立德,邹海燕. 杜威教育文集[M]. 北京:人民教育出版社,2008(1).

[12] 单中惠. 现代教育的探索[M]. 北京:人民教育出版社,2002.

[13] R. W. 柯普兰. 儿童怎样学习数学——皮亚杰研究的教育含义[M]. 上海:上海教育出版社,1985.

[14] 陈水清. 论自主学习[J]. 心理发展与教育,2011(4).

[15] 梅英. 信息技术下的"同伴影响法"探究[J]. 教育信息化,2003.

[16] 黄美君,袁丽晴,何建锋. 弗赖登塔尔的数学教育观与中学数学教育两个"标准"的对比[J]. 楚雄师范学院学报,2016,31(9).

[17] 宁亚媛,谢桂芝. "双主体"教学模式探讨[J]. 教育前沿,2008(11).

[18] 石中英. 教育哲学导论[M]. 北京:北京师范大学出版社,2002.

[19] 仓定志. 静心定志团队行[J]. 江苏教育研究,2015(1B).

[20] 孙衣云. 计算教学如何帮助学生明白算理[J]. 小学数学教育,2016(5).

[21] 孙政. 手做数学:演绎指尖上的精彩[J]. 小学教学研究,2016(9).

[22] 苏霍姆林斯基. 给教师的建议[M]. 杜殿坤,编. 北京:教育科学出版社,1984.

[23] 李斐真.试论弗赖登塔尔的数学教育思想及其启示[J].宁波教育学院学报，2002,4(4).

[24] 田文苗.高中阶段的数学教学应重视数学思想方法的渗透[J].中国教育技术装备，2009(1).

[25] 史宁中.数学基本思想18讲[M].北京：北京师范大学出版社，2016.

[26] G.波利亚.数学的发现[M].刘景麟，曹之江，邹清莲，译.呼和浩特：内蒙古人民出版社，2006.

[27] 张圣华著，方明编.陶行知名篇精选·教师版[M].北京：教育科学出版社，2006.

[28] 田红梅.无用之用：数学学习的另一重境界[J].江苏教育，2014(11).

[29] 阎勤，贲友林.生本课堂是大爱的课堂[J].人民教育，2012(3).

[30] 常华锋，朱莉.教学策略的概念与地位[J].教学与管理，2010(5).

[31] 闫广军.传统讲授式教学的利弊及改进[J].中国教育技术装备，2012(12).

[32] 仓定志.行思数学：构建最宜儿童发展的课程体系[J].江苏教育研究，2016(7).

[33] 卡尔·罗杰斯.自由学习[M].伍新春，管琳，贾容芳，译.北京：北京师范大学出版社，2006.

[34] 康德.纯粹理性批判[M].韦卓民译.武汉：华中师范大学出版社，2000.

[35] 华罗庚.大哉数学之为用[N].人民日报，1959年5月28日.

[36] 方明.陶行知教育名篇[M].北京：教育科学出版社，2005.

[37] 晁常才.基于素质教育背景下的小学数学考试与评价改革探析[J].考试与评价，2016(6).

[38] 吴存明.小学数学教学问题与对策[M].北京：中国轻工业出版社，2014.

[39] 王营.构建发展性教师评价机制的思考和实践[J].当代教育科学，2003(6).

[40] 李克东，李颖.STEM教育与跨学科课程整合[J].教育信息技术，2017(10).

[41] 中华人民共和国教育部.基础教育课程改革纲要(试行)[M].北京：中华人民共和国教育部，2001.

[42] 黄浦全.整合课程与课程整合论[J].课程·教材·教法，1996(10).

[43] 申丽君，马晓春.信息技术背景下地方大学教师教育课程整合研究——以临沂大学为例[J].教学研究，2016.

[44] 朱元华.STEAM理念下的小学数学拓展性课程研究[J].课程教学研究，2017(10).

后　记

从教35年来，我一边学习，一边实践，一边思考，再学习，再实践，再思考……

“行思数学”贯穿于不断追求的教学理想。自1985年工作至2000年，历经“为‘教’而教”“为‘学’而教”，2001年在新课程、新课标实施时，萌生“为学生的发展而教”。2004年在《中国教师报》发表《新课程需要新备课》，以“发展”的视角看待教育，以促进“儿童的发展”为教学设计的核心要求，以“理解与尊重儿童”为教学过程的基本要求。2007年《小学数学教学》名师访谈栏目以“为促进学生的发展而教”为题介绍了我的教学主张，2011年在《江苏教育》发表《为“促进学生发展而教”的理性思考与价值诉求》，2012年江苏省教育厅组织编撰的《著名特级教师教学思想录（小学卷）》从“为促进学生发展而教”的成长土壤与发展基因、有效策略与具体实践等系统地介绍了“为促进学生发展而教”的教学主张。江苏凤凰教育出版社出版了教学专著《小学数学基本活动经验的形成策略》，2013年“数学基本活动经验研究”荣获江苏省教学成果奖一等奖。2015年，《小学“行思数学”的实践与研究》获批江苏省规划办人民教育家培养对象立项课题。

“行思数学”根植于“行思教育”的实践研究。2014年，《基于校本文化的“行思教育”实践与研究》获批江苏省“333工程”资助科研项目，古今中外先贤的教育思想给我无穷的智慧和深刻的启迪，我汲取孔子的“学思结合”、王阳明的“知行合一”等中国传统教育思想，我借鉴马克思的“方法论”、杜威的“从做中学”、勒温的“行动研究”等国外先进教育思想，我践行陶行知的“教学做合一”等我国现代教育思想……通过“行思教育”的理论与实践研究，我更加坚信学习和思考是不可分割的，更加坚信理论与实践是紧密联系的，更加坚信学、思、行融合才能最大程度实现教育教学的价值。2017年，“行思教育的实践与研究”荣获江苏省教学成果奖一等奖。

“行思数学”得益于名师团队的大力支持。2007年12月，盐城市实验小学成功举行“智慧树俱乐部”揭牌暨“智慧树小数网”改版开通仪式。“智慧树俱乐部”的成立、“智慧树小数网”的开通是学校首届数学节的一项亮点活动。“智慧树俱乐部”是学校社团组织，“智慧树小数网”是俱乐部活动载体，旨在搭建数学教育平台，加强校本教研，加强多元合作，促进教师专业发展，促进学生个性成长。

2012年初，盐城市成立了首批名师工作室，我成为“仓定志名师工作室”的领衔人。提出“为促进学生发展而行，为促进教师发展而思”的教学主张，将“行思”定为工作室的室风，践行行思课堂、打造行思科研、引领行思阅读，且行且思。2014年5月在连云港召开的江苏省小学数学特色教学经验交流会上，我和工作室的成员一起通过“行思课堂·数学教学”共同作了“关注数学基本活动经验　促进师生共同发展”的介绍。2015年《江苏教育研究》封二以《快乐与数学同行，智慧伴活动共生》和5篇论文共13页对“行思数学”和“名师工作室”示范辐射进行介绍。

行思数学成长于“江苏人民教育家培养工程”的修炼。我一直感恩生活的慷慨馈赠，总会在我人生道路上带来推力和惊喜。在江苏人民教育家培养工程的五年，能得到宋永忠、彭钢、崔允漷、王仁雷、贺晓星、陶洪、陈明选、张天若、朱亮等专家教授的悉心指导，能与全省一批优秀的同仁们结伴同行，探求教育本质，追求教育理想，是一次快乐并幸福的旅程。

本书虽然以我个人名义署名，但实际上是集体智慧的结晶。在本书的酝酿、整理、撰写等过程中，我得到了领导的关心、同行的帮助和家人的理解，盐城市第一小学教育集团、盐城市敬贤路实验小学和“盐城市仓定志名师工作室”对本书的写作给予较多支持，张和、田红梅、钱兆兰、余水琴、季弘群、赵小明、张体奎、祁正来等课题组成员对收集整理资料给予较多帮助，江苏教育出版社的编辑也给予专业指导，特别得到了“江苏人民教育家培养工程”导师的学术指导，在此一并深表感谢。书中还少量引用了著名的国内外一些作者的研究成果，摘录了一些报纸杂志公开的信息资料，在此，也一并向这些媒体和作者表示诚挚的谢意！

本书突出了实用性的特点，力求展现最新的教改实验研究成果和成功经验，由于时间仓促，书中不足之处在所难免，恳请读者不吝赐教。

仓定志

2019年春